En souvenir de mes années passées à l'ICN.

Etienne Amélie

Le financement des entreprises

questions de cours,
QCM et exercices corrigés

COLLECTION
EXERCICES ET CAS
dirigée par Yves Simon
Professeur à l'Université Paris - Dauphine

Le financement des entreprises

questions de cours, QCM et exercices corrigés

Amélie Charles
Étienne Redor

ECONOMICA
49, rue Héricart 75015 Paris

Remerciements

Nous souhaitons remercier un grand nombre de personnes pour leurs critiques constructives et leur assistance pour préparer la présente édition. Nous remercions en premier lieu nos collègues d'Audencia Nantes École de Management, et tout particulièrement Pierre Lacoin et Camille Frachon pour leur disponibilité et leurs commentaires. Merci également à Catherine Hersent pour avoir apporté la touche finale indispensable. Votre aide a été très précieuse. Les étudiants d'Audencia ont eux aussi, par leurs remarques et suggestions, contribué à l'amélioration de cet ouvrage.

Table des matières

Avant-propos

Ce livre a pour objet de permettre aux étudiants d'acquérir les compétences indispensables dans le domaine du financement des entreprises. Il propose des questions et des exercices afin de mettre en pratique les principes développés dans l'ouvrage intitulé *Le Financement des entreprises*.

Chacun des cinq chapitres comprend quatre parties. La première propose des questions ponctuelles ayant pour objectif de vérifier que les concepts et les notions de base sont bien assimilés. La deuxième présente des questions à choix multiples permettant au lecteur de tester ses connaissances. Il pourra également les mettre en application au travers des exercices, de difficultés variables, proposés dans la troisième partie. Une correction aux questions à choix multiples et aux exercices est fournie dans la quatrième partie.

Chapitre 1

Les mathématiques financières

Première partie : questions ponctuelles

1. Comment définir les intérêts simples ?
2. À quoi correspondent les intérêts composés ?
3. Quelle est la différence entre les intérêts simples et les intérêts composés ?
4. Dans quelle situation calcule-t-on des intérêts simples ?
5. Dans quelle situation calcule-t-on des intérêts composés ?
6. Dans quel(s) cas utilise-t-on le taux proportionnel ?
7. Dans quel(s) cas utilise-t-on le taux équivalent ?
8. Comment définir les intérêts précomptés ?
9. Que signifie que les intérêts sont post-comptés ?
10. Rappeler la formule de calcul des intérêts simples.
11. Quelle formule utilise-t-on pour calculer les intérêts composés ?
12. Que représente le taux d'intérêt équivalent ?
13. Rappeler la formule du taux d'intérêt équivalent.
14. Quelle relation lie le taux d'intérêt nominal et le taux d'intérêt réel ?
15. Comment définir la séquence de flux d'un emprunteur ?
16. Comment est caractérisée la séquence de flux d'un prêteur ?
17. Définir le principe de capitalisation.
18. Expliquer pourquoi la valeur future d'un placement avec intérêts composés est plus élevée que la valeur acquise du même placement avec intérêts simples à taux nominal identique ?
19. Quelle formule utilise-t-on pour calculer la valeur future d'une séquence de flux identiques de fin de période ?
20. Quelle formule utilise-t-on pour calculer la valeur acquise d'une séquence de flux identiques de début de période ?
21. Quelle formule utilise-t-on pour capitaliser une séquence de flux différents ?
22. Rappeler le principe d'actualisation.
23. Quelle formule utilise-t-on pour calculer la valeur actuelle d'une séquence de flux identiques de fin de période ?
24. Quelle formule utilise-t-on pour calculer la valeur actuelle d'une séquence de flux identiques de début de période ?
25. Comment actualise-t-on une séquence de flux différents ?
26. Quel taux utilise-t-on pour actualiser des flux ?
27. À quoi correspond le coût d'opportunité du capital ?
28. Comment caractériser une rente perpétuelle ?

29. Comment se fait le remboursement du capital dans le cas d'une rente perpétuelle ?
30. Définir une rente perpétuelle croissante.
31. Quelle différence faites-vous entre une rente perpétuelle et une rente perpétuelle croissante ?
32. Comment évoluent les intérêts dans le cas d'une rente perpétuelle croissante ?
33. Définir le taux actuariel.
34. Comment calcule-t-on le taux actuariel ?

Deuxième partie : questions à choix multiples

1. Les intérêts simples sont utilisés :
   a. pour des placements de courte durée
   b. pour des financements de courte durée
   c. pour des placements de longue durée
   d. pour des financements de longue durée.
2. Dans le cas d'intérêts composés :
   a. seul le capital investi ou emprunté génère des intérêts
   b. les intérêts sont capitalisés et génèrent des intérêts
   c. les intérêts calculés sont indépendants du montant du capital investi ou emprunté.
3. Considérons un placement d'un montant de 1 000 € pendant 6 mois au taux mensuel de 0,2 %. Le montant des intérêts perçus à l'échéance est de :
   a. 1 002 €
   b. 2 €
   c. 1 012 €
   d. 12 €.
4. Dans le cadre des intérêts simples et composés, les paramètres utilisés pour déterminer le montant des intérêts :
   a. doivent se référer à la même unité de temps
   b. sont toujours calculés sur la base d'une année comportant 360 jours
   c. sont toujours calculés sur la base d'une année comportant 365 jours
   d. sont calculés sur la base d'une année comportant 360 jours pour les intérêts composés et sur la base d'une année comportant 365 jours pour les intérêts simples.
5. De quelle somme disposerez-vous si vous placez 10 000 € pendant 3 mois au taux annuel de 4 % ?
   a. 100 €
   b. 1 200 €
   c. 11 200 €
   d. 10 100 €.
6. Pour des placements de court terme, lorsque l'on cherche à convertir un taux mensuel en taux annuel, on utilise :
   a. le taux proportionnel
   b. le taux équivalent

   c. le TIE
   d. pas besoin de convertir
   e. le coût d'opportunité du capital.

7. Le taux trimestriel proportionnel au taux annuel de 10 % est :
   a. 2,50 %
   b. 2,41 %
   c. 3,33 %
   d. 3,22 %.

8. Vous placez 10 000 € sur 5 ans au taux annuel de 4,5 %. Quel est le montant des intérêts versés par l'établissement de crédit ?
   a. 2 250 €
   b. 12 250 €
   c. 2 462 €
   d. 3 478 €.

9. Quelle est la richesse acquise au terme d'un placement de 3 000 € pendant 6 ans au taux annuel de 5 % ?
   a. 3 900 €
   b. 4 020 €
   c. 3 150 €.

10. Pour des financements de long terme, lorsque l'on cherche à convertir un taux mensuel en taux annuel, on utilise :
    a. le taux proportionnel
    b. le taux équivalent
    c. le TIE
    d. pas besoin de convertir
    e. le coût d'opportunité du capital.

11. Le taux annuel équivalent à un taux mensuel de 0,8 % est de :
    a. 10,03 %
    b. 6,67 %
    c. 10,74 %
    d. 9,6 %.

12. Soit un financement avec intérêts précomptés :
    a. le paiement des intérêts intervient au moment de la mise à disposition du capital
    b. le paiement des intérêts est étalé dans le temps
    c. le paiement des intérêts intervient à l'échéance
    d. les intérêts sont dits terme à échoir
    e. les intérêts sont dits terme échu.

13. Soit un financement avec intérêts post-comptés :
    a. le paiement des intérêts intervient au moment de la mise à disposition du capital

b. le paiement des intérêts intervient à l'échéance
c. les intérêts sont dits terme à échoir
d. les intérêts sont dits terme échu.

14. Le Taux d'Intérêt Équivalent (TIE) est utilisé :
a. pour comparer le coût d'un emprunt selon que les intérêts calculés sont des intérêts simples ou des intérêts composés
b. pour comparer le coût d'un emprunt selon que les intérêts calculés sont des post-comptés ou précomptés
c. pour comparer le coût d'un emprunt de long terme avec celui d'un financement de court terme
d. pour comparer le taux d'intérêt nominal avec le taux d'intérêt réel.

15. Quel est le taux d'intérêt post-compté équivalent à un taux d'intérêt précompté de 8 % pour une période 60 jours ?
a. 8,11 %
b. 7,88 %
c. 8,33 %.

16. Soit l'affirmation suivante « 9,28 % est le taux d'intérêt post-compté équivalent à un taux d'intérêt précompté de 9 % pour une période de 120 jours ». Que signifie-t-elle ?
a. Emprunter 5 000 € pendant 4 mois au taux annuel de 9 % à intérêts post-comptés est équivalent à emprunter 4 850 € au taux annuel de 9,28 % à intérêts précomptés.
b. Emprunter 5 000 € pendant 4 mois au taux annuel nominal de 9 % est équivalent à emprunter 4 850 € au taux annuel réel de 9,28 %.
c. L'inflation annuelle est de 0,28 %.
d. L'inflation mensuelle est de 0,28 %.
e. Emprunter 5 000 € pendant 4 mois au taux mensuel de 3 % à intérêts précomptés est équivalent à emprunter 4 600 € au taux mensuel de 3,09 % à intérêts post-comptés.
f. Emprunter 5 000 € pendant 4 mois au taux annuel de 9 % à intérêts précomptés est équivalent à emprunter 4 850 € au taux annuel de 9,28 % à intérêts post-comptés.

17. Soit un emprunt d'un montant de 2 000 €, remboursé sur 2 ans, par échéances semestrielles de 610 €. La séquence de flux de l'emprunteur est :
a. (– 2 000, + 610, + 610, + 610, + 610)
b. (+ 2 000, – 610, – 610, – 610, – 610)
c. (2 000, – 610, – 610, – 610, – 610)
d. (2 000, 610, 610, 610, 610)

18. La capitalisation permet de calculer :
a. la valeur actuelle d'un capital investi
b. la valeur en date d'aujourd'hui d'un capital investi

c. la valeur future d'un capital investi
d. la valeur acquise d'un capital investi.

19. Combien doit-on placer aujourd'hui pour disposer d'exactement 2 600 € dans 5 ans sachant que notre placement est rémunéré à hauteur de 4,5 % par an ?
a. 2 086 €
b. 2 122 €
c. 2 111
d. Aucune des valeurs précédentes.

20. Dans le cas d'une capitalisation d'une séquence de n flux identiques de fin de période :
a. le premier flux est capitalisé sur n périodes
b. le premier flux est capitalisé sur n – 1 périodes
c. l'avant-dernier flux est capitalisé sur n périodes
d. l'avant-dernier flux est capitalisé sur n – 1 périodes
e. l'avant-dernier flux est capitalisé sur 1 période
f. le dernier n'est pas capitalisé
g. le dernier flux est capitalisé sur 1 période.

21. Dans le cas d'une capitalisation d'une séquence de n flux identiques de début de période :
a. le premier flux est capitalisé sur n périodes
b. le premier flux est capitalisé sur n – 1 périodes
c. l'avant-dernier flux est capitalisé sur n périodes
d. l'avant-dernier flux est capitalisé sur n – 1 périodes
e. l'avant-dernier flux est capitalisé sur n – 2 périodes
f. le dernier n'est pas capitalisé
g. le dernier flux est capitalisé sur 1 période.

22. En tant qu'investisseur, vous prévoyez de placer 1 000 € dans un mois, 750 € dans 2 mois et 250 € dans 3 mois. Quelle est votre richesse au terme des 3 mois si le taux mensuel est de 0,5 % ?
a. 2 014 €
b. 2 021 €
c. 2 000 €
d. 2 030 €.

23. Le coût d'opportunité du capital correspond :
a. à la rentabilité à laquelle on renonce en investissant dans un projet plutôt que dans un autre de risque équivalent
b. à un taux directeur de la Banque Centrale
c. au taux auquel on actualise les flux d'un placement ou d'un remboursement.

24. L'actualisation permet de calculer :
a. la valeur actuelle d'un flux à recevoir
b. la valeur en date d'aujourd'hui d'un flux à recevoir

c. la valeur future d'un capital investi
d. la valeur acquise d'un capital investi.

25. Dans le cas d'une actualisation d'une séquence de n flux identiques de fin de période :
a. le premier flux est actualisé sur n périodes
b. le premier flux est actualisé sur 1 période
c. le premier flux n'est pas actualisé
d. l'avant-dernier flux est actualisé sur n périodes
e. l'avant-dernier flux est actualisé sur n – 1 périodes
f. l'avant-dernier flux est actualisé sur 1 période
g. le dernier n'est pas actualisé
h. le dernier flux est actualisé sur n périodes.

26. Quelle est votre richesse actuelle, si vous placez 200 € à la fin de chacune des 6 prochaines années sachant que le coût d'opportunité du capital est de 6 % par an ?
a. 1 042 €
b. 983 €
c. 1 200 €
d. 72 €.

27. Dans le cas d'une actualisation d'une séquence de n flux identiques de début de période :
a. le premier flux n'est pas actualisé
b. le premier flux est actualisé sur 1 période
c. le premier flux est actualisé sur n périodes
d. l'avant-dernier flux est actualisé sur n périodes
e. l'avant-dernier flux est actualisé sur n – 1 périodes
f. l'avant-dernier flux est actualisé sur n – 2 périodes
g. le dernier n'est pas actualisé
h. le dernier flux est actualisé sur 1 période
i. le dernier flux est actualisé sur n – 1 périodes.

28. Quelle est votre richesse actuelle, si vous placez 200 € au début de chacune des 6 prochaines années sachant que le coût d'opportunité du capital est de 6 % par an ?
a. 1 042 €
b. 983 €
c. 1 200 €
d. 72 €.

29. En tant qu'investisseur, vous prévoyez de placer 1 000 € dans un mois, 500 € dans 2 mois et 250 € dans 3 mois. Quelle est la valeur actuelle de vos placements sachant que le coût d'opportunité du capital est de 0,5 % par mois ?
a. 1 763 €
b. 1 750 €

c. 1 736 €
d. 1 759 €.

30. Une rente perpétuelle se caractérise par :
    a. un non-remboursement du capital
    b. un remboursement du capital à une date inconnue au moment de la signature du contrat
    c. un versement des intérêts à l'échéance
    d. un versement des intérêts à perpétuité
    e. une séquence infinie de flux identiques.

31. Dans le cas d'une rente perpétuelle croissante :
    a. le remboursement du capital augmente au cours du temps
    b. le remboursement du capital diminue au cours du temps
    c. les intérêts augmentent au cours du temps
    d. les intérêts diminuent au cours du temps.

32. Le taux actuariel d'un emprunt correspond :
    a. au taux sans risque plus une prime de risque
    b. à un taux directeur de la Banque Centrale
    c. au coût réel de cet emprunt
    d. au taux qui égalise la valeur actuelle de l'ensemble des encaissements et l'ensemble des décaissements.

Troisième partie : exercices

Exercice 1

Vous pouvez placer votre argent sur un livret bancaire au taux annuel de 4,5 %.

a) Quelle est votre richesse à l'issue d'un placement de 1 000 € pendant 7 mois ?

b) Quelle est votre richesse à l'issue d'un placement de 1 000 € pendant 5 ans ?

Exercice 2

Quel sera le montant des intérêts perçus, si vous placez 50 000 € :

a) pendant 11 mois au taux annuel de 4,8 % ?

b) pendant 2 ans au taux annuel de 4,8 % ?

Exercice 3

a) Vous placez 12 000 € pendant 150 jours. À l'issue du placement, vous récupérez 12 210 €. Déterminer le taux d'intérêt de ce placement.

b) Vous aviez placé il y a cinq ans 15 000 € sur un compte rémunéré. Aujourd'hui vous avez 18 205,97 € sur ce compte. Déterminer le taux d'intérêt de ce placement.

Exercice 4

Vous placez aujourd'hui 10 000 € sur un compte rapportant 5 % par an.

a) Pendant combien d'années devez-vous faire fructifier votre argent si vous souhaitez posséder à l'issue de votre placement exactement 14 071 € ?

b) Pendant combien de jours devez-vous faire fructifier votre argent si vous souhaitez posséder à l'issue de votre placement exactement 10 175 € ?

Exercice 5

a) Quelle somme doit-on placer aujourd'hui pour obtenir exactement 16 288,95 € dans 10 ans, sachant que nous plaçons notre argent sur un compte qui rapporte 5 % par an ?

b) Quelle somme doit-on placer immédiatement afin de disposer d'exactement 7 140 € dans 6 mois sachant que nous plaçons notre argent sur un compte qui rapporte 4 % par an ?

Exercice 6

Vous placez le 1er jour de chaque mois, pendant un an, 1 500 € sur un compte rapportant 4,2 % par an. Quelle sera votre richesse le 1er janvier de l'année suivante ?

Exercice 7

Vous avez placé le 1er mars 2010 un montant de 15 000 € sur un livret rapportant 4,25 % par an. Quelle sera votre richesse au 31 décembre 2015 sachant que votre banque paye des intérêts au 31 décembre de chaque année ?

Exercice 8

Vous avez la possibilité de réaliser deux placements. Le premier consiste à épargner 100 000 € à 5,64 % par an et le deuxième 105 000 € à 5 % par an. Dans combien de temps ces placements seront-ils équivalents ?

Exercice 9

En tant qu'investisseur individuel, passionné de bandes dessinées, vous vous posez la question suivante : est-il plus intéressant financièrement d'acheter aujourd'hui la première édition du n° 1 de Gaston Lagaffe pour un prix actuel de 5 000 € qui selon les experts sera évaluée à 6 300 € dans 5 ans ou d'investir cette somme dans des obligations d'État dont le rendement annuel est de 4,5 % ? L'estimation des experts est très fiable, vous pourrez revendre avec certitude votre BD dans 5 ans 6 300 €.

Exercice 10

a) Votre banquier vous propose de placer 10 000 € sur un contrat rémunéré à 4 % par an pendant deux ans puis à 6 % par an pendant les 4 années suivantes. Quel est le taux d'intérêt moyen de ce placement ?

b) Il vous propose également de placer ces 10 000 € sur un contrat offrant un rendement sur trois ans de 18 %. Quel est le taux annuel de ce placement ?

Exercice 11

a) Quel est le taux mensuel équivalent au taux annuel de 5 % ?
b) Quel est le taux mensuel proportionnel au taux annuel de 5 % ?
c) Quel est le taux annuel équivalent au taux mensuel de 0,5 % ?
d) Quel est le taux annuel proportionnel au taux mensuel de 0,5 % ?
e) Quel est le taux mensuel équivalent au taux trimestriel de 1 % ?
f) Quel est le taux annuel équivalent au taux trimestriel de 1 % ?

Exercice 12

Votre banquier vous propose un placement à un taux trimestriel de 1,2 % ou à un taux annuel de 4,85 %. Que préférez-vous ?

Exercice 13

Préférez-vous investir 50 000 euros pendant 2 ans au taux de 5 % par an ou au taux de 0,42 % par mois ?

Exercice 14

Un client place 500 000 € au taux d'intérêt précompté de 5,6 % par an pendant 5 mois. Quel est le taux post-compté équivalent à ce taux précompté ?

Exercice 15

a) Vous avez le choix entre placer pendant 3 mois votre épargne à 4,95 % par an avec des intérêts post-comptés ou à 4,8 % par an avec des intérêts précomptés. Que préférez-vous ?

b) Même question, mais vous supposerez maintenant que la durée du placement est de 11 mois.

c) Pour quelle durée (exprimée en mois) ces deux placements sont-ils équivalents ?

Exercice 16

Pour chacune des cinq années concernées, déduire les valeurs manquantes du tableau.

Tableau 1 — *Les taux d'intérêt à long terme en France de 2007 à 2009*

En %	2007	2008	2009
Taux d'intérêt nominal		4,31	3,70
Taux d'inflation	1,49		0,09
Taux d'intérêt réel	2,83	1,45	

Exercice 17

Madame Feuillet se rend chez son banquier car elle vient d'hériter de 80 000 €. Madame Feuillet hésite à lui confier son argent car ce dernier a la réputation d'être malhonnête.

Il lui propose 4 contrats différents contre le versement aujourd'hui de 80 000 € :

a) un versement dans 5 ans d'une somme unique égale à 110 000 €,

b) une rente perpétuelle qui verse la somme de 5 500 € à la fin de chaque année,

c) le versement de 11 300 € à la fin de chacune des dix prochaines années,

d) le versement de 2 350 € à la fin de l'année prochaine. Ce versement augmentera de 4 % les années suivantes de manière perpétuelle.

Sachant que le taux d'actualisation à retenir pour cet exercice est supposé être de 7 %, montrer que les propositions du banquier ne sont pas intéressantes pour madame Feuillet.

Exercice 18

En tant que future star du football, votre jeune frère est très convoité par les plus grands clubs européens. Les Girondins de Bourgogne lui proposent 15 millions € à raison de 3 millions € par an versés à la fin de chaque année pendant 5 ans. Le Sporting Velodrome, bien que mal en point sportivement cette année, s'est aligné sur la proposition des Girondins de Bourgogne et lui propose 2 millions € à la fin de la première année, 4 millions € à la fin de la deuxième année, 4 millions € à la fin de la troisième année, 3 millions € à la fin de la quatrième année et 2 millions € à la fin de la cinquième année, soit au total 15 millions €.

a) Ne sachant trop quelle proposition choisir, votre frère se retourne vers vous car il sait que vous serez à même de l'aider, compte tenu de votre formation. Si le taux d'actualisation est de 5 %, que lui conseillez-vous ?

b) Supposons maintenant que les salaires soient versés en début d'année et non en fin d'année. Quelle est alors la proposition la plus intéressante ?

c) À la fin de chaque année, votre frère placera 250 000 € sur un compte rapportant du 4,5 % par an. Quel sera le montant de son épargne à la fin de ces 5 années ?

d) Supposons maintenant que votre frère investisse au début de chaque année. Quelle sera sa richesse dans 5 ans ?

Exercice 19

Vous souhaitez investir dans l'immobilier tout en limitant vos remboursements mensuels à 700 € sur une période « raisonnable de

20 ans » à un TEG annuel de 6 %. Quelle sera votre capacité d'emprunt auprès de cette banque ? On supposera que vos remboursements se font en fin de période.

Exercice 20

Vous venez de trouver l'appartement de vos rêves... Vous prenez donc rendez-vous avec votre banquier afin d'emprunter 200 000 euros sur 15 ans.

a) Vous souhaitez rembourser votre emprunt à l'aide d'annuités constantes de fin de période. Quel sera le montant à régler à la fin de chaque année à votre banquier pour rembourser votre emprunt si le taux d'intérêt annuel est de 5 % ?

b) Finalement vous préférez rembourser votre emprunt par mensualités constantes de fin de période. Quel sera le montant de cette mensualité si le taux d'intérêt annuel est de 5 % ?

c) Après discussion avec votre banquier, il s'avère que votre capacité de remboursement mensuelle maximale s'élève à 1 000 €. Sachant que vous souhaitez toujours rembourser votre emprunt à l'aide de mensualités constantes de fin de période, quelle sera la durée de votre emprunt ?

Exercice 21

Vos parents ont aujourd'hui 55 ans et prévoient de prendre leur retraite à l'âge de 65 ans. Prévoyants, ils veulent commencer à épargner aujourd'hui afin de se constituer une retraite complémentaire. Sachant que l'épargne de vos parents rapporte du 4 % par an :

a) Quelle somme doivent-ils mettre de côté à la fin de chaque année, s'ils veulent disposer d'exactement 30 000 € dans 10 ans ?

b) Ils décident de réaliser des placements mensuellement et non annuellement. Quelle somme doivent-ils mettre de côté à la fin de chaque mois, s'ils veulent disposer d'exactement 30 000 € dans 10 ans ?

Exercice 22

Votre meilleur ami souhaite investir aujourd'hui 500 000 € dans une usine de traitement des déchets dont l'exploitation durera 5 ans. Cette usine rapportera 200 000 € dans un an, 150 000 € dans deux ans, 125 000 € dans trois ans, 100 000 € dans 4 ans et 75 000 € dans 5 ans. Il estime par ailleurs devoir payer 50 000 € dans 6 ans afin de dépolluer le site sur lequel se trouve son usine. Le taux d'actualisation est de 5 %.

Lui conseillez-vous d'investir dans ce projet ? Pourquoi ?

Exercice 23

Vous avez emprunté trois fois de l'argent à votre amie Gudrun. Vous devez lui rembourser 1 000 € aujourd'hui, 500 € dans un an et 250 € dans deux ans. Vous souhaiteriez fusionner les trois dettes en une seule, remboursable en 36 mensualités constantes, à partir du mois prochain. Sachant que le taux d'actualisation est de 4,5 %, quelle est la valeur aujourd'hui de cette mensualité constante ?

Exercice 24

Vous venez de gagner aujourd'hui, le 16 octobre 2010, 800 000 € à une loterie. Vous souhaitez placer cet argent sur un compte jusqu'au 31 décembre 2013.

a) Votre banquier vous propose de placer votre argent à 5 % par an ou à 1,1 % par trimestre. Que préférez-vous ?

b) Combien aurez-vous le 31 décembre 2013, si vous placez aujourd'hui, votre argent au taux le plus avantageux trouvé à la question précédente ?

Exercice 25

Vous hésitez entre louer un appartement pour 1 700 € par mois et acheter un appartement équivalent à 550 000 €.

a) Vous financez cet achat par un emprunt remboursable sur 20 ans au taux d'intérêt annuel de 4,2 % par mensualités de début de période. Déterminer le montant de cette mensualité.

b) Déterminer s'il est plus avantageux de louer ou d'acheter l'appartement, si l'on suppose que :

- les prix de l'immobilier vont rester stables,
- les loyers payables le 1er de chaque mois seront stables sur un horizon infini,
- on néglige les frais d'entretien, les taxes, etc.,
- les mensualités de l'emprunt sont payables en début de période.

Exercice 26

Votre fille Pamela vient d'avoir 15 ans et envisage de travailler dans le marketing du luxe. Pour cela elle souhaiterait intégrer à l'âge de 20 ans une école de commerce réputée dont les frais de scolarité s'élèvent actuellement à 7 000 € par an.

a) Sachant que les frais de scolarité de cette école augmentent de 4 % par an, quel sera le montant à régler dans 5 ans au titre de la première année ?

b) Prévoyant, vous souhaitez mettre de côté immédiatement cette somme sur un compte bloqué au nom de Pamela qui rapporte 4,5 %

par an. Combien devrez-vous placer immédiatement pour que Pamela puisse payer les frais de scolarité de la première année ?

c) En réalité, Pamela devra étudier 4 ans dans cette école avant d'être diplômée... La scolarité s'organise de la façon suivante : les deux premières années sont consacrées à l'enseignement des fondamentaux en management, la troisième année est une période de stage en entreprise (« l'année césure »), et la quatrième correspond à une année de spécialisation en marketing. Sachant que Pamela n'aura pas à régler de frais de scolarité lors de son année césure, combien devez-vous placer immédiatement sur le compte bloqué au nom de Pamela pour financer entièrement ses études ?

d) Finalement, vous n'avez pas assez d'économies pour placer immédiatement cette somme sur le compte bloqué au nom de Pamela. Vous optez donc pour des placements mensuels de fin de période pendant les 5 années précédant l'entrée de Pamela dans son école. Combien devrez-vous placer chaque mois pour financer intégralement la scolarité de Pamela ?

Exercice 27

Quel est le coût actuariel d'un emprunt de 10 000 € remboursé à l'aide de cinq annuités de fin de période de 2 300 € ?

a) Afin d'obtenir une estimation de ce taux vous utiliserez les bornes $i_1 = 1\ \%$ et $i_2 = 10\ \%$.

b) Refaire ce calcul en utilisant les bornes $i_1 = 4\ \%$ et $i_2 = 5\ \%$. Que constatez-vous ?

Exercice 28

Un investissement dont la mise initiale est de 400 000 € générera dans le futur les flux de trésorerie suivant : 200 000 € dans un an, 150 000 € dans deux ans et 300 000 € dans trois ans. Estimer le rendement actuariel de cet investissement à l'aide de la méthode de l'interpolation linéaire.

Exercice 29

À l'aide des tables financières situées à la fin du manuel, déterminer :

a) La valeur future de 1 € placé pendant 15 ans au taux d'intérêt de 5 %.

b) La valeur future de 1 500 € placés pendant 10 ans au taux de 3 %.

c) La valeur actuelle d'un flux d'1 € à recevoir dans 5 ans si le taux d'intérêt est de 10 %.

d) La valeur actuelle d'un flux de 1 000 € à recevoir dans 3 ans si le taux d'intérêt est de 7 %.

e) La valeur future d'une séquence de flux identiques de fin de période de 100 € à recevoir pendant 13 ans si le taux d'intérêt est de 6 %.

f) La valeur actuelle d'une séquence de flux identiques de fin de période de 100 € à recevoir pendant 13 ans si le taux d'intérêt est de 6 %.

g) J'ai placé il y a cinq ans 1 200 €, j'ai aujourd'hui 1 605,87 €. Quel est le taux d'intérêt annuel de ce placement ?

h) Je place aujourd'hui 1 200 €, les taux d'intérêt sont de 4 % par an. Dans combien de temps aurai-je doublé mon capital ?

i) J'ai placé pendant 4 ans 200 € à la fin de chaque année, je dispose aujourd'hui d'environ 887,99 €. Quel est le taux d'intérêt annuel de ce placement ?

j) Je place 200 € à la fin de chaque année sur un compte bloqué rapportant 4 % par an. Dans combien de temps aurai-je 2 116,56 € sur mon compte ?

k) Quel est le taux de rendement actuariel d'un crédit de 1 000 € remboursé sur trois ans à raison de 353,53 € à la fin de chaque année ?

Quatrième partie : corrigés

Questions à choix multiples

Question 1 : A, B
Question 2 : B
Question 3 : D
Question 4 : A
Question 5 : D
Question 6 : A
Question 7 : A
Question 8 : C
Question 9 : B
Question 10 : B
Question 11 : A
Question 12 : A, D
Question 13 : B, D
Question 14 : B
Question 15 : A
Question 16 : F
Question 17 : B, C
Question 18 : C, D
Question 19 : A
Question 20 : B, E, F
Question 21 : A, G
Question 22 : A
Question 23 : A, C
Question 24 : A, B
Question 25 : B, E, H
Question 26 : B
Question 27 : A, F, I
Question 28 : A
Question 29 : C
Question 30 : A, D, E
Question 31 : C
Question 32 : A, C, D

Exercice 1

a) Puisque la durée de placement est inférieure à un an, il convient d'utiliser le principe des intérêts simples. Votre richesse à l'issue du placement sera donc donnée par la formule :

$$VF = C \times (1 + i \times n)$$

Il faut néanmoins s'assurer que le taux d'intérêt, i, et le nombre de périodes, n, sont exprimés dans la même unité de temps.

Première possibilité : Puisque l'on dispose d'un taux d'intérêt annuel, il faut exprimer n en années. 7 mois correspond à $\frac{7}{12}$ e d'une année d'où :

$$VF = 1\ 000 \times \left(1 + 4{,}5\ \% \times \frac{7}{12}\right) = 1\ 026{,}25\ €$$

Deuxième possibilité : On peut transformer le taux d'intérêt annuel en taux d'intérêt mensuel. Puisque nous utilisons la formule des intérêts simples, il convient d'utiliser le taux proportionnel afin de calculer le taux d'intérêt mensuel :

$$i_a = i_m \times m \Leftrightarrow i_m = \frac{i_a}{m} \Leftrightarrow i_m = \frac{4{,}5\ \%}{12} = 0{,}375\ \%$$

Dès lors, on en déduit que votre richesse à l'issue du placement est donnée par :

$$VF = 1\ 000 \times (1 + 0{,}375\ \% \times 7) = 1\ 026{,}25\ €$$

Votre richesse à l'issue du placement sera donc de 1 026,25 € [1].

b) Dans ce cas, la durée du placement est supérieure à un an, il convient donc de retenir le principe des intérêts composés. Votre richesse à l'issue du placement est donnée par la formule :

$$VF = C \times (1 + i)^n = 1\ 000 \times (1 + 4{,}5\ \%)^5 = 1\ 246{,}18\ €$$

Votre richesse à l'issue du placement sera donc de 1 246,18 €.

Exercice 2

a) La durée de placement étant inférieure à un an, on utilise le principe des intérêts simples. La somme des intérêts perçus lors d'un placement à intérêts simples est donnée par :

$$I = C \times i \times n$$

1. Ces deux méthodes étant équivalentes, nous ne présenterons dans la suite de l'ouvrage qu'une seule méthode.

Il est possible de transformer le taux d'intérêt annuel en taux d'intérêt mensuel pour respecter la concordance d'unités entre i et n.

$$i_a = i_m \times m \Leftrightarrow i_m = \frac{i_a}{m} \Leftrightarrow i_m = \frac{4,8\ \%}{12} = 0,4\ \%$$

Dès lors, il apparaît que la somme des intérêts perçus est donnée par :

$$I = 50\ 000 \times 0,4\ \% \times 11 = 2\ 200\ €$$

Au terme de la période, vous toucherez 2 200 € d'intérêts.

b) La durée de placement étant supérieure à un an, on utilise le principe des intérêts composés. Dans ce cas, le montant des intérêts perçus correspond à la différence entre la valeur future et le capital initialement investi.

$$I = VF - C = C \times (1+i)^n - C = 50\ 000 \times (1+4,8\ \%)^2 - 50\ 000 = 4\ 915,20\ €$$

Au terme de la période, vous toucherez 4 915,20 € d'intérêts.

Exercice 3

a) La durée du placement est inférieure à un an. Les intérêts ont donc été calculés sur la base des intérêts simples. Pour répondre à cette question, il convient de transformer la formule des intérêts simples afin d'exprimer i, le taux d'intérêt, en fonction des autres paramètres de l'équation.

$$VF = C \times (1 + i \times n) \Leftrightarrow \frac{VF}{C} = 1 + i \times n \Leftrightarrow \frac{VF}{C} - 1 = i \times n \Leftrightarrow i = \frac{\frac{VF}{C} - 1}{n}$$

$$i = \frac{\frac{12\ 210}{12\ 000} - 1}{\frac{150}{360}} = 4,2\ \%$$

Le taux d'intérêt annuel versé par ce placement est donc de 4,2 %.

b) La durée du placement est supérieure à un an. Les intérêts ont donc été calculés sur la base des intérêts composés. Pour répondre à cette question, il est nécessaire de transformer la formule des intérêts composés afin d'exprimer i, le taux d'intérêt, en fonction des autres paramètres de l'équation.

$$VF = C \times (1+i)^n \Leftrightarrow \frac{VF}{C} = (1+i)^n \Leftrightarrow \left(\frac{VF}{C}\right)^{\frac{1}{n}} = 1 + i \Leftrightarrow i = \left(\frac{VF}{C}\right)^{\frac{1}{n}} - 1$$

$$i = \left(\frac{18\ 205,97}{15\ 000}\right)^{\frac{1}{5}} - 1 = 3,95\ \%$$

Le taux d'intérêt annuel versé par ce placement est donc de 3,95 %.

Exercice 4

a) Étant donné que l'on cherche le nombre d'années, il convient d'utiliser la formule des intérêts composés et de la transformer de sorte à exprimer n, le nombre d'années, en fonction des autres paramètres de l'équation [1].

$$VF = C \times (1+i)^n \Leftrightarrow \frac{VF}{C} = (1+i)^n \Leftrightarrow \ln\left(\frac{VF}{C}\right) = n\ln(1+i) \Leftrightarrow n = \frac{\ln\left(\frac{VF}{C}\right)}{\ln(1+i)}$$

$$n = \frac{\ln\left(\frac{14\ 071}{10\ 000}\right)}{\ln(1+5\ \%)} = 7 \text{ ans}$$

Vous devez placer votre argent pendant 7 ans afin d'obtenir exactement 14 071 € si les taux d'intérêt sont de 5 % par an.

b) Puisque l'on recherche le nombre de jours, on suppose implicitement une durée de placement inférieure à un an. Il convient d'utiliser la formule des intérêts simples et de la transformer de sorte à exprimer n, le nombre d'années, en fonction des autres paramètres de l'équation.

$$VF = C \times \left(1 + i \times \frac{n}{360}\right) \Leftrightarrow \frac{VF}{C} = 1 + i \times \frac{n}{360} \Leftrightarrow \frac{VF}{C} - 1$$

$$= i \times \frac{n}{360} \Leftrightarrow n = \frac{\frac{VF}{C} - 1}{i} \times 360$$

$$n = \frac{\frac{10\ 175}{10\ 000} - 1}{5\ \%} \times 360 = 126 \text{ jours}$$

Vous devez placer votre argent pendant 126 jours afin d'obtenir exactement 10 175 € si les taux d'intérêt sont de 5 % par an.

Exercice 5

a) Il s'agit ici de calculer la valeur actuelle d'un flux (le *cash-flow*) unique en retenant la formule des intérêts composés puisque la période de placement est supérieure à un an. La somme à placer immédiatement est donc donnée par :

$$VA = \frac{CF}{(1+i)^n} = \frac{16\ 288{,}95}{(1+5\ \%)^{10}} = 10\ 000\ €$$

1. Pour rappel : $\ln(x^n) = n\ln x$.

Si on place immédiatement 10 000 € à 5 % pendant 10 ans, on aura exactement 16 288,95 € à l'issue de ce placement.

b) Dans cette seconde question, on nous demande de calculer la valeur actuelle d'un flux unique en retenant la formule des intérêts simples puisque la période de placement est inférieure à un an. La somme à placer immédiatement est donc donnée par :

$$VA = \frac{CF}{1 + i \times n} = \frac{7\ 140}{1 + 4\ \% \times \frac{6}{12}} = 7\ 000\ €$$

Si on place immédiatement 7 000 € à 4 % pendant 6 mois, on aura exactement 7 140 € à l'issue de notre placement.

Exercice 6

Le premier placement intervient le 1er janvier N et dure jusqu'au 1er janvier N + 1 soit 12 mois. Le deuxième placement intervient le 1er février N et dure jusqu'au 1er janvier N + 1 soit 11 mois. Le troisième placement intervient le 1er mars N et dure jusqu'au 1er janvier N + 1 soit 10 mois. Selon le même principe, on peut déterminer très facilement la durée des 12 placements, le dernier intervenant le 1er décembre N et durant jusqu'au 1er janvier N + 1 soit 1 mois. Les sommes placées sont représentées au schéma 1.

Schéma 1 — *La représentation graphique des douze placements*

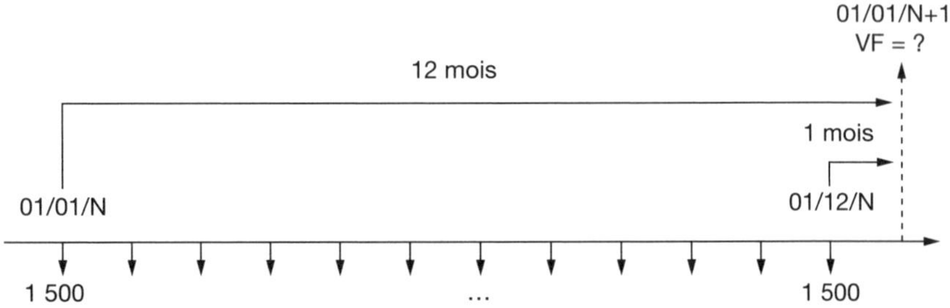

La valeur future du premier placement est donnée par :

$$VF_1 = C \times (1 + i \times n) = 1\ 500 \times \left(1 + 4{,}2\ \% \times \frac{12}{12}\right) = 1\ 563\ €$$

La valeur future du deuxième placement est donnée par :

$$VF_2 = C \times (1 + i \times n) = 1\ 500 \times \left(1 + 4{,}2\ \% \times \frac{11}{12}\right) = 1\ 557{,}75\ €$$

Selon la même logique, on peut déterminer la valeur future des 10 autres placements sachant que la valeur future du dernier placement est donnée par :

$$VF_{12} = C \times (1 + i \times n) = 1\ 500 \times \left(1 + 4{,}2\ \% \times \frac{1}{12}\right) = 1\ 505{,}25\ €$$

Votre richesse le 1er janvier N + 1 est égale à :

$$VF_{N+1} = \sum_{t=1}^{12} 1\ 500 \times \left(1 + 4{,}2\ \% \times \frac{t}{12}\right) = 1\ 500\ \times \sum_{t=1}^{12} \left(1 + 4{,}2\ \% \times \frac{t}{12}\right)$$
$$= 18\ 409{,}5\ €$$

Votre richesse à l'issue du placement est de 18 409,5 €.

Exercice 7

Nous allons répondre à cette question en adoptant un raisonnement par étape.

Sachant que la banque verse des intérêts tous les 31 décembre, vous avez placé la première année notre argent pendant 10 mois. Nous utiliserons donc la formule des intérêts simples pour calculer les intérêts versés du 1er mars 2010 au 31 décembre 2010. Pour calculer les intérêts sur la période du 31 décembre 2010 au 31 décembre 2015, nous retiendrons la formule des intérêts composés car la période de placement correspond à plusieurs années entières de placement. On peut représenter le placement au schéma 2.

Schéma 2 — *La représentation graphique du placement*

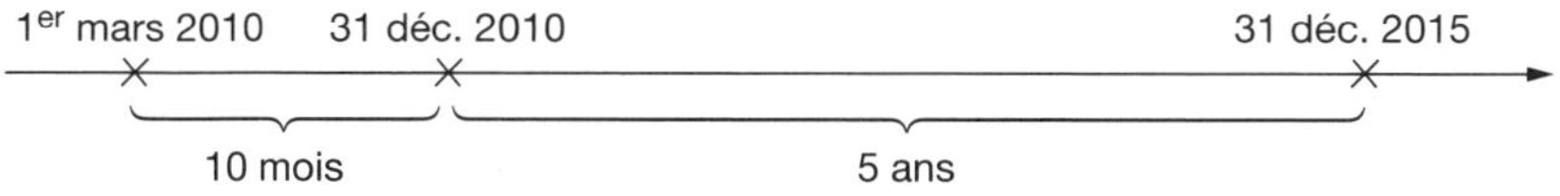

Première étape : Connaître votre richesse au 31 décembre 2010

Au 31 décembre 2010, nous avons placé notre argent pendant 10 mois au taux de 4,25 %. On utilise donc la formule des intérêts simples.

$$VF = C \times (1 + i \times n) = 15\ 000 \times \left(1 + 4{,}25\ \% \times \frac{10}{12}\right) = 15\ 531{,}25\ €$$

Votre richesse au 31 décembre 2010 est donc de 15 531,25 €.

Deuxième étape : Connaître votre richesse au 31 décembre 2015

Entre le 31 décembre 2010 et le 31 décembre 2015, il y a exactement 5 ans. On utilise donc la formule des intérêts composés.

$$VF = C \times (1+i)^n = 15\ 531{,}25 \times (1+4{,}25\ \%)^5 = 19\ 124{,}35\ €$$

Votre richesse à l'issue du placement est donc de 19 124,35 €.

Exercice 8

Ces placements seront équivalents lorsque leur valeur future sera identique. Soit n la durée telle que ces placements soient équivalents. Il faut donc résoudre l'équation suivante :

$$100\ 000 \times (1+5{,}64\ \%)^n = 105\ 000 \times (1+5\ \%)^n \Leftrightarrow \frac{100\ 000}{105\ 000} = \left(\frac{1+5\ \%}{1+5{,}64\ \%}\right)^n$$

En utilisant la fonction ln, on en déduit que :

$$\ln\left(\frac{100\ 000}{105\ 000}\right) = n \ln\left(\frac{1{,}05}{1{,}0564}\right) \Leftrightarrow n = \frac{\ln\left(\frac{100\ 000}{105\ 000}\right)}{\ln\left(\frac{1{,}05}{1{,}0564}\right)} = 8{,}03 \text{ ans}$$

Il faut donc détenir ces placements pendant 8,03 années (soit un peu plus de 8 années) pour qu'ils soient équivalents.

Exercice 9

Il y a deux possibilités pour répondre à cette question. On peut raisonner en valeur future ou en taux de rentabilité de l'investissement.

Première possibilité : Si vous investissez vos 5 000 € dans les obligations d'État, votre richesse à l'issue des 5 années sera donnée par la formule suivante :

$$VF = C \times (1+i)^n = 5\ 000 \times (1+4{,}5\ \%)^5 = 6\ 230{,}91\ €$$

Vous avez failli commettre une erreur en n'achetant pas votre BD préférée qui devrait selon les estimations des experts valoir dans 5 ans plus que cette somme.

Deuxième possibilité : Vous comparez la rentabilité des deux investissements. Vous savez que si vous investissez aujourd'hui dans la bande dessinée votre richesse dans 5 ans sera de 6 300 €. Les flux de cet investissement sont représentés au schéma 3.

Schéma 3 — *La représentation graphique de l'investissement dans la BD*

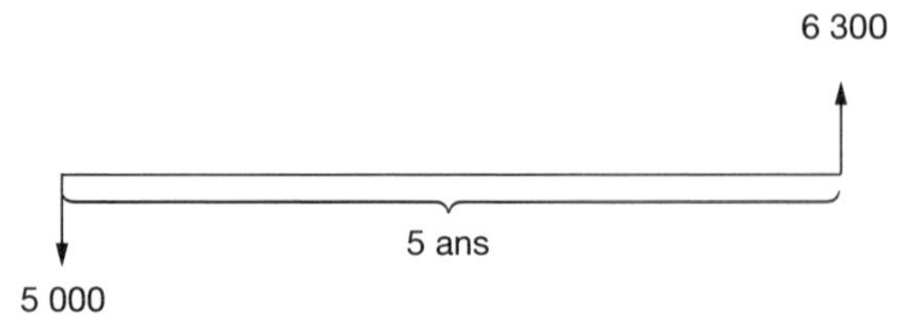

L'équation à résoudre est donc donnée par :

$$VF = C \times (1+i)^n \Leftrightarrow \frac{VF}{C} = (1+i)^n \Leftrightarrow i = \left(\frac{VF}{C}\right)^{\frac{1}{n}} - 1$$

$$i = \left(\frac{6\ 300}{5\ 000}\right)^{\frac{1}{5}} - 1 = 4,73\ \%$$

Investir dans la première édition de Gaston Lagaffe vous rapportera un intérêt de 4,73 % par an, ce qui est supérieur à la rémunération offerte par les obligations d'État. Vous choisissez donc de placer vos 5 000 € dans la première édition du numéro 1 de Gaston Lagaffe.

Exercice 10

a) Ce placement a une durée de 6 ans : les deux premières années, le taux d'intérêt est de 4 % et les quatre années suivantes, le taux d'intérêt est de 6 %. Ce placement peut être représenté au schéma 4.

Schéma 4 — *La représentation graphique du placement*

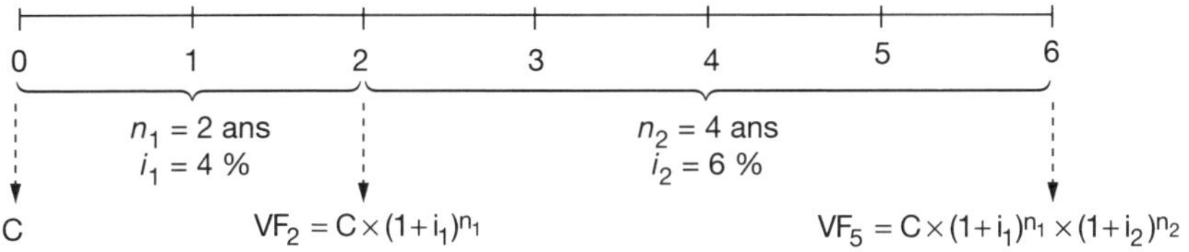

Ainsi, nous cherchons le taux moyen i tel que si on place le capital C à un taux i_1 pendant les deux prochaines années puis à un taux i_2 pendant les quatre années suivantes, cela soit équivalent à un placement C pendant 6 années au taux moyen i. L'équation à résoudre afin de déterminer i est donc donnée par :

$$C \times (1+i)^n = C \times (1+i_1)^{n_1} \times (1+i_2)^{n_2}$$

Soit après simplification par C, on obtient :

$$(1+i)^n = (1+i_1)^{n_1} \times (1+i_2)^{n_2} \Leftrightarrow i = \left[(1+i_1)^{n_1} \times (1+i_2)^{n_2}\right]^{\frac{1}{n}} - 1$$

$$i = \left[(1+4\ \%)^2 \times (1+6\ \%)^4\right]^{\frac{1}{6}} - 1 = 5,33\ \%$$

Le taux moyen de ce placement est de 5,33 %.

b) Le placement offre une rentabilité de 18 % pour trois ans et on cherche le taux annuel correspondant. Au terme des trois ans, notre richesse aura augmenté de 18 %. On cherche le taux i qui appliqué annuellement donne la même chose. On peut représenter ce placement au schéma 5.

Schéma 5 — *La représentation graphique du placement*

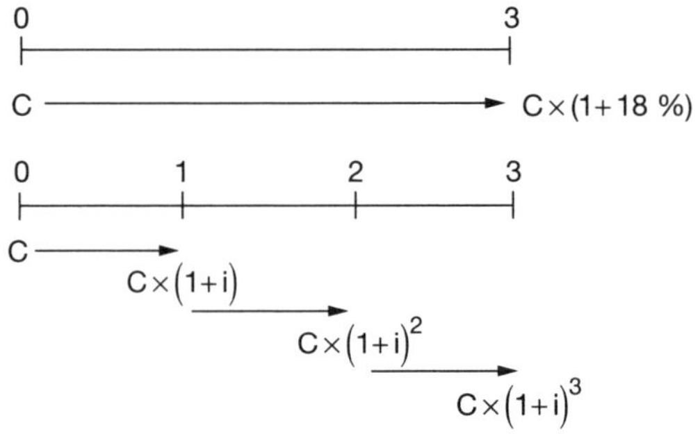

L'équation à résoudre est donc donnée par :

$$C \times (1+i)^3 = C \times (1+18\ \%)$$

Soit après simplification par C, on obtient :

$$(1+i)^3 = (1+18\ \%) \Leftrightarrow i = (1+18\ \%)^{\frac{1}{3}} - 1 = 5{,}67\ \%$$

Le taux annuel de ce placement est de 5,67 %.

Exercice 11

a) Deux taux sont équivalents s'ils conduisent à la même valeur acquise pour un temps de placement identique. Ils doivent par définition vérifier l'équation suivante :

$$(1+i_a) = (1+i_m)^{12}$$

On en déduit alors que : $i_m = (1+i_a)^{\frac{1}{12}} - 1 = (1+5\ \%)^{\frac{1}{12}} - 1 = 0{,}41\ \%$

Le taux mensuel équivalent au taux annuel de 5 % est de 0,41 %.

b) Le taux proportionnel consiste à multiplier le taux périodique par le nombre de périodes correspondant.

Dès lors, $i_a = i_m \times m \Leftrightarrow i_m = \frac{i_a}{m} = \frac{5\ \%}{12} = 0{,}42\ \%$

Le taux mensuel proportionnel au taux annuel de 5 % est de 0,42 %.

c) Deux taux sont équivalents s'ils vérifient l'égalité suivante : $(1+i_a) = (1+i_m)^{12}$

On en déduit que : $i_a = (1+i_m)^{12} - 1 = (1+0{,}5\ \%)^{12} - 1 = 6,\ 17\ \%$

Le taux annuel équivalent au taux mensuel de 0,5 % est de 6,17 %.

d) Deux taux sont proportionnels s'ils vérifient l'égalité suivante :

$$i_m = \frac{i_a}{12}$$

On en déduit que : $i_a = i_m \times 12 = 0,5\ \% \times 12 = 6\ \%$

Le taux annuel proportionnel au taux mensuel de 0,5 % est de 6 %.

e) Deux taux sont équivalents s'ils vérifient l'égalité suivante :

$$\left(1 + i_t\right) = (1 + i_m)^3$$

On en déduit que : $i_m = (1 + i_t)^{\frac{1}{3}} - 1 = \left(1 + 1\ \%\right)^{\frac{1}{3}} - 1 = 0,33\ \%$

Le taux mensuel équivalent au taux trimestriel de 1 % est de 0,33 %.

f) Deux taux sont équivalents s'ils vérifient l'égalité suivante :

$$\left(1 + i_a\right) = \left(1 + i_t\right)^4$$

On en déduit que $i_a = \left(1 + i_t\right)^4 - 1 = (1 + 1\ \%)^4 - 1 = 4,06\ \%$

Le taux annuel équivalent au taux trimestriel de 1 % est de 4,06 %.

Exercice 12

Pour répondre à cette question, il convient de transformer le taux trimestriel en taux annuel ou inversement. Cependant, il ne faut pas oublier de distinguer deux cas selon la durée du placement.

Premier cas : la période de placement est inférieure à un an

Dans ce cas, on utilise le taux proportionnel. Il est possible d'exprimer le taux trimestriel en taux annuel proportionnel ou le taux annuel en taux trimestriel proportionnel.

Le taux trimestriel proportionnel au taux annuel est donné par la relation $i_t = \frac{i_a}{4}$.

On en déduit que : $i_a = i_t \times 4 = 1,2\ \% \times 4 = 4,8\ \%$

Je préfère donc investir au taux de 4,85 % plutôt qu'à 4,8 % par an. En d'autres termes, je placerai donc mon argent au taux annuel de 4,85 %.

Le taux trimestriel proportionnel au taux annuel est donné par la relation $i_t = \frac{i_a}{4}$.

On en déduit que $i_t = \frac{4,85\ \%}{4} = 1,2125\ \%$

Je préfère donc investir à 1,2125 % plutôt qu'à 1,2 % par trimestre. En d'autres termes, je placerai donc mon argent au taux annuel de 4,85 % [1].

Deuxième cas : la période de placement est supérieure à un an

Dans ce cas, on utilise le taux équivalent. Il est possible d'exprimer le taux trimestriel en taux annuel équivalent ou le taux annuel en taux trimestriel équivalent.

Le taux trimestriel équivalent au taux annuel est donné par la relation $(1+i_a) = (1+i_t)^4$.

On en déduit que $i_a = (1+i_t)^4 - 1 = (1+1,2\ \%)^4 - 1 = 4,89\ \%$

Je préfère donc investir au taux de 4,89 % plutôt qu'à 4,85 % par an. Autrement dit, je placerai mon argent au taux de 1,2 % par trimestre.

Le taux trimestriel équivalent au taux annuel est donné par la relation $(1+i_a) = (1+i_t)^4$.

On en déduit que $i_t = (1+i_a)^{\frac{1}{4}} - 1 = (1+4,85\ \%)^{\frac{1}{4}} - 1 = 1,19\ \%$.

Je préfère placer mon argent à 1,2 % plutôt qu'à 1,19 % par trimestre[3]. Autrement dit, je placerai mon argent au taux de 1,2 % par trimestre.

Exercice 13

Il existe différentes façons de répondre à cette question. Puisque la durée de placement est supérieure à un an, il est possible de calculer soit le taux annuel équivalent au taux mensuel soit le taux mensuel équivalent au taux annuel.

Dans le premier cas, le taux mensuel équivalent au taux annuel est donné par

$$(1+i_a) = (1+i_m)^{12}$$

On en déduit que : $i_m = (1+i_a)^{\frac{1}{12}} - 1 = (1+5\ \%)^{\frac{1}{12}} - 1 = 0,\ 41\ \%$

Je préfère donc investir au taux mensuel de 0,42 %.

Dans le second cas, le taux mensuel équivalent au taux annuel est donné par

$$(1+i_a) = (1+i_m)^{12}$$

On en déduit que $i_a = (1+i_m)^{12} - 1 = 5,16\ \%$

1. Les deux méthodes conduisent au même résultat... Heureusement !

Je préfère investir à un taux de 5,16 % plutôt qu'à un taux de 5 % par an. Je préfère donc investir au taux mensuel de 0,42 %.

Une autre solution consiste à calculer la valeur future de ces deux placements.

Si je place 50 000 € à un taux de 5 % par an pendant 2 ans, j'aurai à l'issue de mon placement :

$$VF = C \times (1+i)^n = 50\ 000 \times (1+5\ \%)^2 = 55\ 125\ €$$

Si je place 50 000 € à un taux de 0,42 % par mois pendant 2 ans, j'aurai à l'issue de mon placement :

$$VF = C \times (1+i)^n = 50\ 000 \times (1+0,42\ \%)^{24} = 55\ 291,10\ €$$

Je préfère disposer de 55 291,10 € à l'issue de mon placement plutôt que 55 125 €. Je préfère donc investir au taux mensuel de 0,42 %.

Exercice 14

Le taux d'intérêt post-compté équivalent au taux d'intérêt précompté est donné par le Taux d'Intérêt Équivalent (TIE).

$$TIE = \frac{i_{précompté}}{1 - i_{précompté} \times n} = \frac{5,6\ \%}{1 - 5,6\ \% \times \frac{5}{12}} = 5,73\ \%$$

Le taux post-compté de ce placement est donc de 5,73 %.

Exercice 15

a) Pour répondre à cette question, il convient de déterminer le taux post-compté correspondant au taux précompté et de comparer les taux post-comptés entre eux. Pour cela, on va utiliser le TIE.

Pour une période de placement de 3 mois, l'équivalent post-compté d'un taux précompté de 4,8 % est donné par la formule :

$$TIE = \frac{i_{précompté}}{1 - i_{précompté} \times n} = \frac{4,8\ \%}{1 - 4,8\ \% \times \frac{3}{12}} = 4,86\ \%$$

Pour une période de placement de 3 mois, je préfère investir dans le taux post-compté de 4,95 % par an.

b) Pour une période de placement de 11 mois, l'équivalent post-compté d'un taux précompté de 4,8 % est donné par la formule :

$$TIE = \frac{i_{précompté}}{1 - i_{précompté} \times n} = \frac{4,8\ \%}{1 - 4,8\ \% \times \frac{11}{12}} = 5,02\ \%$$

Pour une période de placement de 11 mois, je préfère investir dans le taux précompté de 4,8 % par an.

c) Ici on cherche la durée n telle qu'un placement précompté de 4,8 % équivaille à un taux post-compté de 4,95 %. Pour répondre à cette question, il faut transformer la formule du TIE de sorte à exprimer n en fonction des autres paramètres de l'équation.

$$\text{TIE} = \frac{i_{\text{précompté}}}{1 - i_{\text{précompté}} \times \frac{n}{12}} \Leftrightarrow 1 - i_{\text{précompté}} \times \frac{n}{12} = \frac{i_{\text{précompté}}}{\text{TIE}}$$

$$\Leftrightarrow 1 - \frac{i_{\text{précompté}}}{\text{TIE}} = i_{\text{précompté}} \times \frac{n}{12} \Leftrightarrow n = (1 - \frac{i_{\text{précompté}}}{\text{TIE}}) \times \frac{12}{i_{\text{précompté}}}$$

Ainsi, avec les valeurs de l'exercice, on obtient :

$$n = \left(1 - \frac{4,8\ \%}{4,95\ \%}\right) \times \frac{12}{4,8\ \%} = 7,58 \text{ mois}$$

Ces deux placements seront donc équivalents pour une durée de 7,58 mois.

Exercice 16

Le taux d'intérêt réel correspond au taux d'intérêt nominal corrigé de l'inflation.

$$1 + \text{taux réel} = \frac{1 + \text{taux nominal}}{1 + \text{taux d'inflation}}$$

– Pour l'année 2007, on en déduit que :

$$\text{Taux nominal} = \left(1 + \text{taux réel}\right) \times \left(1 + \text{taux d'inflation}\right) - 1$$

$$\text{Taux nominal} = \left(1 + 2,83\ \%\right) \times \left(1 + 1,49\ \%\right) - 1 = 4,36\ \%$$

– Pour l'année 2008, on en déduit que :

$$\text{taux d'inflation} = \frac{1 + \text{taux nominal}}{1 + \text{taux réel}} - 1 = \frac{1 + 4,31\ \%}{1 + 1,45\ \%} - 1 = 2,82\ \%$$

– Pour l'année 2009, on en déduit que :

$$\text{taux réel} = \frac{1 + \text{taux nominal}}{1 + \text{taux d'inflation}} - 1 = \frac{1 + 3,70\ \%}{1 + 0,09\ \%} - 1 = 3,61\ \%$$

Exercice 17

Pour répondre à cette question, il convient de comparer ces quatre propositions à la même date. Si une de ces propositions a une valeur actuelle supérieure à 80 000 €, il s'agirait alors d'une bonne proposition.

a) La première proposition correspond au versement d'un flux unique dans cinq ans. Les flux de ce contrat sont représentés sur le schéma 6.

Schéma 6 — *La représentation graphique du premier contrat*

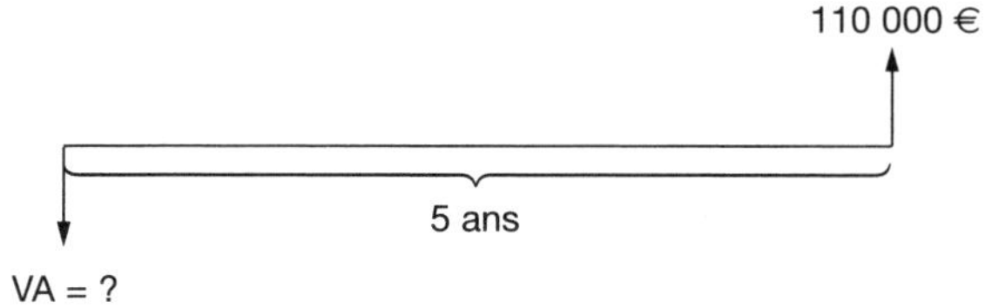

La valeur actuelle du premier contrat est donc donnée par :

$$VA = \frac{CF}{(1+i)^n} = \frac{110\ 000}{(1+7\ \%)^5} = 78\ 428,48\ €$$

La valeur actuelle du premier contrat étant inférieure à la mise initiale, il s'agit d'une offre inintéressante pour madame Feuillet.

b) La deuxième proposition correspond à une rente perpétuelle de 5 500 €. Les flux de ce contrat sont représentés sur le schéma 7.

Schéma 7 — *La représentation graphique du deuxième contrat*

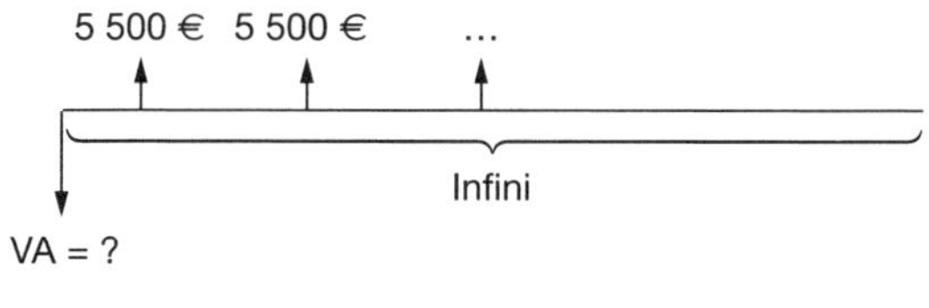

La valeur actuelle du deuxième contrat est donc donnée par :

$$VA = \frac{CF}{i} = \frac{5\ 500}{7\ \%} = 78\ 571,43\ €$$

La valeur actuelle du deuxième contrat étant inférieure à la mise initiale, il s'agit d'une offre inintéressante pour madame Feuillet.

c) La troisième proposition correspond à une séquence de flux identiques de fin de période de 11 300 € à recevoir lors des dix prochaines années. Les flux de ce contrat sont représentés sur le schéma 8.

Schéma 8 — *La représentation graphique du troisième contrat*

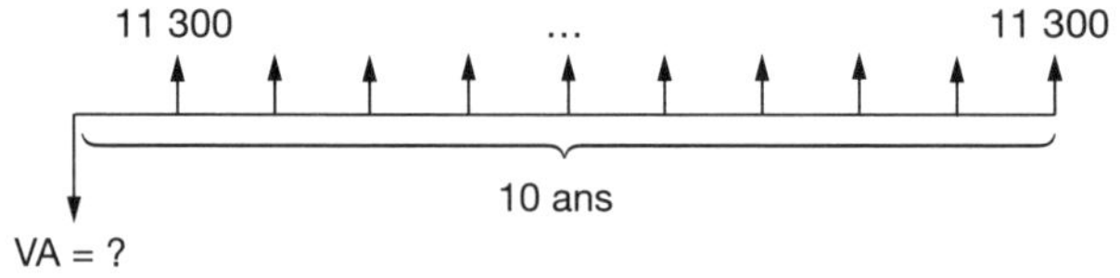

$$VA = CF \times \frac{1-(1+i)^{-n}}{i} = 11\ 300 \times \frac{1-(1+7\ \%)^{-10}}{7\ \%} = 79\ 366{,}47\ €$$

La valeur actuelle du troisième contrat étant inférieure à la mise initiale, il s'agit d'une offre inintéressante pour madame Feuillet.

d) La quatrième proposition correspond à une rente perpétuelle de 2 350 € qui augmente de 4 % par an à l'infini. Les flux de ce contrat sont représentés sur le schéma 9.

Schéma 9 — *La représentation graphique du quatrième contrat*

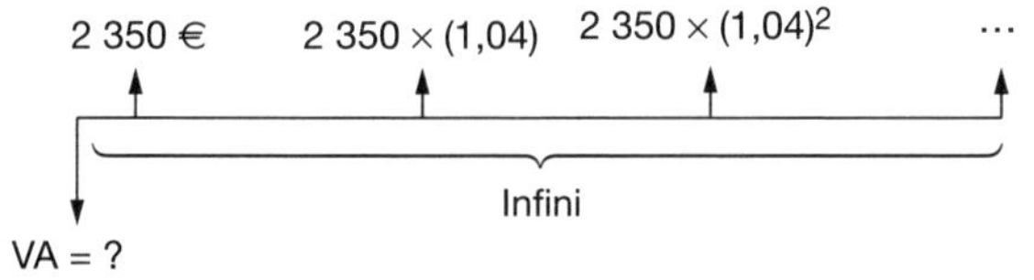

La valeur actuelle du quatrième contrat est donc donnée par :

$$VA = \frac{CF}{i-g} = \frac{2\ 350}{7\ \% - 4\ \%} = 78\ 333{,}33\ €$$

La valeur actuelle du quatrième contrat étant inférieure à la mise initiale, il s'agit d'une offre inintéressante pour madame Feuillet.

Exercice 18

a) Pour comparer ces deux propositions, le plus simple est de calculer les valeurs actuelles de ces séquences de flux et de retenir la proposition qui offre la valeur actuelle la plus élevée.

La première offre est une séquence de flux identiques de 3 000 000 € à recevoir à la fin des cinq prochaines années. Les flux de ce contrat sont représentés sur le schéma 10.

Schéma 10 — *La représentation graphique du premier contrat*

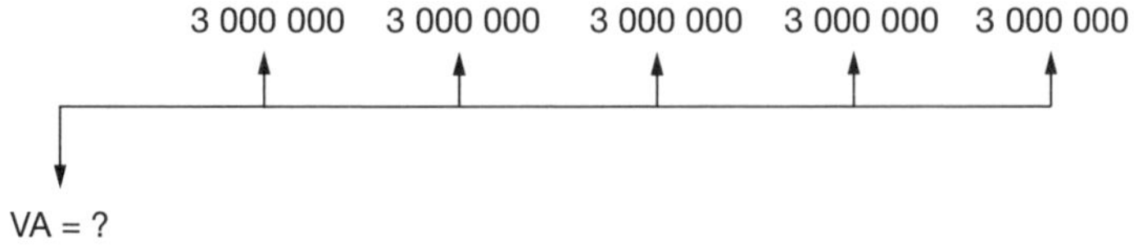

La valeur actuelle du premier contrat est donc donnée par :

$$VA = CF \times \frac{1-(1+i)^{-n}}{i} = 3\ 000\ 000 \times \frac{1-(1+5\ \%)^{-5}}{5\ \%} = 12\ 988\ 430,\ 01\ €$$

La seconde offre correspond à une séquence de flux de 2 millions € à la fin de la première année, de 4 millions € à la fin de la deuxième année et de la troisième année, de 3 millions € à la fin de la quatrième année et 2 millions € à la fin de la cinquième année. Les flux de ce contrat sont représentés sur le schéma 11.

Schéma 11 — *La représentation graphique du second contrat*

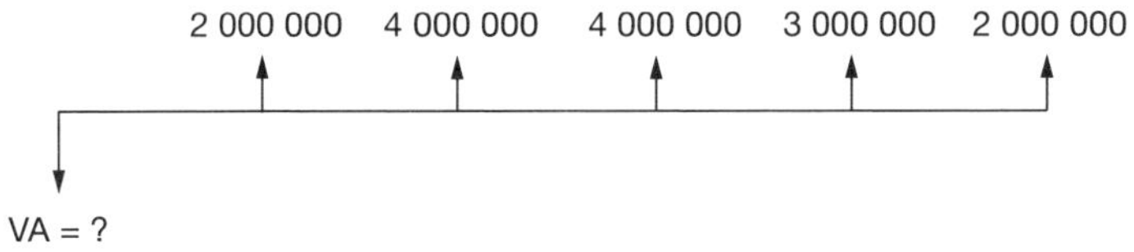

La valeur actuelle de ce second contrat est donnée par la somme des valeurs actuelles de chacun de ces flux :

$$VA = \frac{2\ 000\ 000}{(1+5\ \%)} + \frac{4\ 000\ 000}{(1+5\ \%)^2} + \frac{4\ 000\ 000}{(1+5\ \%)^3} + \frac{3\ 000\ 000}{(1+5\ \%)^4} + \frac{2\ 000\ 000}{(1+5\ \%)^5}$$

$$VA = 13\ 023\ 389,\ 97\ €$$

Puisque la valeur actuelle de la première proposition est inférieure à la valeur actuelle de la seconde, votre frère a intérêt à accepter la seconde offre.

b) Si les salaires sont versés en début de période, la première offre devient une séquence de flux identiques de 3 000 000 € à recevoir au début des cinq prochaines années. Les flux de ce contrat sont représentés sur le schéma 12.

Schéma 12 — *La représentation graphique du premier contrat*

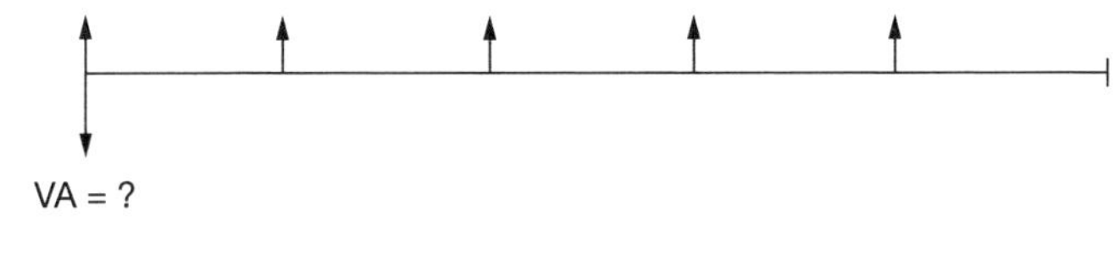

La valeur actuelle du premier contrat est donc donnée par :

$$VA = \frac{CF \times \left[(1+i) - (1+i)^{-(n-1)}\right]}{i}$$

En appliquant les paramètres de l'exercice, on obtient :

$$VA = \frac{3\ 000\ 000 \times \left[\left(1+5\ \%\right)-(1+5\ \%)^{-4}\right]}{5\ \%} = 13\ 637\ 851,51\ €$$

La seconde offre correspond à une séquence de flux de 2 millions d'euros à recevoir immédiatement, de 4 millions dans un et deux ans, de 3 millions dans trois ans et 2 millions dans quatre ans. Les flux de ce contrat sont représentés sur le schéma 13.

Schéma 13 — *La représentation graphique du second contrat*

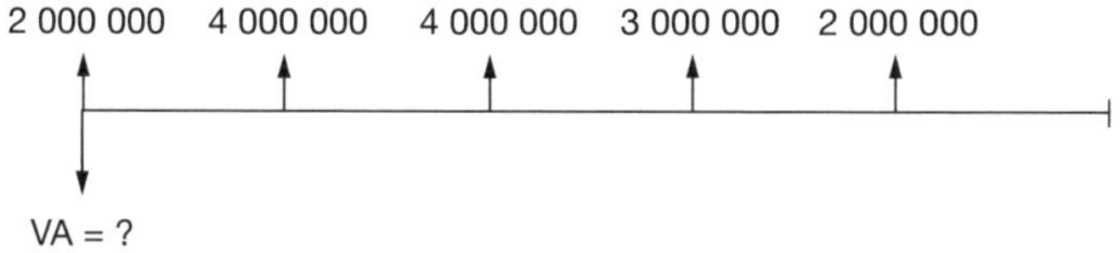

La valeur actuelle de ce second contrat est donnée par la somme des valeurs actuelles de chacun de ces flux :

$$VA = 2\ 000\ 000 + \frac{4\ 000\ 000}{1,05} + \frac{4\ 000\ 000}{1,05^2} + \frac{3\ 000\ 000}{1,05^3} + \frac{2\ 000\ 000}{1,05^4}$$
$$= 13\ 674\ 559,47\ €$$

Puisque la valeur actuelle de la première proposition est inférieure à la valeur actuelle de la seconde proposition, votre frère a intérêt à accepter la seconde offre.

c) Votre frère place, pendant 5 ans, 250 000 € à la fin de chaque année sur un compte rapportant du 4,5 % par an. Les flux de son placement sont représentés sur le schéma 14.

Schéma 14 — *La représentation graphique des placements de fin de période*

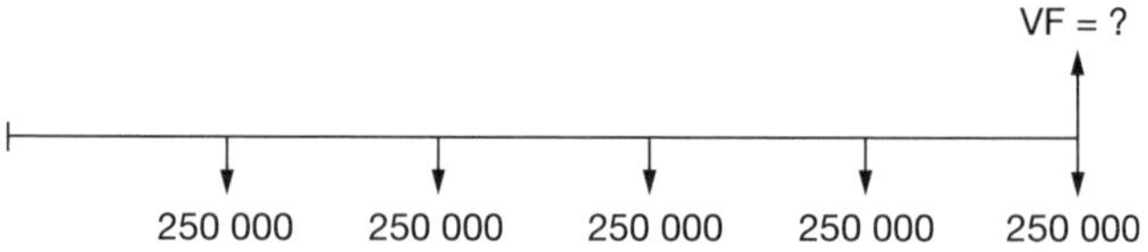

La valeur future de cette séquence de flux identiques de fin de période est donc donnée par :

$$VF = CF \times \frac{(1+i)^n - 1}{i} = 250\ 000 \times \frac{\left(1+4,5\ \%\right)^5 - 1}{4,5\ \%} = 1\ 367\ 677,43\ €$$

Sa richesse à l'issue du placement sera de 1 367 677,43 €.

d) Votre frère place, pendant 5 ans, 250 000 € au début de chaque année sur un compte rapportant du 4,5 % par an. Les flux de son placement sont représentés sur le schéma 15.

Schéma 15 — *La représentation graphique des placements de début de période*

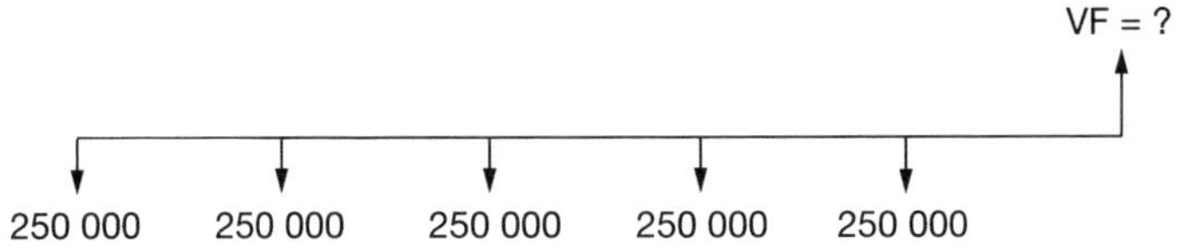

La valeur future de cette séquence de flux identiques de début de période est donc donnée par :

$$VF = CF \times \left[\frac{(1+i)^{n+1} - 1}{i} - 1 \right] = 250\ 000 \times \left[\frac{(1+4{,}5\ \%)^{6} - 1}{4{,}5\ \%} - 1 \right]$$
$$= 1\ 429\ 222{,}92\ €$$

Sa richesse à l'issue de placement sera de 1 429 222,92 €.

Exercice 19

L'objectif de cet exercice est de déterminer le montant de capital que l'on peut emprunter à cette banque, si on rembourse chaque mois 700 € pendant 20 ans. Puisque je me suis engagé à payer des mensualités de fin de période, la première étape du calcul est de déterminer le taux mensuel. On utilise le taux équivalent car la durée d'emprunt est supérieure à un an.

On sait que : $\left(1+i_a\right) = (1+i_m)^{12}$

On en déduit que : $i_m = \left(1+i_a\right)^{\frac{1}{12}} - 1 = (1+6\ \%)^{\frac{1}{12}} - 1 = 0{,}49\ \%$

Puisque les mensualités sont constantes, il est possible d'utiliser la formule de la valeur actuelle d'une séquence de flux identiques de fin de période pour déterminer le capital à emprunter aujourd'hui :

$$VA = CF \times \frac{1-\left(1+i\right)^{-n}}{i}$$

avec i le taux mensuel, n la durée en nombre de mois de placement et CF la mensualité constante. Ma capacité d'emprunt est égale à :

$$VA = 700 \times \frac{1-\left(1+0{,}49\ \%\right)^{-240}}{0{,}49\ \%} = 98\ 657{,}49\ €$$

Je peux donc emprunter 98 657,49 €.

Exercice 20

a) Pour répondre à cette question, il convient de déterminer le *cash-flow* identique à payer lors des 15 prochaines années permettant d'avoir une valeur actuelle de 200 000 € si le taux d'intérêt est de 5 %. Les flux de cet emprunt sont représentés au schéma 16.

Schéma 16 — *La représentation graphique des annuités constantes de l'emprunt*

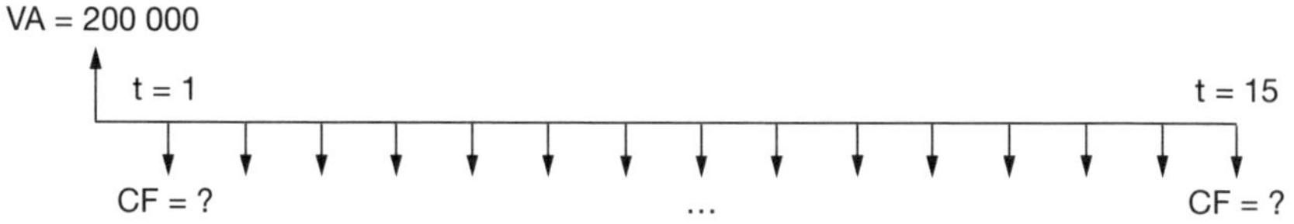

Il faut donc utiliser la valeur actuelle d'une séquence de flux identiques de fin de période et exprimer l'annuité en fonction des autres paramètres de l'équation.

$$VA = CF \times \frac{1-(1+i)^{-n}}{i} \Leftrightarrow CF = \frac{VA \times i}{1-(1+i)^{-n}}$$
$$= \frac{200\ 000 \times 5\ \%}{1-(1+5\ \%)^{-15}} = 19\ 268,46\ €$$

Le montant à payer à la fin de chaque année pour solder votre emprunt de 200 000 € à 5 % pendant 15 ans serait de 19 268,46 €.

b) À nouveau, il s'agit d'une séquence de flux identiques car vous souhaitez rembourser votre emprunt à l'aide de mensualités constantes. Votre banquier vous prêtera les 200 000 € aujourd'hui si vous lui remboursez à la fin de chaque mois pendant 15 ans (soit pendant 180 mois) la même somme ayant une valeur actuelle de 200 000 €. Les flux de cet emprunt sont représentés au schéma 17.

Schéma 17 — *La représentation graphique des mensualités de l'emprunt*

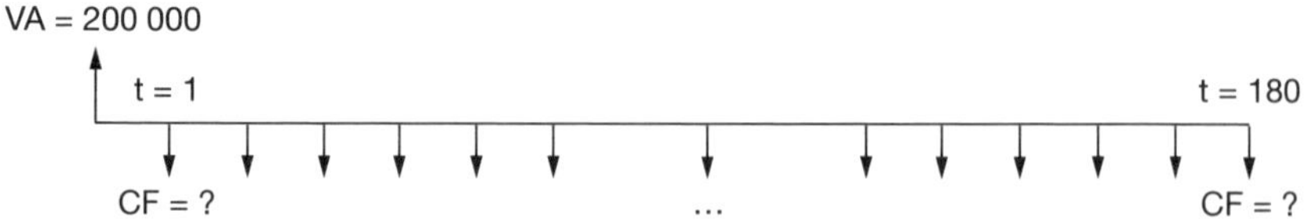

Pour répondre à cette question il convient de (1) transformer le taux annuel en taux mensuel et (2) utiliser la valeur actuelle d'une séquence de flux identiques de fin de période afin d'exprimer la mensualité en fonction des autres paramètres de l'équation.

Première étape : Détermination du taux mensuel équivalent au taux annuel de 5 %.

On sait que : $(1+i_a)=(1+i_m)^{12}$

On en déduit que : $i_m=(1+i_a)^{\frac{1}{12}}-1=(1+5\ \%)^{\frac{1}{12}}-1=0,41\ \%$

Un taux de 5 % par an équivaut à un taux mensuel de 0,41 %.

Deuxième étape : Détermination de la mensualité constante.

$$VA=CF\times\frac{1-(1+i)^{-n}}{i}\Leftrightarrow CF=\frac{VA\times i}{1-(1+i)^{-n}}$$
$$=\frac{200\ 000\times 0,41\ \%}{1-(1+0,41\ \%)^{-180}}=1\ 573,\ 27\ €$$

Le montant à payer à la fin de chaque mois pour solder votre emprunt de 200 000 € à 5 % pendant 15 ans serait de 1 573,27 €.

c) Puisque vous souhaitez rembourser votre emprunt à l'aide de mensualités constantes, il faudra utiliser le taux mensuel équivalent au taux annuel de 5 % et la formule de la valeur actuelle d'une séquence de flux identiques de fin de période. Le banquier vous prêtera les 200 000 € aujourd'hui si vous lui remboursez 1 000 € pendant un nombre de mois lui permettant de récupérer l'équivalent de 200 000 € en valeur actuelle. Les flux de cet emprunt sont représentés au schéma 18.

Schéma 18 — *La représentation graphique des remboursements de l'emprunt*

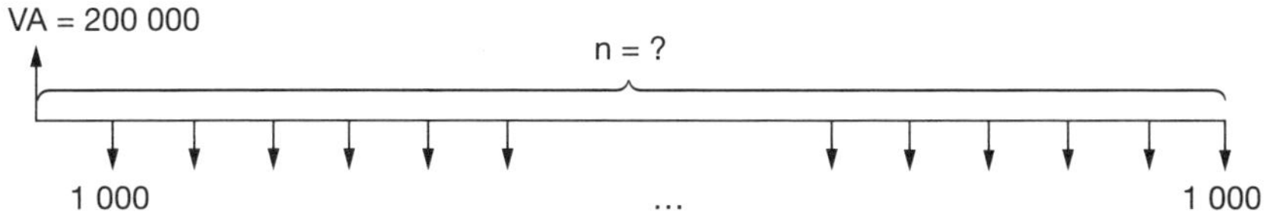

Pour répondre à cette question, il convient de (1) transformer le taux annuel en taux mensuel et, (2) utiliser la valeur actuelle d'une séquence de flux identiques de fin de période afin d'exprimer la durée n de notre emprunt en fonction des autres paramètres de l'équation.

Première étape : Détermination du taux mensuel équivalent au taux annuel de 5 %.

Un taux de 5 % par an équivaut à un taux mensuel de 0,41 % (voir question b).

Deuxième étape : Détermination de la durée de l'emprunt.

$$VA=CF\times\frac{1-(1+i)^{-n}}{i}\Leftrightarrow\frac{VA\times i}{CF}=1-(1+i)^{-n}\Leftrightarrow(1+i)^{-n}=1-\frac{VA\times i}{CF}$$

$$\Leftrightarrow (1+i)^n = \frac{1}{1-\frac{VA \times i}{CF}} \Leftrightarrow n \ln(1+i) = \ln\left(\frac{1}{1-\frac{VA \times i}{CF}}\right)$$

$$\Leftrightarrow n = \frac{\ln\left(\frac{1}{1-\frac{VA \times i}{CF}}\right)}{\ln(1+i)}$$

$$n = \frac{\ln\left(\frac{1}{1-\frac{200\ 000 \times 0,41\ \%}{1\ 000}}\right)}{\ln(1+0,41\ \%)} = 419,10 \text{ mois}$$

La durée de l'emprunt serait de 419,10 mois soit près de 35 ans... Votre projet immobilier est donc potentiellement remis en cause !

Exercice 21

a) L'objectif de cette question est de déterminer la somme à mettre de côté chaque année afin de disposer d'exactement 30 000 € dans 10 ans. Les flux de ce placement sont représentés au schéma 19.

Schéma 19 — *La représentation graphique des annuités de fin de période*

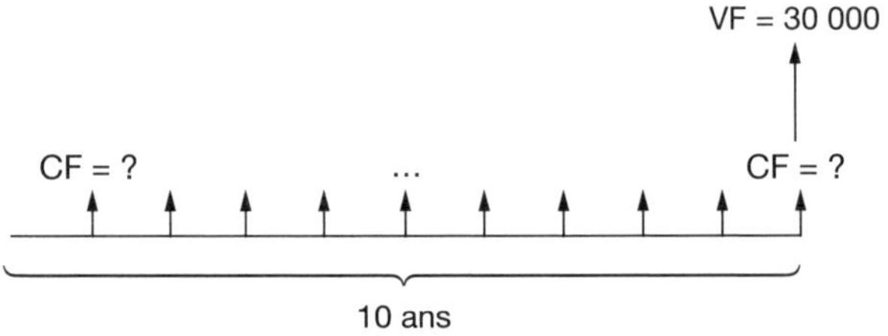

Il faut donc utiliser la valeur future d'une séquence de flux identiques de fin de période et exprimer l'annuité en fonction des autres paramètres de l'équation.

$$VF = CF \times \frac{(1+i)^n - 1}{i} \Leftrightarrow CF = \frac{VF \times i}{(1+i)^n - 1} = \frac{30\ 000 \times 4\ \%}{(1+4\ \%)^{10} - 1} = 2\ 498,73\ €$$

Vos parents doivent placer 2 498,73 € à un taux de 4 % à la fin de chaque année s'ils souhaitent disposer exactement de 30 000 € dans 10 ans.

b) Un remboursement à l'aide de mensualités nécessite l'utilisation du taux mensuel. Nous allons déterminer la somme à mettre de côté chaque mois afin de disposer de 30 000 € dans 10 ans. Cette séquence de flux peut être représentée au schéma 20.

Schéma 20 — *La représentation des mensualités de fin de période*

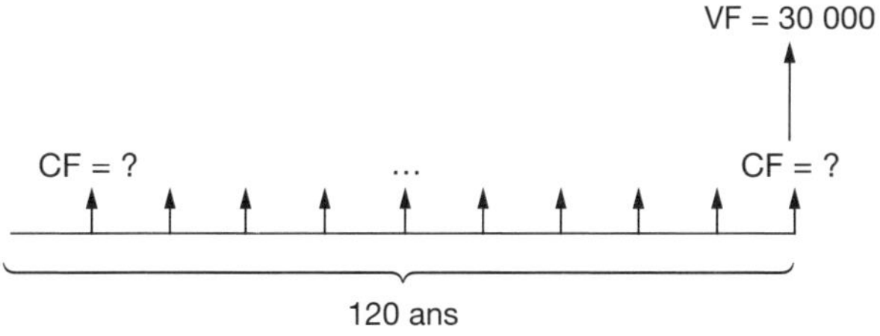

Pour répondre à cette question, il convient de (1) transformer le taux annuel en taux mensuel et (2) utiliser la valeur future d'une séquence de flux identiques de fin de période et d'exprimer la mensualité en fonction des autres paramètres de l'équation.

Première étape : Détermination du taux mensuel équivalent au taux annuel de 4 %.

On sait que : $\left(1+i_a\right)=(1+i_m)^{12}$

On en déduit que : $i_m=\left(1+i_a\right)^{\frac{1}{12}}-1=(1+4\ \%)^{\frac{1}{12}}-1=0{,}33\ \%$

Un taux de 4 % par an équivaut à un taux mensuel de 0,33 %.

Deuxième étape : Détermination de la mensualité.

$$VF=CF\times\frac{(1+i)^n-1}{i}\Leftrightarrow CF=\frac{VF\times i}{(1+i)^n-1}=\frac{30\ 000\times 0{,}33\ \%}{(1+0{,}33\ \%)^{120}-1}=204{,}17\ €$$

Vos parents doivent placer 204,17 € à un taux de 4 % à la fin de chaque mois s'ils souhaitent disposer exactement de 30 000 € dans 10 ans.

Exercice 22

Votre ami a intérêt à investir si la valeur actuelle des flux générés par ce projet est supérieure à l'investissement initial. En effet, si c'est effectivement le cas, cela signifie que ce projet rapporte plus en valeur actuelle que ce qu'il ne coûte en valeur actuelle : il est donc créateur de richesse [1]. Les flux générés par ce projet peuvent être représentés sur le schéma 21.

1. Ce critère de choix d'investissement est le critère de la Valeur Actuelle Nette (VAN). Il est utilisé par les entreprises afin d'identifier les projets d'investissement créateurs de richesse.

Schéma 21 — *La représentation graphique des flux générés par le projet*

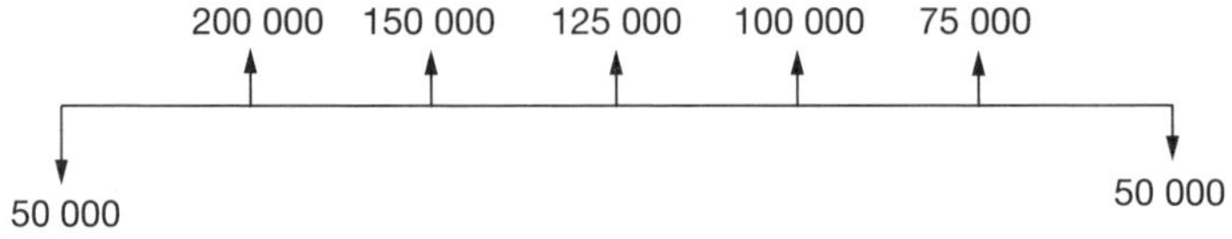

La valeur actuelle des flux générés par le projet est donc donnée par :

$$VA = \frac{200\ 000}{(1+5\ \%)} + \frac{150\ 000}{(1+5\ \%)^2} + \frac{125\ 000}{(1+5\ \%)^3} + \frac{100\ 000}{(1+5\ \%)^4} + \frac{75\ 000}{(1+5\ \%)^5} - \frac{50\ 000}{(1+5\ \%)^6}$$

$$VA = 538\ 234,25\ €$$

Cette somme étant supérieure à l'investissement initial à réaliser de 500 000 €, l'investissement créera de la valeur. Il convient donc de conseiller à votre ami d'investir dans ce projet !

Exercice 23

Déterminons la valeur actuelle de votre dette… Puisque vous devez rembourser à votre amie 1 000 € aujourd'hui, 500 € dans un an et 250 € dans deux ans, les flux de votre dette peuvent être représentés comme au schéma 22.

Schéma 22 — *La représentation graphique de la dette*

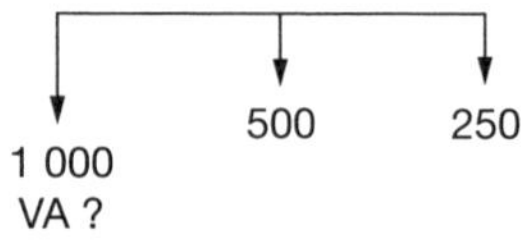

La valeur actuelle de votre dette est donc donnée par :

$$VA = 1\ 000 + \frac{500}{(1+4,5\ \%)} + \frac{250}{(1+4,5\ \%)^2} = 1\ 707,40\ €$$

Si vous remboursez l'équivalent en valeur actuelle de 1 707,40 €, vous aurez soldé vos dettes envers Gudrun. Puisque vous souhaitez rembourser en 36 mensualités constantes de fin de période, il faut (1) calculer le taux mensuel équivalent et (2) utiliser ce taux dans la formule de la valeur actuelle d'une séquence de flux identiques de fin de période afin d'exprimer la valeur du flux identique en fonction des autres paramètres de l'équation.

Première étape : Détermination du taux mensuel équivalent au taux annuel de 4,5 %.

On sait que : $\left(1+i_a\right)=(1+i_m)^{12}$

On en déduit que : $i_m=\left(1+i_a\right)^{\frac{1}{12}}-1=(1+4,5\ \%)^{\frac{1}{12}}-1=0,37\ \%$

Un taux de 4,5 % par an équivaut à un taux mensuel de 0,37 %.

Deuxième étape : Détermination de la mensualité constante.

$$VA=CF\times\frac{1-\left(1+i\right)^{-n}}{i}\Leftrightarrow CF=VA\times\frac{i}{1-\left(1+i\right)^{-n}}$$

$$=1\ 707,40\times\frac{0,37\ \%}{1-\left(1+0,37\ \%\right)^{-36}}$$

$$VA=50,74\ €$$

Si vous remboursez chaque mois à votre amie la somme de 50,74 € pendant 36 mois, vous aurez soldé vos dettes.

Exercice 24

a) Il existe différentes façons de répondre à cette question [1]. La méthode la plus rapide est très certainement de comparer les taux d'intérêt entre eux et d'investir dans l'offre qui se traduit par le taux d'intérêt le plus élevé.

Puisque la durée de placement est supérieure à un an, il est nécessaire d'utiliser la formule des taux équivalents pour convertir le taux annuel en taux trimestriel ou inversement. On va chercher ici à transformer le taux annuel en son équivalent mensuel.

On sait que : $\left(1+i_a\right)=(1+i_t)^4$

On en déduit que : $i_t=\left(1+i_a\right)^{\frac{1}{4}}-1=(1+5\ \%)^{\frac{1}{4}}-1=1,23\ \%$

Placer l'argent au taux annuel de 5 % est équivalent à le placer au taux trimestriel de 1,23 %. Je préfère donc placer mon argent à 5 % par an.

b) Si vous placez votre argent le 16 octobre 2010, vous toucherez des intérêts simples la première année sur une période de 76 jours (15 + 30 + 31) puis des intérêts composés les trois années suivantes. Les flux générés par ce placement sont représentés sur le schéma 23.

1. Pour un examen des autres méthodes voir l'exercice 13.

Schéma 23 — *La représentation graphique du placement*

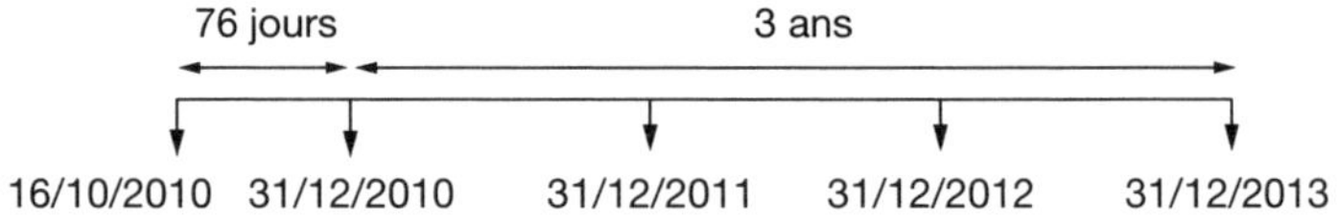

Il faut d'abord déterminer votre richesse au 31 décembre 2010. À cette date, vous avez placé votre argent pendant 76 jours au taux de 5 %. On utilise donc la formule des intérêts simples.

$$VF = C \times (1 + i \times n) = 800\ 000 \times \left(1 + 5\ \% \times \frac{76}{360}\right) = 808\ 444{,}44\ €$$

Votre richesse au 31 décembre 2010 est donc de 808 444,44 €.

Vous pouvez alors calculer votre richesse au 31 décembre 2013. Entre le 31 décembre 2010 et le 31 décembre 2013, il y a exactement 3 ans. On utilise donc la formule des intérêts composés.

$$VF = C \times (1 + i)^n = 808\ 444{,}44 \times (1 + 5\ \%)^3 = 935\ 875{,}\ 49\ €$$

Votre richesse à l'issue du placement est donc de 935 875,49 €.

Exercice 25

Votre banquier vous prêtera les 550 000 € aujourd'hui si vous lui remboursez chaque mois pendant 20 ans (soit pendant 240 mois) une somme identique ayant une valeur actuelle de 550 000 €. Les flux de cet emprunt sont représentés au schéma 24.

Schéma 24 — *La représentation graphique des mensualités*

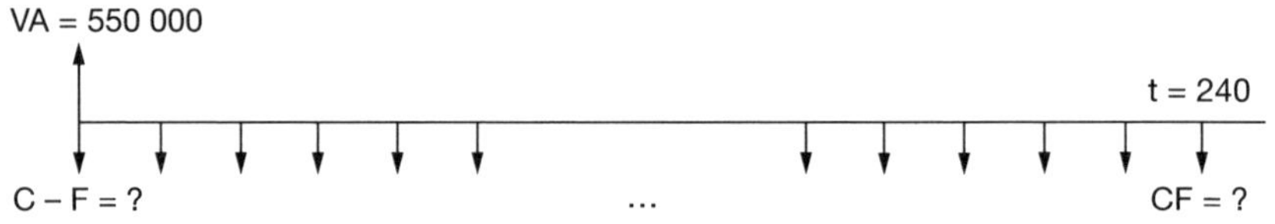

Puisque le remboursement de votre emprunt se ferait à l'aide de mensualités constantes de début de période, il convient pour déterminer le montant de cette mensualité : (1) de transformer le taux annuel en taux mensuel équivalent, (2) d'utiliser ce taux mensuel dans la formule de la valeur actuelle d'une séquence de flux identiques de début de période afin d'exprimer la mensualité en fonction des autres paramètres de l'équation.

Première étape : Détermination du taux mensuel équivalent au taux annuel de 4,2 %.

On sait que : $\left(1+i_a\right)=(1+i_m)^{12}$

On en déduit que : $i_m=\left(1+i_a\right)^{\frac{1}{12}}-1=(1+4,2\ \%)^{\frac{1}{12}}-1=0,34\ \%$

Un taux annuel de 4,2 % équivaut à un taux mensuel de 0,34 %.

Deuxième étape : Détermination de la mensualité constante.

$$VA=CF\times\frac{\left[\left(1+i\right)-\left(1+i\right)^{-(n-1)}\right]}{i}$$

$$\Leftrightarrow CF=\frac{VA\times i}{\left[\left(1+i\right)-\left(1+i\right)^{-(n-1)}\right]}=\frac{550\ 000\times 0,34\ \%}{\left(1+0,34\ \%\right)-(1+0,34\ \%)^{-239}}=3\ 344,75\ €$$

Je devrai donc débourser 3 344,75 € chaque mois pendant 240 mois afin de rembourser les 550 000 € empruntés à un taux annuel de 4,2 %.

b) Pour répondre à cette question, il faut comparer la valeur actuelle de 1 700 € payables à l'infini en début de chaque mois avec la valeur actuelle de l'appartement soit 550 000 €. Si je paye à l'infini un loyer de 1 700 € au début de chaque mois, la séquence de flux peut être représentée au schéma 25.

Schéma 25 — *La représentation graphique des loyers payés à l'infini*

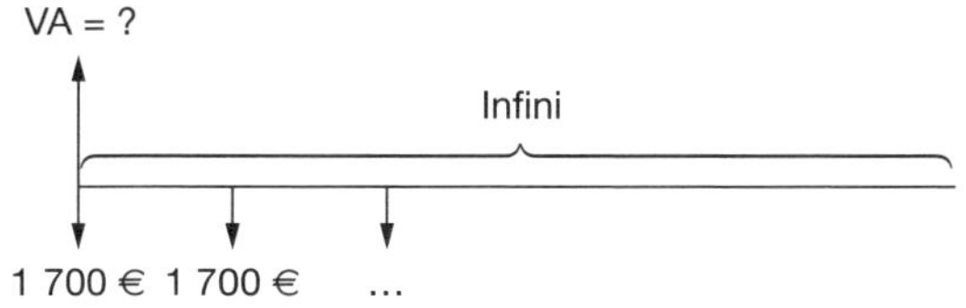

On cherche la valeur actuelle d'une séquence de flux de début de période. On utilisera donc la formule suivante :

$$VA=CF\times\frac{\left[\left(1+i\right)-\left(1+i\right)^{-(n-1)}\right]}{i}$$

Or il s'agit, ici, d'une rente perpétuelle car les loyers sont payés indéfiniment. Dans ce cas n tend vers +∞ et $\left(1+i\right)^{-(n-1)}$ va tendre vers 0. Il s'en suit donc que la valeur actuelle de cette rente perpétuelle de début de période [1] sera donnée par :

1. La rente perpétuelle de début de période est également appelée rente anticipée.

$$VA = CF \times \frac{(1+i)}{i} = 1\ 700 \times \frac{(1+0,34\ \%)}{0,34\ \%} = 501\ 700\ €$$

Ainsi, puisque la valeur actuelle d'une rente perpétuelle de 1 700 € par mois (location) est inférieure à un paiement immédiat de 550 000 € (achat), il est plus intéressant de louer.

Exercice 26

a) Puisque les frais de scolarité annuels sont de 7 000 € et qu'ils augmentent de 4 % par an, dans 5 ans les frais de scolarité seront de :

$$VA = C \times (1+i)^n = 7\ 000 \times (1+4\ \%)^5 = 8\ 516,57\ €$$

Vous devrez disposer de 8 516,57 € dans 5 ans afin de financer la première année de Pamela.

b) On cherche la valeur à placer immédiatement sur le compte bloqué de Pamela rapportant 4,5 % par an afin de posséder exactement 8 516,57 € dans 5 ans. Autrement dit, il faut déterminer la valeur actuelle de cette somme.

$$VA = \frac{8\ 516,57}{(1+4,5\ \%)^5} = 6\ 834,\ 13\ €$$

Si vous placez immédiatement 6 834,13 € sur le compte bloqué de Pamela, vous disposerez dans 5 ans de la somme nécessaire pour payer sa première année d'école.

c) Déterminons les frais de scolarité à régler au début de chaque année pour les 4 années d'études.

Dans 5 ans, vous devrez régler $8\ 516,57$ € (voir question a).

Puisque les frais de scolarité augmentent de 4 % par an : dans 6 ans, vous devrez régler $8\ 516,57 \times 1,04 = 8\ 857,23$ € et dans 8 ans, vous devrez régler $8\ 516,57 \times 1,04^3 = 9\ 579,98$ €.

Les frais de scolarité à régler pour les 4 années de Pamela sont représentés sur le schéma 26.

Schéma 26 — *La représentation graphique des frais pour l'ensemble de la scolarité de Pamela*

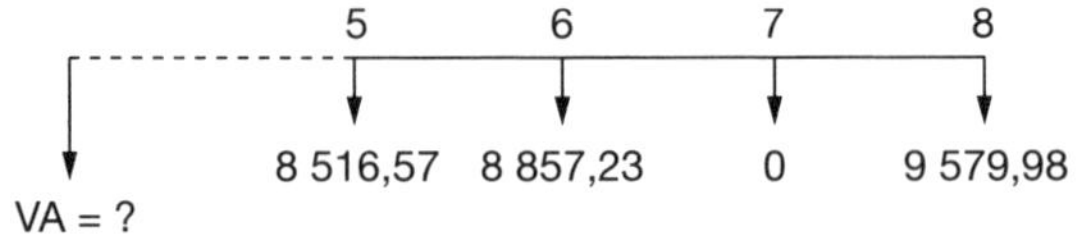

Pour connaître la somme à mettre de côté pour financer entièrement les frais de scolarité de Pamela, il faut calculer la valeur actuelle de cette séquence de flux.

$$VA = \frac{8\ 516{,}57}{(1+4{,}5\ \%)^5} + \frac{8\ 857{,}23}{(1+4{,}5\ \%)^6} + \frac{9\ 579{,}98}{(1+4{,}5\ \%)^8} = 20\ 372{,}06\ €$$

Ainsi, si vous placez aujourd'hui 20 372,06 € sur le compte bloqué de Pamela qui rapporte 4,5 % par an, vous pourrez financer entièrement ses 4 années d'étude.

d) L'objectif de cette question est de déterminer la valeur des paiements mensuels à réaliser dès la fin du mois, pendant 5 ans, soit 60 mois, afin de se constituer un capital permettant de financer entièrement la scolarité de Pamela. La séquence de flux des placements peut être représentée au schéma 27.

Schéma 27 — *La représentation graphique des placements mensuels à réaliser pour financer entièrement la scolarité de Pamela*

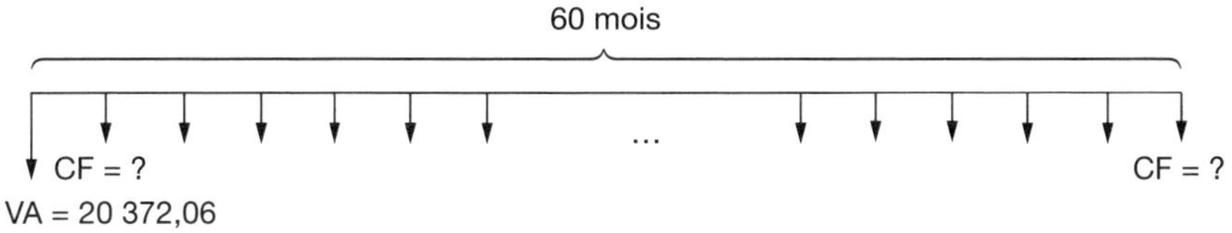

La valeur actuelle de la séquence de flux identiques doit être égale à 20 372,06 € afin de permettre de disposer de la somme suffisante pour financer l'ensemble des frais de scolarité de Pamela. Il convient pour déterminer le montant de cette mensualité : (1) de transformer le taux annuel en taux mensuel équivalent, (2) d'utiliser ce taux mensuel dans la formule de la valeur actuelle d'une séquence de flux identiques de fin de périodes afin d'exprimer le *cash-flow* identique en fonction des autres paramètres de l'équation.

Première étape : Détermination du taux mensuel équivalent au taux annuel de 4,5 %.

On sait que : $\left(1+i_a\right)=(1+i_m)^{12}$

On en déduit que : $i_m = \left(1+i_a\right)^{\frac{1}{12}} - 1 = (1+4{,}5\ \%)^{\frac{1}{12}} - 1 = 0{,}37\ \%$

Le taux de 4,5 % par an équivaut à un taux mensuel de 0,37 %.

Deuxième étape : Détermination de la mensualité constante.

$$VA = CF \times \frac{1-\left(1+i\right)^{-n}}{i} \Leftrightarrow CF = \frac{VA \times i}{1-(1+i)^{-n}}$$

$$= \frac{20\ 372{,}06 \times 0{,}37\ \%}{1-(1+0{,}37\ \%)^{-60}} = 379{,}24\ €$$

Si vous placez à la fin de chaque mois 379,24 € pendant 60 mois sur le compte bloqué de Pamela, vous pourrez financer entièrement sa scolarité.

Exercice 27

L'objectif de cet exercice est de déterminer le taux actuariel de la séquence de flux suivante : (+ 10 000 ; – 2 300 ; – 2 300 ; – 2 300 ; – 2 300 ; – 2 300).

Cette séquence de flux est représentée graphiquement au schéma 28.

Schéma 28 — *La représentation graphique de la séquence de flux*

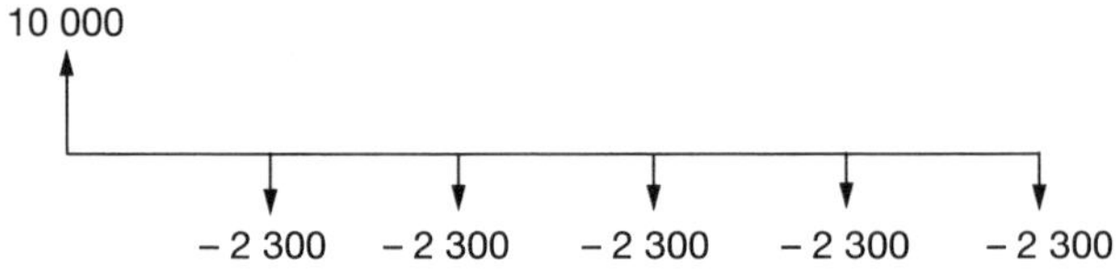

Pour répondre à cette question, il convient de résoudre l'équation suivante :

$$10\ 000 = \frac{2\ 300}{1+i} + \frac{2\ 300}{(1+i)^2} + \frac{2\ 300}{(1+i)^3} + \frac{2\ 300}{(1+i)^4} + \frac{2\ 300}{(1+i)^5}$$

On reconnaît ici une séquence de flux identiques de fin de période de 2 300 € à recevoir lors des 5 prochaines années. On peut donc simplifier cette équation en l'expression suivante :

$$10\ 000 = 2\ 300 \times \frac{1-(1+i)^{-5}}{i} \Leftrightarrow 2\ 300 \times \frac{1-(1+i)^{-5}}{i} - 10\ 000 = 0$$

a) Si on utilise i_1 = 1 %, la valeur résiduelle $V_0(i_1)$ est donnée par :

$$2\ 300 \times \frac{1-(1+1\ \%)^{-5}}{1\ \%} - 10\ 000 = 1\ 162{,}89$$

D'où $V_0(i_1)$ = 1 162,89.

Si on utilise i_2 = 10 %, la valeur résiduelle $V_0(i_2)$ est donnée par :

$$2\ 300 \times \frac{1-(1+10\ \%)^{-5}}{10\ \%} - 10\ 000 = -\ 1\ 281{,}19$$

D'où $V_0(i_2)$ = – 1281,19

Puisque i_1 donne une valeur résiduelle positive, et i_2 une valeur résiduelle négative, nous savons avec certitude que le taux actuariel recherché est compris entre 1 et 10 %. Pour avoir une estimation plus précise de cette valeur, nous allons utiliser la formule de l'interpolation linéaire.

$$TA = i_1 + (i_2 - i_1) \times \frac{|V_0(i_1)|}{|V_0(i_1)| + |V_0(i_2)|}$$

$$= 1\ \% + (10\ \% - 1\ \%) \times \frac{1\ 162{,}89}{1\ 162{,}89 + 1\ 281{,}19}$$

$$TA = 5{,}28\ \%$$

Le coût actuariel est donc de 5,28 %.

b) De la même façon, si on utilise i_1 = 4 %, on trouve une valeur résiduelle $V_0(i_1)$ égale à 239,19 et si on utilise i_2 = 5 %, on trouve alors une valeur résiduelle $V_0(i_2)$ égale à $-42{,}20$.

Puisque i_1 donne une valeur résiduelle positive, et i_2 une valeur résiduelle négative, nous savons avec certitude que le taux actuariel recherché est compris entre 4 et 5 %. Pour avoir une estimation plus précise de cette valeur, nous allons utiliser la formule de l'interpolation linéaire.

$$TA = i_1 + (i_2 - i_1) \times \frac{|V_0(i_1)|}{|V_0(i_1)| + |V_0(i_2)|} = 4\ \% + (5\ \% - 4\ \%) \times \frac{239{,}19}{239{,}19 + 42{,}20}$$

$$TA = 4{,}85\ \%$$

Le coût actuariel est donc de 4,85 %.

Conclusion : La qualité de l'estimation dépend de la valeur des bornes retenues pour l'interpolation linéaire. Plus les bornes seront éloignées, mois la qualité de l'estimation sera fiable. En revanche lorsque les bornes sont rapprochées la qualité de l'estimation est meilleure. L'utilisation d'un solveur indique que la solution exacte de l'équation est 4,85 % ce qui est le résultat donné par l'estimation à l'aide de l'interpolation linéaire en retenant les bornes i_1 = 4 % et i_2 = 5 %.

Exercice 28

L'objectif de cet exercice est de déterminer le taux actuariel de la séquence de flux suivante : (– 400 000 ; + 200 000 ; + 150 000 ; + 300 000).

Cette séquence de flux est représentée graphiquement au schéma 29.

Schéma 29 — *La représentation graphique de la séquence de flux*

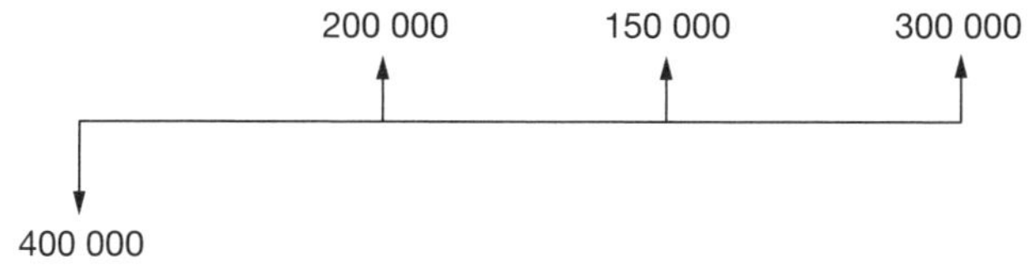

Pour répondre à cette question, il convient de résoudre l'équation suivante :

$$400\ 000 = \frac{200\ 000}{1+i} + \frac{150\ 000}{(1+i)^2} + \frac{300\ 000}{(1+i)^3}$$

Si on utilise $i_1 = 26\ \%$, on trouve une valeur résiduelle $V_0(i_1)$ égale à 3 184,20 et si on utilise $i_2 = 27\ \%$, on trouve alors une valeur résiduelle $V_0(i_2)$ égale à $-3\ 062{,}51$.

Puisque i_1 donne une valeur résiduelle positive, et i_2 une valeur résiduelle négative, nous savons avec certitude que le taux actuariel recherché est compris entre 26 et 27 %. Pour avoir une estimation plus précise de cette valeur, nous allons utiliser la formule de l'interpolation linéaire.

$$TA = i_1 + (i_2 - i_1) \times \frac{|V_0(i_1)|}{|V_0(i_1)| + |V_0(i_2)|}$$

$$= 26\ \% + (27\ \% - 26\ \%) \times \frac{3\ 184{,}20}{3\ 184{,}20 + 3\ 062{,}51}$$

$$TA = 26{,}51\ \%$$

Le rendement de cet investissement est proche de 26,51 % [1].

Exercice 29

a) La table 1 donne la valeur 2,078928 à l'intersection de la ligne n = 15 et i = 5 %. Notre richesse sera donc proche de 2,08 €.

b) La table 1 donne la valeur 1,343916 à l'intersection de la ligne n = 10 et i = 3 %. Notre richesse sera donc proche de 1 500 × 1,343916 soit 2 015,87 €.

c) La table 2 donne la valeur 0,620921 à l'intersection de la ligne n = 5 et i = 10 %. La valeur actuelle est donc proche de 0,62 €.

d) La table 2 donne la valeur 0,816298 à l'intersection de la ligne n = 3 et i = 7 %. La valeur actuelle est donc proche de 1 000 × 0,816298 soit 816,30 €.

e) La table 3 donne la valeur 18,882138 à l'intersection de la ligne n = 13 et i = 6 %. La valeur actuelle est donc proche de 100 × 18,882138 soit 1 888,21 €.

f) La table 4 donne la valeur 8,852683 à l'intersection de la ligne n = 13 et i = 6 %. La valeur actuelle est donc proche de 100 × 8,852683 soit 885,27 €.

g) Nous pouvons utiliser soit la table 1 soit la table 2 pour répondre à cette question :

1. À l'aide d'un solveur, on obtient exactement cette valeur.

1 605,87/1 200 = 1,338225. Ainsi un euro placé aujourd'hui sur ce compte vaudra 1,338225 € dans 5 ans. Par lecture dans la table 1, il apparaît que le taux d'intérêt est de 6 % lorsque n = 5.

1 200/1 605,87 = 0,747258. Ainsi un euro à recevoir dans 5 ans vaut actuellement 0,747258 €. Par lecture dans la table 2, il apparaît que le taux d'intérêt est de 6 % lorsque n = 5.

Le taux d'intérêt annuel de ce placement est donc de 6 %.

h) Nous pouvons utiliser soit la table 1 soit la table 2 pour répondre à cette question :

Si on utilise la table 1, il faut trouver le n minimum tel que la valeur donnée par le tableau soit supérieure à 2. On cherche en effet la durée de placement telle que 1 € investi aujourd'hui rapporte au moins 2 € à l'issue du placement. Par lecture de la table 1, il apparaît que n vaut 18 lorsque i = 4 %.

Si on utilise la table 2, il faut trouver le n minimum tel que la valeur donnée par le tableau soit inférieure à 0,5. On cherche en effet la durée de placement telle que 1 € à recevoir à l'issue du placement représente aujourd'hui 0,5 €. Par lecture de la table 2, il apparaît que n vaut 18 lorsque i = 4 %.

Dans 18 ans, on aura donc doublé notre capital.

i) Nous allons utiliser la table 3 pour répondre à cette question :

887,99/200 = 4,43995. Si on place 1 euro à la fin de chaque année pendant 4 ans, on disposera à l'issue de ce placement de 4,43995 €. On détermine le taux d'intérêt de ce placement par lecture de la table 3. On obtient i = 7 % lorsque n = 4.

j) Nous allons utiliser la table 3 pour répondre à cette question :

2 116,56/200 = 10,5828, Si on place 1 euro à la fin de n années, on disposera à l'issue de ce placement de 10,5828 €. On détermine n la durée de ce placement par lecture de la table 3. On obtient n = 9 lorsque i = 4 %.

k) Nous allons utiliser la table 4 pour répondre à cette question :

1 000/353,53 = 2,828614, par lecture dans la table 4, on obtient i = 3 %, lorsque n = 3.

Chapitre 2

L'intermédiation financière

Première partie : questions ponctuelles

1. Quels sont les deux circuits de financement à la disposition des entreprises ?
2. Comment définir l'intermédiation financière ?
3. Quels sont les avantages de l'intermédiation financière par rapport à un financement direct ?
4. Quels sont les risques associés à l'intermédiation financière ? Qui supporte principalement ces risques ?
5. Comment l'intermédiaire peut-il se protéger contre le risque de signature ?
6. Comment l'intermédiaire peut-il se protéger contre le risque de taux ?
7. À quoi correspond l'actif immobilisé ?
8. Quels sont les trois types d'immobilisations composant l'actif immobilisé ?
9. Citer des exemples d'immobilisations incorporelles.
10. Quelles sont les techniques de financement de l'actif immobilisé disponibles pour une entreprise ?
11. Qu'est-ce qu'un emprunt indivis ?
12. Expliquer à quoi correspondent les conditions de banque.
13. Qu'est-ce que la date de valeur d'un emprunt ?
14. Quelles différences faites-vous entre les jours calendaires, les jours ouvrables et les jours ouvrés ?
15. À quoi correspondent les jours de banque ?
16. Quelle différence faites-vous entre l'annuité et l'amortissement d'un emprunt ?
17. Quelles sont les trois méthodes permettant à l'emprunteur de rembourser un emprunt indivis ?
18. Comment détermine-t-on le montant de l'amortissement, lorsque le remboursement se fait par amortissement constant ?
19. Rappeler la formule permettant de calculer l'annuité constante.
20. Quelle est la méthode la plus couramment utilisée pour rembourser un emprunt indivis ?
21. Quel calcul réalise-t-on pour comparer deux propositions d'emprunt ?
22. Rappeler les quatre étapes du calcul du TEG.
23. À quoi correspond une opération de crédit-bail ?
24. Décrire les caractéristiques d'un contrat de crédit-bail.

25. Comment peut-on schématiser une opération de crédit-bail ?
26. Expliquer les problèmes engendrés par un crédit-bail immobilier.
27. Quelles sont les spécificités du crédit-bail mobilier ?
28. À quoi correspond une opération de *lease back ?*
29. Rappeler les avantages et les inconvénients d'un financement par crédit-bail.
30. Comment compare-t-on une opération de crédit-bail et une opération d'achat financée par emprunt ?
31. Quelles sont les deux approches concernant le statut fiscal du loyer applicables dans le cadre d'une opération de crédit-bail international ?
32. À quoi correspond la pratique du double amortissement dans le cadre du crédit-bail international ?
33. Qu'est-ce que l'actif circulant d'une entreprise ?
34. De quoi est composé l'actif circulant d'une société ?
35. Quels sont les modes de financement de l'actif circulant d'une entreprise ?
36. Qu'est-ce qu'un effet de commerce ?
37. Quelles sont les différences entre un billet à ordre et une lettre de change ?
38. À quoi correspond l'escompte d'un effet de commerce ?
39. Comment peut-on schématiser une opération d'escompte commercial ?
40. Quels sont les différents éléments entrant en compte dans la détermination du coût de l'escompte ?
41. À l'aide de quelle formule calcule-t-on les intérêts d'escompte ?
42. Quels sont les avantages et les inconvénients d'un financement par escompte d'un effet de commerce ?
43. Décrire le fonctionnement du crédit de mobilisation des créances commerciales.
44. Quelles différences faites-vous entre l'escompte commercial et le crédit de mobilisation des créances commerciales ?
45. Comment peut-on schématiser une opération de crédit de mobilisation des créances commerciales ?
46. Quels sont les avantages et les inconvénients du crédit de mobilisation des créances commerciales ?
47. Comment fonctionne une cession Dailly ?
48. Quelles différences faites-vous entre le crédit de mobilisation des créances commerciales et la cession Dailly ?
49. Comment peut-on schématiser une cession Dailly ?
50. Quels sont les deux modes de recouvrement d'une cession Dailly ?
51. Dans le cadre d'une cession Dailly, quels sont les supports sur lesquels le crédit peut être accordé ?
52. Quels sont les avantages et les inconvénients de la cession Dailly ?

53. Quels principes régissent la détermination du coût réel d'un crédit de mobilisation des créances commerciales et d'une cession Dailly ?
54. À quoi correspond une opération d'affacturage ?
55. Comment peut-on schématiser une opération d'affacturage ?
56. Quels sont les trois types de commissions perçues par le *factor* ?
57. Quels sont les avantages et les inconvénients de l'affacturage ?
58. Quelles différences faites-vous entre une opération d'affacturage et une opération d'escompte commercial ?
59. À quoi sert une opération de titrisation ?
60. Comment fonctionne une opération de titrisation ?
61. Comment peut-on schématiser une opération de titrisation ?
62. Quels sont les avantages et les inconvénients d'une opération de titrisation ?
63. À quoi sert une opération de défaisance ?
64. Décrire le fonctionnement d'une opération de défaisance.
65. Quelles différences faites-vous entre une opération de défaisance et une opération de titrisation ?
66. Quels sont les avantages et les inconvénients d'une opération de défaisance ?
67. Quels sont les modes de financement de la trésorerie ?
68. Qu'est-ce qu'un découvert ?
69. Comment peut-on schématiser un découvert ?
70. Quelle différence faites-vous entre une facilité de caisse et un découvert ?
71. Quels sont les avantages et les inconvénients du recours au découvert ?
72. Quelles sont les différentes marges et commissions prises en compte dans le calcul du coût d'un découvert ?
73. Dans quels cas est-il plus intéressant de recourir à l'escompte commercial plutôt qu'au découvert ?
74. Quel est l'impact d'une sur-mobilisation d'effets sur les charges financières de l'entreprise ?
75. Qu'est-ce qu'un crédit de campagne ?
76. Pour quel type d'activités le crédit de campagne est-il particulièrement adapté ?
77. Quelles sont les deux formes que peut prendre le crédit de campagne ?
78. Comment fonctionnent les avances sur marchandises ?
79. En quoi consiste un crédit par signature ?
80. Quels sont les différents types de crédits par signature ?
81. À quoi peut servir une caution donnée par une banque ?
82. Qu'est-ce qu'une acceptation ou aval ?
83. Comment fonctionne le crédit documentaire ?
84. Comment peut-on schématiser un crédit documentaire ?

Deuxième partie : questions à choix multiples

1. Un financement indirect :
   a. revient moins cher qu'un financement direct
   b. est toujours plus onéreux qu'un financement direct
   c. fait nécessairement intervenir une banque en tant qu'intermédiaire
   d. permet de mettre en relation un agent à capacité de financement et un agent à besoin de financement via un intermédiaire financier.

2. Le risque d'illiquidité correspond :
   a. au risque de non-remboursement de la dette par l'emprunteur
   b. au risque que les taux longs puissent être inférieurs aux taux courts
   c. au risque que les taux de change évoluent de façon défavorable pour vous
   d. au risque que tous les épargnants récupèrent leur dépôt simultanément.

3. Les immobilisations :
   a. sont composées uniquement des actifs physiques ayant vocation à rester durablement dans l'entreprise
   b. ne sont jamais consommées dès leur première utilisation
   c. sont comptabilisées en classe 1 du plan comptable français
   d. sont toujours supérieures à l'actif circulant pour une entreprise en bonne santé financière.

4. Parmi les immobilisations, on trouve :
   a. les dettes à long terme
   b. les stocks
   c. les terrains
   d. les brevets
   e. les bâtiments
   f. les dettes à court terme
   g. les marques
   h. des actions et des obligations que l'entreprise n'envisage pas de revendre à bref délai
   i. les capitaux propres.

5. Un emprunt indivis est un emprunt où il existe :
   a. un prêteur et un emprunteur
   b. plusieurs prêteurs et un emprunteur
   c. un prêteur et plusieurs emprunteurs
   d. plusieurs prêteurs et plusieurs emprunteurs.

6. Les conditions de banque :
   a. sont négociables avec le banquier
   b. varient d'un établissement à l'autre
   c. incluent le taux d'intérêt
   d. incluent la durée de l'emprunt.

7. En ce qui concerne la date de valeur, de manière générale :
   a. les débits ont une valeur « J + 1 »
   b. les crédits ont une valeur « J + 1 »
   c. les débits ont une valeur « J – 1 »
   d. les crédits ont une valeur « J – 1 ».

8. Indiquer les affirmations exactes :
   a. la date de valeur permet d'allonger la durée du crédit servant de base au calcul des intérêts
   b. pour calculer les agios, la banque retient la durée apparente plus les dates de valeur et les jours de banque
   c. dans le cadre d'un emprunt indivis, la durée apparente est toujours supérieure à la durée réelle de mise à disposition des fonds
   d. dans le cadre de l'escompte, la durée apparente est toujours supérieure à la durée réelle de mise à disposition des fonds
   e. les jours ouvrables correspondent aux jours calendaires à l'exception du dimanche et des jours fériés et chômés
   f. il y a plus de jours ouvrables que de jours ouvrés.

9. Les annuités d'un emprunt :
   a. sont toujours supérieures à l'amortissement
   b. dépendent du taux d'intérêt
   c. sont égales à l'amortissement moins les intérêts
   d. sont toujours décroissantes
   e. peuvent être *in fine*.

10. L'amortissement d'un emprunt :
   a. correspond à une charge pour l'emprunteur qui permet de rémunérer le prêteur
   b. est le montant à régler à chaque échéance au titre du remboursement et des intérêts
   c. est toujours supérieur aux intérêts à payer
   d. doit être égal la dernière année de l'emprunt au capital restant dû en début de période.

11. Dans un remboursement par amortissement constant :
    a. on rembourse une part identique du capital emprunté à chaque échéance
    b. l'annuité est décroissante
    c. les intérêts versés sont décroissants
    d. on utilise la formule $a = C_0 \times \frac{i}{1-(1+i)^{-n}}$ pour calculer l'annuité
    e. la dernière année le capital restant dû en fin de période est égal à 0.

12. Dans un remboursement par annuité constante :
    a. on rembourse une part identique du capital emprunté à chaque échéance
    b. l'annuité est décroissante
    c. les intérêts versés sont décroissants
    d. on utilise la formule $a = C_0 \times \frac{i}{1-(1+i)^{-n}}$ pour calculer l'annuité
    e. la dernière année le capital restant dû en fin de période est égal à 0.

13. Dans un remboursement *in fine* :
    a. les intérêts sont constants
    b. la dernière année le capital restant dû en fin de période est égal à 0
    c. l'annuité est nulle sauf la dernière année
    d. la dernière année l'annuité est égale au capital restant dû de début de période.

14. Indiquer les affirmations exactes :
    a. le remboursement *in fine* est très courant pour les emprunts obligataires
    b. le remboursement le plus courant pour les emprunts indivis est le remboursement par amortissement constant
    c. les intérêts à payer pour l'emprunteur sont plus importants dans le cadre d'un remboursement *in fine* que dans le cadre d'un remboursement par annuité constante
    d. les intérêts à payer pour l'emprunteur sont plus importants dans le cadre d'un remboursement *in fine* que dans le cadre d'un remboursement par amortissement constant
    e. les intérêts à payer pour l'emprunteur sont plus importants dans le cadre d'un remboursement par annuité constante que dans le cadre d'un remboursement par amortissement constant

f. pour un taux nominal donné, il est toujours plus intéressant de rembourser un emprunt par amortissement constant.

15. Le TEG :
 a. signifie Taux Effectif Global
 b. est le taux nominal de l'emprunt
 c. permet de comparer des propositions d'emprunt uniquement lorsque les modalités de remboursement sont identiques (il n'est en effet pas possible de comparer le coût d'un emprunt par amortissement constant et d'un emprunt par annuités constantes par exemple...)
 d. se calcule en sommant les frais annexes (dossier, gestion, etc.) et les intérêts versés
 e. est un taux actuariel
 f. est égal à la somme future actualisée des flux de remboursement de l'emprunteur
 g. est calculé de la même façon partout en Europe : on transforme le TEG annuel en TEG mensuel (et inversement) à l'aide du taux proportionnel.

16. Une entreprise qui réalise un crédit-bail :
 a. peut à tout moment lever l'option d'achat
 b. devient propriétaire du bien financé
 c. réalise une opération de location assortie d'une option d'achat à un prix fixé à l'avance
 d. est obligée d'acquérir le bien financé à l'échéance
 e. peut revendre le bien en cas de difficulté financière
 f. choisit elle-même le bien
 g. doit assumer les charges d'entretien du bien.

17. À l'échéance du contrat de crédit-bail, l'entreprise a la possibilité de :
 a. lever l'option d'achat et devenir propriétaire du bien
 b. prolonger le contrat de location
 c. restituer le bien.

18. Indiquer les affirmations exactes :
 a. un contrat de crédit-bail mobilier s'accompagne fréquemment de pré-loyers
 b. en cas de plus-value lors d'un crédit-bail immobilier, elle est partagée entre le bailleur et le locataire
 c. un crédit-bail immobilier permet de financer l'acquisition de bâtiments mais également de financer des projets de génie civil et d'acquisition de terrains
 d. le crédit-bail mobilier prend effet dès l'acceptation du contrat par la société de crédit-bail mobilier
 e. l'informatique représente la part la plus importante des produits financés par crédit-bail

f. une opération de *lease back* est une opération dans laquelle le locataire se doit de rendre le bien financé à l'échéance
g. il est difficile de financer un bien spécifique à l'aide d'un crédit-bail
h. les taux sur un crédit-bail sont plus faibles que sur un emprunt bancaire
i. aucun apport n'est nécessaire lors d'une opération de crédit-bail, le bien mobilier ou immobilier peut être financé à 100 %
j. le crédit-bail mobilier permet de se constituer des stocks de matières premières
k. en France, le locataire peut amortir le bien
l. en France pour le locataire, les loyers du crédit-bail sont déductibles d'IS.

19. En ce qui concerne le crédit-bail international :
a. on applique en France l'approche économique
b. on applique en France l'approche juridique
c. on peut profiter du double amortissement lorsque le locataire réside dans un pays où l'approche économique s'applique et que le bailleur réside dans un pays où l'approche juridique s'applique
d. on peut profiter du double amortissement lorsque le locataire réside dans un pays où l'approche juridique s'applique et que le bailleur réside dans un pays où l'approche économique s'applique
e. on peut profiter du double amortissement lorsque le locataire et le bailleur résident dans un pays où s'applique la même approche.

20. Les actifs circulants d'une entreprise :
a. ont une liquidité supérieure à celle des immobilisations
b. ont une valeur comptable inférieure aux immobilisations
c. comprennent les stocks
d. comprennent les créances clients
e. comprennent les dettes fournisseurs
f. comprennent les sommes disponibles sur les comptes bancaires de l'entreprise
g. comprennent les dettes à court terme de l'entreprise
h. comprennent les dettes à moyen terme de l'entreprise
i. comprennent les valeurs mobilières de placement.

21. Les crédits liés au cycle d'exploitation :
a. sont des crédits causés
b. ont un coût plus faible que les crédits de trésorerie
c. prennent appui sur un actif susceptible de leur être cédé au travers de la mobilisation d'effets ou de créances clients
d. sont des crédits à moins d'un an.

22. On peut escompter :
    a. un billet à ordre
    b. un billet de trésorerie
    c. une lettre de change
    d. un titre de créances négociables
    e. un bon du Trésor
    f. un effet de commerce
    g. un certificat de dépôt
    h. une traite.

23. L'escompte commercial consiste pour une entreprise :
    a. à endosser un effet de commerce
    b. à céder un effet de commerce à sa banque en échange d'une avance de trésorerie
    c. à exiger un paiement anticipé à ses clients
    d. à offrir un rabais à ses clients s'ils payent immédiatement leur créance.

24. Une opération d'escompte commercial :
    a. implique le paiement d'agios par l'entreprise à la banque
    b. est possible uniquement pour les effets de commerce dont l'échéance est supérieure à 90 jours
    c. est impossible pour les effets de commerce dont l'échéance est inférieure à 10 jours
    d. est une opération coûteuse du fait des traitements administratifs et des commissions
    e. peut être refusée par la banque si elle considère que l'effet remis est de mauvaise qualité.

25. Lors d'une opération d'escompte commercial, à l'échéance de la créance :
    a. la banque se fait rembourser par le tireur
    b. la banque se fait rembourser par le tiré
    c. en cas d'insolvabilité du cédé, la banque peut se retourner contre tous ceux qui ont endossé l'effet de commerce
    d. en cas d'insolvabilité du cédé, la banque peut se retourner contre le cédant.

26. Dans le cadre d'une opération d'escompte, les intérêts d'escompte :
    a. sont calculés selon le principe des intérêts simples
    b. sont calculés *prorata temporis*
    c. sont post-comptés
    d. sont calculés sur le montant nominal de l'effet.

27. Le crédit de mobilisation des créances commerciales :
    a. permet d'escompter des créances professionnelles
    b. permet d'escompter un ensemble de créances commerciales ayant des échéances proches sur le même bordereau

c. permet à l'entreprise de disposer d'accords de financement plus importants
d. se traduit par un taux plus faible que l'escompte
e. implique un transfert de propriété des créances au profit de l'établissement financier.

28. Dans le cadre de la cession Dailly, il est possible :
a. d'escompter des créances professionnelles
b. d'escompter des créances commerciales
c. de mobiliser une subvention obtenue mais non versée
d. de mobiliser un crédit de TVA.

29. Dans le cadre d'une cession Dailly :
a. le prêt peut être effectué sous forme d'escompte
b. le prêt peut être effectué sous forme d'avance en compte
c. le prêt peut être effectué sous forme d'un crédit revolving
d. le prêt peut être effectué sous forme d'un emprunt indivis.

30. Dans le cadre d'une cession Dailly sans notification au débiteur :
a. c'est le cédant qui se charge du recouvrement de la créance
b. c'est le cédé qui se charge du recouvrement de la créance
c. le cédé n'est pas au courant de la cession
d. le cédant n'est pas au courant de la cession.

31. Dans le cadre de l'affacturage, il est possible :
a. de céder des créances professionnelles
b. de céder des créances commerciales
c. de mobiliser une subvention obtenue mais non versée
d. de se décharger des opérations de recouvrement des créances sur ses clients
e. d'obtenir un financement immédiatement après la facturation de ses clients
f. pour le *factor* de refuser des créances jugées trop risquées.

32. Dans le cadre de l'affacturage :
a. le *factor* dispose d'un certain nombre de droits en vertu du droit cambiaire
b. le prêt peut être effectué sous forme d'escompte
c. le prêt peut être effectué sous forme d'avance en compte
d. le crédit est causé.

33. La titrisation :
a. est une technique interdite depuis la crise des subprimes
b. permet d'améliorer la liquidité du bilan de l'entreprise
c. se traduit par l'émission de titres (par le fonds commun de créances) qui ne peuvent être acquis que par des banques ou des institutions financières
d. repose sur la cession par l'entreprise de créances à une société *ad hoc*

e. se traduit par une hausse importante du risque supporté par la banque.

34. La défaisance :
   a. consiste à céder simultanément des actifs financiers et des dettes à une société *ad hoc*
   b. permet à l'entreprise d'obtenir des financements supplémentaires
   c. permet à l'entreprise de diminuer son endettement apparent
   d. se traduit bien souvent par une dégradation du *rating* de l'entreprise.

35. Les financements de trésorerie :
   a. sont des financements à très court terme
   b. sont des crédits causés
   c. sont garantis par des créances
   d. peuvent être utilisés par les entreprises pour se constituer des stocks.

36. Le découvert :
   a. n'est pas en tant que tel un crédit car il ne nécessite pas forcément l'autorisation de la banque
   b. est renouvelé chaque année par tacite reconduction
   c. est transformé en facilité de caisse s'il dépasse 30 jours
   d. est très onéreux pour l'entreprise car risqué pour la banque.

37. Le coût du découvert inclut :
   a. le taux du marché monétaire
   b. les commissions d'endos
   c. les jours de banque
   d. la marge d'intérêts débiteurs
   e. la commission de plancher
   f. la commission de plafond
   g. la commission du plus fort découvert
   h. la commission de dépassement du découvert.

38. Indiquer les affirmations exactes :
   a. le recours au découvert peut engendrer un risque de surmobilisation
   b. le recours au découvert peut engendrer un risque de sous-mobilisation
   c. le recours à l'escompte peut engendrer un risque de surmobilisation
   d. le recours à l'escompte peut engendrer un risque de sous-mobilisation.

39. Le crédit de campagne :
    a. permet de financer les besoins des entreprises dont les fluctuations de trésorerie sont causées par des mouvements saisonniers
    b. est adapté pour les entreprises dont l'activité se traduit par des décaissements rapides sur une courte période
    c. est adapté pour les entreprises dont l'activité se traduit par des encaissements rapides sur une courte période
    d. peut être accordé sous la forme d'escompte d'un billet à ordre
    e. peut être accordé sous la forme de facilités de caisses
    f. peut être accordé sous la forme d'un emprunt indivis.

40. Les avances de marchandises :
    a. reposent sur le nantissement des marchandises
    b. permettent de constituer des stocks quelles que soient les marchandises stockées
    c. peut être accordé sous la forme d'escompte d'un billet à ordre
    d. peut être accordé sous la forme d'un découvert
    e. peut être accordé sous la forme d'un emprunt indivis.

41. Les crédits par signature :
    a. se caractérisent par la mise à disposition de fonds sous la forme d'un crédit de trésorerie pour l'entreprise
    b. permettent de retarder certains décaissements pour l'entreprise
    c. permettent d'éviter certains décaissements pour l'entreprise
    d. permettent d'accélérer certains encaissements
    e. se traduisent par un engagement illimité du banquier à satisfaire aux obligations de son client au cas où ce dernier n'y satisferait pas.

42. Parmi les différents crédits par signature, on trouve :
    a. les cautions
    b. les avals
    c. les hypothèques
    d. les nantissements
    e. le crédit documentaire
    f. le découvert
    g. l'escompte.

43. Le crédit documentaire :
    a. une fois ouvert ne peut être révoqué que par la banque de l'exportateur
    b. garantit le paiement à l'exportateur
    c. permet à une entreprise de financer ses importations
    d. est soumis au droit cambiaire.

44. Dans le cadre d'un crédit documentaire, l'exportateur est payé par :
    a. la banque notificatrice
    b. la banque émettrice
    c. l'importateur
    d. le transporteur.

Troisième partie : exercices

Exercice 1

Afin de financer son besoin en fonds de roulement, une entreprise emprunte la somme de 20 000 € sur la période du 1er avril au 30 avril. L'établissement de crédit auquel elle s'adresse lui fait les propositions suivantes concernant les dates de valeur :

a) la date de crédit est en valeur lendemain et la date de débit est en valeur veille,

b) aucune date de valeur n'est stipulée,

c) la date de crédit est en valeur lendemain.

L'entreprise cherche à disposer des fonds sur la période la plus longue possible. Quelle proposition doit-elle retenir dans cette optique ?

Exercice 2

Une entreprise présente un solde bancaire nul. Elle doit encaisser, le mercredi 19 septembre, le règlement d'un client pour un montant de 1 500 €. Ayant une dette auprès d'un fournisseur de 1 500 €, elle adresse à ce dernier, en date du 19 septembre, un chèque du montant dû. Les conditions de banque sont de 2 jours calendaires pour les dates de valeur en débit et de 3 jours calendaires pour les dates de valeur en crédit.

a) Expliquer pourquoi l'entreprise est amenée à payer des intérêts débiteurs.

b) Sur quelle période devra-t-elle payer des intérêts débiteurs ?

c) Que se passe-t-il si l'établissement de crédit modifie ses conditions de banque de la manière suivante : 2 jours ouvrés pour les dates de valeur en débit et 3 jours ouvrés pour les dates de valeur en crédit ?

Exercice 3

Une entreprise emprunte la somme de 15 000 € pour régler ses fournisseurs pour le mois de mai 2010. Les conditions de banque sont les suivantes : la date de crédit est en valeur lendemain, la date de débit est en valeur veille et la banque prend 1 jour de banque.

a) Déterminer la durée de mise à disposition des fonds.

b) Quelle est la durée apparente de ce crédit ?

c) En déduire le nombre de jours d'agios.

Exercice 4

Une entreprise finance l'achat de logiciels informatiques d'un montant de 100 000 € par un emprunt remboursable *in fine* au taux annuel de 4 % sur 5 ans. Établir le tableau de remboursement associé à cet emprunt.

Exercice 5

La société Store+ souhaite remplacer ses anciennes machines considérées comme obsolètes par deux nouvelles machines plus performantes pour les 7 prochaines années. Ce projet nécessite un investissement total de 210 000 €. La société décide de contracter un emprunt, sur la durée de vie du projet, pour le financer. Les caractéristiques de cet emprunt sont les suivantes : amortissement constant, taux annuel de 6 %. Établir le tableau de remboursement de l'emprunt.

Exercice 6

Accro aux nouvelles technologies, vous envisagez d'acheter l'Ipak lancé par PineApple sans attendre son lancement en France. Vous contactez un revendeur aux États-Unis qui vous propose le modèle recherché à 1 292 $. N'ayant pas la somme nécessaire sur votre livret A, vous décidez de financer cet achat, considéré comme vital pour vous, par un emprunt malgré le désaccord de vos parents. Votre banquier vous propose un prêt (en euros !) remboursable par mensualités constantes de fin de période au taux annuel de 12 % sur 10 mois. Le taux de change $/€ est de 0,774 (1 $= 0,774 €). Quel est le montant total des intérêts versés au titre de l'emprunt ?

Exercice 7

La société Green Planet décide de lancer une nouvelle gamme de produits écologiques et biologiques aux huiles essentielles. Ce projet nécessite un investissement de 100 000 €. Son directeur financier contacte trois banques. La banque A lui propose un emprunt à amortissement constant au taux de 7,2 % par an sur 10 ans. La banque B lui propose un emprunt par annuités constantes au taux de 8,5 % par an sur 8 ans. La banque C lui propose un emprunt à remboursement *in fine* au taux de 4,3 % par an sur 9 ans. Les annuités versées au titre du remboursement de l'emprunt sont versées en fin de période.

Quelle est la proposition la plus intéressante en termes d'intérêts versés ?

Exercice 8

D'après les informations de son comptable, le directeur de Lustucro peut consacrer 2 500 € par mois au remboursement d'un emprunt. Toutefois il désire que cet emprunt n'excède pas 13 ans et des mensualités de fin de période. Sa banque lui propose un taux de 7 % par an. Quelle est la capacité d'emprunt de Lustucro ?

Exercice 9

Une entreprise désire emprunter 255 000 € pour financer l'achat de véhicules pour ses commerciaux. Elle est en mesure de rembourser 7 000 € à chaque fin de trimestre. Sa banque lui propose un taux annuel de 8 %. Quelle est la durée de l'emprunt ?

Exercice 10

La société NetCom, spécialisée dans la haute technologie, a contracté un emprunt de 300 000 € au taux annuel de 7 % sur 10 ans remboursable par annuités constantes de fin de période. Il n'y a pas de frais de pénalité en cas de remboursement anticipé.

a) Quelle est la valeur de l'annuité ?

b) Déterminer la somme globale versée au titre du remboursement du capital et des intérêts.

c) En déduire la somme des intérêts versés.

d) Calculer la somme à rembourser la 7e année en cas de remboursement anticipé.

e) Quelle est la part des intérêts contenus dans la 3e annuité ?

Exercice 11

SaveurTropik est une entreprise spécialisée dans le tourisme d'outre-mer. Elle envisage l'acquisition d'un parc hôtelier situé à Saint Gilles sur l'île de La Réunion pour un montant de 1 500 000 €. Elle cherche à financer ce projet par un emprunt indivis sur une durée de 20 ans remboursable par mensualités constantes terme à échoir. Le taux proposé par la banque est de 9 % par an. Elle dispose actuellement de 400 000 €. Quelle mensualité devra-t-elle verser pour acheter ce parc hôtelier ?

Exercice 12

Un grand groupe financier désire financer l'achat d'un immeuble de standing, pour y installer une société de capital-risque, par un emprunt indivis remboursable par annuités constantes de fin de période au taux de 10 % sur une durée de 15 ans. Ses capacités de remboursement sont évaluées à 110 000 € par an. Elle dispose actuellement de 320 000 €. Quel montant ce groupe financier peut-il emprunter pour acquérir cette immobilisation ?

Exercice 13

L'établissement financier Banko propose à ses clients un crédit de 10 000 € sur 1 an au taux annuel de 7 %. Les frais de dossier s'élèvent à 150 € et sont à régler le jour du versement du prêt. Le remboursement s'effectue par trimestrialités constantes de fin de période. Les frais de gestion sont de 9 € et sont payables à chaque échéance. Déterminer le Taux Effectif Global de cet emprunt.

Exercice 14

Vous décidez d'offrir à vos parents pour leur anniversaire de mariage un voyage aux Seychelles. Vous prenez donc contact avec deux agences de voyages. Chacune d'elles vous propose un séjour aux prestations identiques pour 1 980 € pour deux personnes.

L'agence Lookaé vous propose, via son organisme de crédit, de faire financer ce cadeau par un prêt bancaire sur 1 an au taux annuel de 2,9 % remboursable par mensualités constantes terme échu. Les frais de dossier payables à l'octroi du crédit s'élèvent à 12 € par personne. L'agence Tom Cookie vous fait la proposition suivante :

	TEG
≤ 700 €	4 %
700 € > et ≤ 3 000 €	3,6 %
> 3 000 €	3,5 %

Quelle agence de voyage allez-vous choisir ?

Exercice 15

La jardinerie TomPousse souhaite renouveler le parc automobile de ses magasins de Loire Atlantique via un contrat de crédit-bail dont les conditions sont les suivantes : montant total de l'investissement 100 000 € amortissable en linéaire sur 4 ans, loyer annuel de 38 000 € payable en fin de période, durée du contrat 4 ans, valeur résiduelle des immobilisations nulle. Le taux d'imposition est de 33 1/3 %.

Calculer le coût du contrat de crédit-bail.

Exercice 16

Vous avez un projet de création d'entreprise. Vous devez, pour ce faire, disposer d'immobilisations pour un montant total de 75 000 € amortissables sur 5 ans. Vous hésitez entre financer vos immobilisations par un emprunt bancaire ou par crédit-bail. Votre banque vous propose un emprunt remboursable par annuités constantes de début de période au taux annuel de 6 % sur 5 ans. En outre, elle prélève des frais de gestion pour un montant de 150 € payables au début de chaque année anniversaire. Selon le devis établi par la société de crédit-bail, vous aurez à verser des loyers annuels d'un montant de 23 500 € payables à l'avance sur une période de 4 ans et un dépôt initial de garantie de 500 € (récupérable la dernière année). L'option d'achat est considérée comme nulle. Le taux d'imposition est de 33,33 %. Quel est le financement le plus avantageux ?

Exercice 17

Ayant un besoin urgent de trésorerie, une entreprise remet à l'escompte le 1er juin une traite d'une valeur de 10 000 € dont l'échéance est le 18 juin. Les conditions à l'escompte sont les suivantes : taux d'escompte 7 %, commission d'endos 0,25 %, 2 jours de banque (jour calendaire) si remise à l'escompte, 3 jours de banque (jour calendaire) si remise à l'encaissement, pas de frais de manipulation, date de débit et date de crédit en valeur jour.

a) Quel est le nombre de jours d'agios décomptés ?
b) Déterminer le montant des agios.
c) En déduire la valeur nette de l'escompte.
d) Quelle est la durée réelle du crédit ?
e) Quel est le coût réel de l'escompte ?

Exercice 18

La société Loréol escompte le 1er août au taux de 6 % un effet de commerce d'une valeur nominale de 75 000 € venant à échéance le 1er octobre. Il y a 2 jours de banques en cas de remise à l'escompte, les dates de débit et de crédit sont en valeur jour.

a) Déterminer le montant de l'intérêt associé à cette opération.
b) Quel aurait été ce montant si l'on avait retenu une base de 365 jours ?
c) Que pouvez-vous en conclure au niveau du coût réel de l'escompte ?

Exercice 19

Une entreprise remet à 30 jours de l'échéance un effet à l'escompte d'une valeur de 35 000 €.

Le taux de base est de 7,3 %, la commission d'endos s'élève à 0,7 %. On retiendra 1 jour de banque.

a) Calculer le montant des intérêts.

b) Quel serait le taux équivalent de l'opération si les intérêts étaient post-comptés ?

Exercice 20

Dans l'exercice de son activité professionnelle, une entreprise cherche à se financer par la mise en place d'un Crédit de Mobilisations des Créances Commerciales (CMCC), afin de disposer d'une trésorerie plus importante que dans le cas d'une opération d'escompte. Elle escompte donc le 3 du mois auprès de sa banque un ensemble de créances d'un montant total de 150 000 € et d'échéance le 20 du mois. Les conditions de banque sont : date de débit en J – 1, date de crédit en valeur jour, 1 jour de banque si remise à l'escompte, une commission de mouvement de 0,025 %. Le taux pratiqué est de 12 %. Calculer le coût réel du CMCC.

Exercice 21

Ayant besoin de liquidités, vous avez la possibilité d'escompter le 1er du mois deux effets de commerce, d'un montant respectif de 15 000 € et 5 000 € ou un bordereau Dailly d'un montant de 20 000 €. Ces deux billets sont à échéance le 20 de ce même mois.

Les conditions d'escompte sont les suivantes :

• Taux de base	6,4 %
• Commission d'endos	0,5 %
• Commission de manipulation	3 € par effet
• Conditions de banque	date de débit en valeur jour, date de crédit en valeur jour, 1 jour de banque si remise à l'escompte 3 jours de banque si remise à l'encaissement

Les conditions d'une cession Dailly sont les suivantes :

• Taux de référence	7,2 %
• Commission de mouvement	0,03 %
• Conditions de banque	date de débit en valeur jour, date de crédit en valeur jour, 1 jour de banque si remise à l'escompte

Quel mode de financement allez-vous retenir ?

Exercice 22

Une entreprise dispose pour financer son besoin en fonds de roulement d'un découvert autorisé à hauteur de 15 000 € par mois, en moyenne, avec un plafond mensuel de 20 000 €. Toutefois, le mois dernier devant faire face à un besoin plus important, notamment pour régler une partie de ses dettes fournisseurs, elle a enregistré un découvert de 18 000 €. Sachant que le taux de référence est de 0,6 % par mois, la marge d'intérêts débiteurs de 0,11 % par mois, la commission de plafond de 0,13 % par mois et la commission du plus fort découvert de 0,10 % par mois, déterminez le coût réel de ce crédit.

Exercice 23

Une entreprise prévoit pour une période de 15 jours un solde de trésorerie négatif de 5 200 € avec une incertitude de plus ou moins 800 €. Elle dispose d'un portefeuille de traites qu'elle peut escompter sur 12 jours de 6 000 €. Le taux de découvert est de 12 %. Le taux de l'escompte est fixé à 11,5 %. En réalité le solde de trésorerie négatif observé est de 5 200 €.

Compte tenu de l'incertitude de l'entreprise sur son solde de trésorerie, l'escompte est-il nécessairement le mode de financement le plus avantageux ? Expliquez.

Exercice 24

Une entreprise a besoin d'emprunter 15 000 € du 1er mars au 31 mars et 12 500 € du 1er avril au 30 avril. Pour couvrir ce besoin, elle peut soit mobiliser un effet de commerce de 25 000 € qui arrive à échéance dans 80 jours soit recourir au découvert.

Les conditions d'escompte sont les suivantes :

• Taux de base	9 %
• Commission d'endos	0,5 %
• Commission de manipulation	2 € par effet
• Conditions de banque	date de débit en valeur jour, date de crédit en valeur jour, 1 jour de banque si remise à l'escompte 3 jours de banque si remise à l'encaissement

Les conditions de découvert sont les suivantes :

• Taux mensuel de référence	0,8 %
• Marge mensuelle d'intérêts débiteurs	0,13 %

• Encours mensuel moyen	20 000 €
• Plus fort découvert mensuel	21 500 €
• Commission mensuelle sur Plus fort découvert	0,5 %

Quel est le financement le plus intéressant ?

Quatrième partie : corrigés

Questions à choix multiples

Question 1 : D
Question 2 : D
Question 3 : B
Question 4 : C, D, E, G, H
Question 5 : A
Question 6 : A, B, C
Question 7 : B, C
Question 8 : C, E, F
Question 9 : A, B
Question 10 : D
Question 11 : A, B, C, E
Question 12 : C, D, E
Question 13 : A, B
Question 14 : A, C, D, E
Question 15 : A, E
Question 16 : C, F, G
Question 17 : A, B, C
Question 18 : B, C, G, I, L
Question 19 : B, C
Question 20 : A, C, D, I
Question 21 : A, B, C, D
Question 22 : A, C, F, H
Question 23 : B
Question 24 : A, C, D, E
Question 25 : B, C, D
Question 26 : A, B, D
Question 27 : B, C
Question 28 : A, B, C, D
Question 29 : A, B
Question 30 : A, C
Question 31 : B, D, E, F
Question 32 : B, D
Question 33 : B, D
Question 34 : A, C
Question 35 : A, D

Question 36 : D
Question 37 : A, D, F, G, H
Question 38 : C, D
Question 39 : A, B, C, D, E
Question 40 : A, C, D
Question 41 : B, C, D
Question 42 : A, B, E
Question 43 : B
Question 44 : A

Exercice 1

D'après la proposition A, l'entreprise disposera des fonds le lendemain (2 avril) et devra rembourser la banque la veille (29 avril), la durée de mise à disposition des fonds est donc de 27 jours (29 – 2).

D'après la proposition B, l'entreprise disposera des fonds pendant 29 jours entiers. En effet, elle devra avoir remboursé la banque le 30 avril.

D'après la proposition C, l'entreprise disposera des fonds le 2 avril et devra rembourser l'établissement financier le 30 avril. La durée réelle de mise à disposition des fonds est donc de 28 jours (30 – 2).

Par conséquent, la proposition B permet à l'entreprise de disposer des fonds sur la période la plus longue.

Exercice 2

a) L'entreprise est amenée à payer des intérêts débiteurs à cause des dates de valeur imposées par son établissement financier. Ces dates de valeur correspondent au délai nécessaire à la circulation et à la manipulation des fonds dans le système bancaire.

b) Ici, les conditions de banque sont les suivantes : 2 jours calendaires pour les dates de valeur en débit et 3 jours calendaires pour les dates de valeur en crédit. Ici, le chèque sera donc débité en compte à J – 2 soit le lundi 17 septembre et crédité en compte à J + 3 soit le samedi 22 septembre. Par conséquent, l'entreprise devra payer des intérêts sur 5 jours.

c) La banque modifie ses conditions de banque en tenant compte non plus des jours calendaires mais des jours ouvrés. Pour mémoire, les jours ouvrés correspondent aux jours calendaires moins les samedis, dimanches, les jours fériés et chômés. Dans ce cas, le chèque sera débité en compte à J – 2 soit le lundi 17 septembre et crédité en compte à J + 3 soit le lundi 24 septembre. Par conséquent, l'entreprise devra payer des intérêts sur 7 jours.

Exercice 3

a) La durée de mise à disposition des fonds correspond à la période pendant laquelle l'entreprise dispose réellement des fonds. Ici, puisque la date de crédit est en valeur lendemain (2 mai) et la date de débit est en valeur veille (30 mai), la durée de mise à disposition des fonds est de 28 jours (30 – 2).

b) La durée apparente représente le nombre de jours séparant la date de début et la date de fin de financement indépendamment des dates de valeur et des jours de banque. La durée apparente est donc dans ce cas de 30 jours.

c) Le nombre de jours d'agios se calcule sur la base de la durée apparente. Il correspond en effet à cette dernière à laquelle il convient d'ajouter les jours de banques. Par conséquent, compte tenu des informations fournies, le nombre de jours d'agios est de 31 (30 + 1).

Exercice 4

Dans le cas d'un remboursement *in fine*, le capital emprunté est remboursé uniquement lors de la dernière échéance, soit ici la 5e année. Seuls les intérêts sont versés chaque année. Le montant dû au début de chaque période est donc constant et égal au montant initialement emprunté. Il s'ensuit que les intérêts payés chaque année sont constants et égaux à 4 000 € (100 000 × 4 %).

Le tableau d'amortissement de l'emprunt est le suivant.

Tableau 1 — *Le tableau d'amortissement de l'emprunt* in fine

Année	Capital dû en début de période	Intérêts versés	Remboursement du capital	Annuités
1	100 000	4 000	0	4 000
2	100 000	4 000	0	4 000
3	100 000	4 000	0	4 000
4	100 000	4 000	0	4 000
5	100 000	4 000	100 000	104 000

Exercice 5

Dans le cas d'un remboursement par amortissement constant, la valeur du capital remboursée chaque année est la même. Elle est ici égale à 30 000 € (210 000/7). Le montant de capital dû en début de période s'obtient en soustrayant le montant de capital dû en début de période précédente et le remboursement du capital de la période précédente. Les intérêts versés chaque année se déterminent en multipliant le capital dû en début de période par le taux d'intérêt de l'emprunt. L'annuité à la date t correspond au remboursement du capital versé à la date t et aux intérêts versés à la date t.

Ainsi, pour l'année 1, le capital dû en début de période correspond au montant total de l'emprunt soit 210 000 €. Le montant des intérêts versés à cette date est égal à 12 600 € (210 000 × 6 %). Le remboursement du capital est de 30 000 €. L'annuité correspondante est donc de 42 600 € (12 600 + 30 000). En année 2, le capital dû en début de période est de 180 000 € (210 000 – 30 000), le montant des intérêts est de 10 800 € (180 000 × 6 %), le remboursement de capital est de 30 000 € et l'annuité associée vaut 40 800 € (10 800 + 30 000).

Le tableau d'amortissement de l'emprunt est le suivant.

Tableau 2 — *Le tableau d'amortissement de l'emprunt par amortissement constant*

Année	Capital dû en début de période	Intérêts versés	Remboursement du capital	Annuités
1	210 000	12 600	30 000	42 600
2	180 000	10 800	30 000	40 800
3	150 000	9 000	30 000	39 000
4	120 000	7 200	30 000	37 200
5	90 000	5 400	30 000	35 400
6	60 000	3 600	30 000	33 600
7	30 000	1 800	30 000	31 800

Exercice 6

Il faut d'abord connaître le montant en euros de votre prêt. L'Ipak coûte 1 292 $, comme le taux de change est de 1 $= 0,774 €, il s'ensuit que l'Ipak vaut 1 000 €. Par conséquent, vous allez emprunter 1 000 € remboursable au taux de 12 % par an sur 10 mois.

Pour répondre à cette question il convient de déterminer la mensualité à payer lors des 10 prochains mois permettant d'avoir une valeur actuelle de 1 000 € si le taux d'intérêt est de 12 % par an. Les flux de cet emprunt sont représentés au schéma 1.

Schéma 1 — *La représentation graphique des mensualités constantes de l'emprunt*

Il est nécessaire de calculer la valeur de la mensualité constante en utilisant la valeur actuelle d'une séquence de flux constants de fin de période. Cependant, les paramètres ne sont pas exprimés dans la même unité de temps. En effet, il s'agit de mensualités versées à chaque fin de mois pendant 10 mois à un taux annuel de 12 %. Il convient donc de convertir le taux annuel en taux mensuel. Pour ce faire, nous utilisons le taux proportionnel car la durée du prêt est inférieure à un an. Le taux mensuel proportionnel au taux annuel est de :

$$i_a = 12\ \% \Leftrightarrow i_m = \frac{12\ \%}{12} = 1\ \%$$

La valeur actuelle d'une séquence de flux identiques de fin de période est donnée par :

$$VA = CF \times \frac{1-(1+i)^{-n}}{i}$$

Comme nous cherchons la valeur de la mensualité, il est nécessaire d'exprimer cette mensualité en fonction des autres paramètres :

$$CF = \frac{VA \times i}{1-(1+i)^{-n}} = \frac{1\ 000 \times 1\ \%}{1-(1+1\ \%)^{-10}} = 105{,}58\ €$$

Vous devrez donc rembourser 105,58 € pendant 10 mois, soit au total 1 055,82 €. Le coût de l'emprunt est donc de 55,82 € (1 055,82 – 1 000).

Une autre solution consiste à établir le tableau d'amortissement de l'emprunt.

Tableau 3 — *Le tableau d'amortissement de l'emprunt par mensualités constantes*

Mois	Capital dû en début de période	Intérêts versés	Remboursement du capital	Annuités
1	1 000	10,00	95,58	105,58
2	904,42	9,04	96,54	105,58
3	808,88	8,08	97,50	105,58
4	710,38	7,10	98,48	105,58
5	611,90	6,12	99,46	105,58
6	512,44	5,12	100,46	105,58
7	411,98	4,12	101,46	105,58
8	310,52	3,11	102,48	105,58
9	208,04	2,08	103,50	105,58
10	104,54	1,05	104,54	105,58
Total		55,82		

Le montant total des intérêts versés au titre de l'emprunt correspond à la somme des intérêts versés soit 55,82 €.

Exercice 7

Pour répondre à cette question, nous devons établir le tableau d'amortissement de l'emprunt proposé par chacune des banques. La proposition la plus intéressante sera celle qui coûte le moins cher à l'entreprise, en d'autres termes cela revient à calculer soit le montant total des annuités versées soit le montant total des intérêts versés.

La banque A propose un emprunt par amortissement constant sur 10 ans au taux de 7,20 %. Par conséquent la valeur amortie chaque année est la même. Elle est égale à 10 000 € (100 000/10). Le montant de capital dû en début de période s'obtient en soustrayant le montant de capital dû en début de période précédente et le remboursement du capital de la période précédente. Les intérêts versés chaque année se déterminent en multipliant le capital dû en début de période par le taux d'intérêt de l'emprunt. L'annuité à la date t correspond au remboursement du capital versé à la date t et aux intérêts versés à la date t. Ainsi, pour l'année 1, le capital dû en début de période correspond au montant total de l'emprunt soit 100 000 €. Le montant des intérêts versés à cette date est égal à 7 200 € (100 000 × 7,20 %). Le remboursement du capital est de 10 000 €. L'annuité correspondante est donc de 17 200 € (7 200 + 10 000). En année 2, le capital dû en début de période est de 90 000 € (100 000 – 10 000), le montant des intérêts est de 6 480 € (90 000 × 7,20 %), le remboursement de capital est de 10 000 € et l'annuité associée vaut 16 480 € (6 480 + 10 000).

Le tableau d'amortissement de l'emprunt proposé par la banque A est le suivant.

Tableau 4 — *Le tableau d'amortissement de l'emprunt par amortissement constant*

Année	Capital dû en début de période	Intérêts versés	Remboursement du capital	Annuités
1	100 000	7 200	10 000	17 200
2	90 000	6 480	10 000	16 480
3	80 000	5 760	10 000	15 760
4	70 000	5 040	10 000	15 040
5	60 000	4 320	10 000	14 320
6	50 000	3 600	10 000	13 600
7	40 000	2 880	10 000	12 880
8	30 000	2 160	10 000	12 160
9	20 000	1 440	10 000	11 440
10	10 000	720	10 000	10 720
Somme		39 600	100 000	139 600

La banque B propose un emprunt par annuités constantes au taux de 8,5 % sur 8 ans.

Il est nécessaire dans un premier temps de calculer la valeur de l'annuité constante en utilisant la valeur actuelle d'une séquence de flux constants de fin de période :

$$VA = CF \times \frac{1-(1+i)^{-n}}{i} \Leftrightarrow CF = \frac{VA \times i}{1-(1+i)^{-n}}$$

$$= \frac{100\ 000 \times 8{,}5\ \%}{1-(1+8{,}5\ \%)^{-8}} = 17\ 733{,}07\ €$$

Une fois le montant de l'annuité déterminée, il convient de calculer le montant des intérêts versés chaque année. On peut alors en déduire le montant de capital remboursé par année.

Par exemple pour l'année 1, le montant des intérêts versés est de 8 500 € (100 000 × 8,5 %). Puisque l'annuité versée est de 17 733,07 €, le montant de capital remboursé correspond à 9 233,07 € (17 733,07 – 8 500).

Le tableau d'amortissement de l'emprunt proposé par la banque B est le suivant.

Tableau 5 — *Le tableau d'amortissement de l'emprunt par annuités constantes*

Année	Capital dû en début de période	Intérêts versés	Remboursement du capital	Annuités
1	100 000,00	8 500,00	9 233,07	17 733,07
2	90 766,93	7 715,19	10 017,88	17 733,07
3	80 749,06	6 863,67	10 869,40	17 733,07
4	69 879,66	5 939,77	11 793,29	17 733,07
5	58 086,37	4 937,34	12 795,72	17 733,07
6	45 290,65	3 849,70	13 883,36	17 733,07
7	31 407,29	2 669,62	15 063,45	17 733,07
8	16 343,84	1 389,23	16 343,84	17 733,07
Somme		41 864,52	100 000,00	141 864,52

La banque C propose un emprunt par remboursement *in fine* au taux de 4,3 % sur 9 ans. Dans ce cas, le montant emprunté est remboursé uniquement lors de la dernière échéance, soit la 9e année. Seuls les intérêts sont versés chaque année. Le montant dû au début de chaque période est donc constant et égal au montant initialement emprunté. Il s'ensuit que les intérêts payés chaque année sont constants et égaux à 4 300 € (100 000 × 4,3 %).

Le tableau d'amortissement de l'emprunt proposé par la banque C est le suivant.

Tableau 6 — *Le tableau d'amortissement de l'emprunt* in fine

Année	Capital dû en début de période	Intérêts versés	Remboursement du capital	Annuités
1	100 000	4 300	0	4 300
2	100 000	4 300	0	4 300
3	100 000	4 300	0	4 300
4	100 000	4 300	0	4 300
5	100 000	4 300	0	4 300
6	100 000	4 300	0	4 300
7	100 000	4 300	0	4 300
8	100 000	4 300	0	4 300
9	100 000	4 300	100 000	104 300
Somme		38 700	100 000	138 700

Au regard de la somme des annuités versées et/ou des intérêts versés, la proposition de la banque C semble être la plus intéressante.

Exercice 8

L'objectif de cet exercice est de déterminer le montant emprunté par la société Lustucro sachant qu'elle rembourse chaque mois 2 500 €, au taux annuel de 7 % pendant 13 ans.

La durée de l'emprunt et le taux d'emprunt sont exprimés en années alors que le versement périodique est exprimé en mois. Il est donc nécessaire de convertir la durée et le taux d'intérêt dans la même unité de temps que les versements, à savoir en mois. La durée de l'emprunt correspond à 13 ans soit 156 mois. Puisque la durée de l'emprunt est supérieure à un an, nous devons utiliser le taux équivalent pour convertir le taux annuel. Autrement dit, le taux mensuel équivalent au taux annuel de 7 % est égal à :

$$(1+i_a)=(1+i_m)^{12} \Leftrightarrow i_m=(1+i_a)^{1/12}-1=(1+7\ \%)^{1/12}-1=0{,}565\ \%$$

Les flux générés par ce projet peuvent être représentés sur le schéma 2.

Schéma 2 — *La représentation graphique des mensualités de l'emprunt*

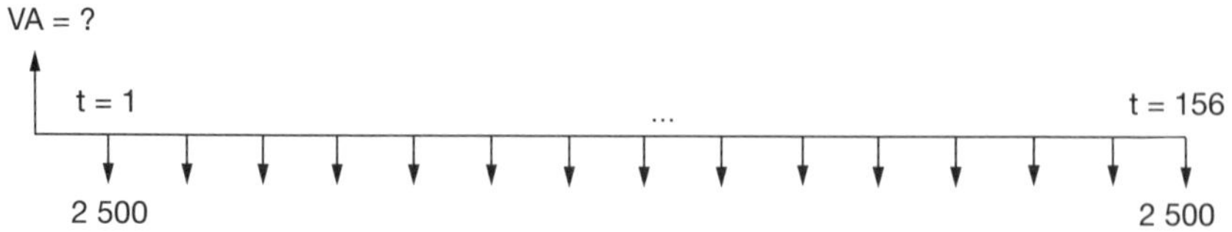

Il faut donc utiliser la valeur actuelle d'une séquence de flux identiques de fin de période :

$$VA = CF \times \frac{1-(1+i)^{-n}}{i} \Leftrightarrow VA = 2\ 500 \times \frac{1-(1+0{,}565\ \%)^{-156}}{0{,}565\ \%} = 258\ 747{,}18\ €$$

Le directeur de Lustucro a la capacité d'emprunter exactement 258 747,18 €.

Exercice 9

Nous cherchons dans cet exercice à déterminer la durée de l'emprunt sachant que l'entreprise rembourse chaque trimestre 7 000 €, au taux de 8 % par an. En outre, le montant emprunté est de 255 000 €. La fréquence de capitalisation est trimestrielle alors que le taux de l'emprunt est annuel. Il est donc nécessaire de convertir le taux d'intérêt annuel en taux trimestriel.

Pour ce faire, nous allons utiliser le taux équivalent car la durée de l'emprunt est supérieure à un an. Autrement dit, le taux trimestriel équivalent au taux annuel de 8 % est égal à :

$$(1+i_a) = (1+i_t)^4 \Leftrightarrow i_t = (1+i_a)^{1/4} - 1 = (1+8\ \%)^{1/4} - 1 = 1{,}94\ \%$$

Les flux générés par ce projet peuvent être représentés sur le schéma 3.

Schéma 3 — *La représentation graphique des trimestrialités de l'emprunt*

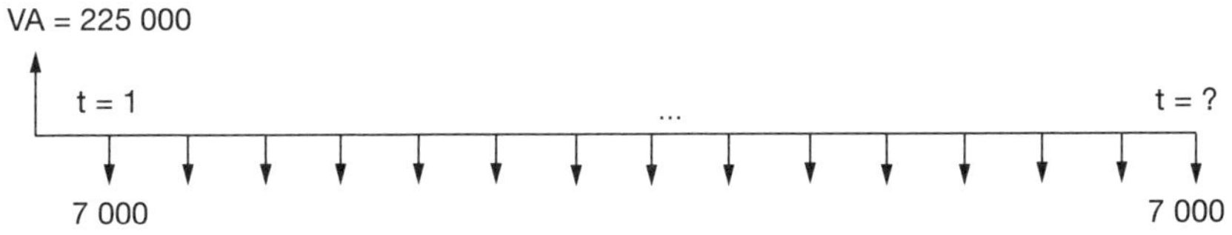

Il faut donc utiliser la valeur actuelle d'une séquence de flux identiques de fin de période et exprimer la durée de l'emprunt en fonction des autres paramètres de l'équation.

$$VA = CF \times \frac{1-(1+i)^{-n}}{i} \Leftrightarrow 1-(1+i)^{-n} = \frac{VA \times i}{CF} \Leftrightarrow (1+i)^{-n} = 1 - \frac{VA \times i}{CF}$$

$$\Leftrightarrow -n \ln(1+i) = \ln\left(1 - \frac{VA \times i}{CF}\right) \Leftrightarrow n = -\left(\frac{\ln\left(1 - \frac{VA \times i}{CF}\right)}{\ln(1+i)}\right)$$

$$= -\left(\frac{\ln\left(1 - \frac{255\ 000 \times 1{,}94\%}{7\ 000}\right)}{\ln(1+1{,}94\ \%)}\right) = 63{,}84 \text{ trimestres}$$

La durée de l'emprunt est de 63,84 trimestres soit 15 ans et 350 jours.

Exercice 10

a) Il s'agit d'un emprunt remboursable par annuités constantes. Pour déterminer la valeur de l'annuité, il convient d'utiliser la valeur actuelle d'une séquence de flux identiques de fin de période et exprimer l'annuité en fonction des autres paramètres de l'équation.

$$VA = CF \times \frac{1-(1+i)^{-n}}{i} \Leftrightarrow CF = \frac{VA \times i}{1-(1+i)^{-n}}$$

$$= \frac{300\ 000 \times 7\ \%}{1-(1+7\ \%)^{-10}} = 42\ 713{,}25\ €$$

L'annuité versée chaque année est de 42 713,25 €.

b) La somme globale versée correspond au remboursement du capital auquel s'ajoutent les intérêts. Ici, l'entreprise verse 42 713,25 € chaque année sur une période de 10 ans. Par conséquent la somme globale versée est de 427 132,5 € (42 713,25 × 10).

c) La somme des intérêts versés correspond à la différence entre la somme globale versée et le montant initialement emprunté soit 127 132,5 € (427 132,5 – 300 000).

d) La somme à rembourser à la 7e année en cas de remboursement anticipé correspond à la somme des annuités à verser aux dates t = 7, t = 8, t = 9, et t = 10. En d'autres termes, nous cherchons la valeur actuelle à la date t = 7 de toutes les annuités restantes. Les flux de cet emprunt peuvent être représentés selon le schéma 4.

Schéma 4 — *La représentation graphique des annuités de l'emprunt en cas de remboursement anticipé*

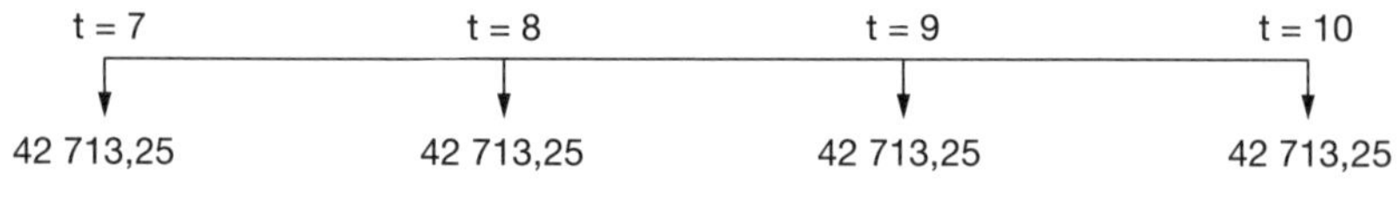

Il vient alors que la somme à rembourser en t = 7 en cas de remboursement anticipé est égale à

$$VR_7 = 42\ 713,\ 25 + \frac{42\ 713{,}25}{(1+7\ \%)} + \frac{42\ 713{,}25}{(1+7\ \%)^2} + \frac{42\ 713{,}25}{(1+7\ \%)^3} = 154\ 806{,}32\ €.$$

e) Pour répondre à cette question, nous allons adopter les notations suivantes :

Tableau 7 — *Le tableau d'amortissement de l'emprunt par annuités constantes*

Année	Capital dû en début de période	Intérêts versés	Remboursement du capital	Annuités
1	C_0	I_1	R_1	a
2	C_1	I_2	R_2	a
3	C_2	I_3	R_3	a
4	C_3	I_4	R_4	a
5	C_4	I_5	R_5	a
6	C_5	I_6	R_6	a
7	C_6	I_7	R_7	a
8	C_7	I_8	R_8	a
9	C_8	I_9	R_9	a
10	C_9	I_{10}	R_{10}	a

Les intérêts dus à la 3e période correspondent à I_3 :

$$I_3 = C_2 \times i = \left(C_1 - R_2\right) \times i = \left(C_1 - \left(a - I_2\right)\right) \times i = \left(C_1 - \left(a - C_1 \times i\right)\right) \times i$$

avec

$$C_1 = \left(C_0 - R_1\right) = (C_0 - \left(a - I_1\right) = \left(C_0 - \left(a - C_0 \times i\right)\right)$$
$$= 300\ 000 - \left(42\ 713{,}25 - 300\ 000 \times 7\%\right) = 278\ 286{,}75\ €$$

Puisque C_1 vaut 278 286,75, que a est égale à 42 713,25 et que i est de 7 %, nous en déduisons que I_3 est égal à 17 853,75 €. La part des intérêts contenus dans la 3e annuité est donc de 17 853,75 €.

Exercice 11

Le parc hôtelier coûte initialement 1 500 000 € mais la société SaveurTropik dispose de 400 000 €. Par conséquent, elle va chercher à financer les 1 100 000 € restants.

Il s'agit d'un emprunt remboursable par mensualités constantes de début de période. Pour déterminer la valeur de cette mensualité, il convient d'utiliser la valeur actuelle d'une séquence de flux identiques de début de période et d'exprimer la mensualité en fonction des autres paramètres de l'équation. Toutefois, il faut s'assurer que les paramètres de l'équation sont tous exprimés dans la même unité de temps. Ici, la durée de l'emprunt et le taux d'intérêt sont annuels alors que la fréquence des remboursements est mensuelle. Il faut donc convertir la durée de l'emprunt et le taux d'intérêt dans la même unité que celle des versements, à savoir en mois. La durée de l'emprunt correspond à 20 ans soit 240 mois.

Puisque la durée de l'emprunt est supérieure à un an, nous devons utiliser le taux équivalent pour convertir le taux annuel, Autrement dit, le taux mensuel équivalent au taux annuel de 9 % est égal à :

$$(1+i_a)=(1+i_m)^{12} \Leftrightarrow i_m=(1+i_a)^{1/12}-1=(1+9\ \%)^{1/12}-1=0,72\ \%$$

La valeur actuelle d'une séquence de flux identiques de début de période est donnée par la relation suivante :

$$VA=CF\times\frac{(1+i)-(1+i)^{-(n-1)}}{i}$$

La mensualité est donc égale à

$$CF=\frac{VA\times i}{(1+i)-(1+i)^{-(n-1)}}=\frac{1\ 100\ 000\times 0,72\ \%}{(1+0,72\ \%)-(1+0,72\ \%)^{-239}}=9\ 574,81\ €$$

SaveurTropik devra verser au début de chaque mois 9 574,81 € si elle souhaite financer cette acquisition par un emprunt sur 20 ans au taux annuel de 9 %.

Exercice 12

Le groupe financier peut apporter à la date d'aujourd'hui 320 000 € et devra verser sur les 15 prochaines années 110 000 € par an. Les flux de cet emprunt peuvent être représentés selon le schéma 5.

Schéma 5 — *La représentation graphique des annuités de l'emprunt*

Il s'agit de déterminer la valeur actuelle d'une séquence de flux identiques de fin de période.

$$VA=CF\times\frac{1-(1+i)^{-n}}{i}=110\ 000\times\frac{1-(1+10\ \%)^{-15}}{10\ \%}=836\ 668,75\ €$$

Par conséquent, la société peut emprunter 836 668,75 €. Elle disposerait alors d'une somme globale de 1 156 668,75 € (836 668,75 + 320 000).

Exercice 13

Le TEG correspond au taux d'intérêt annuel de l'emprunt en tenant compte de tous les frais adossés à cet emprunt. Il y a 2 types de frais : les frais de dossier et les frais de gestion. Les premiers sont payables le jour du versement du crédit. En d'autres termes, la personne qui contracte un tel emprunt ne recevra pas 10 000 € mais 9 850 € (10 000 – 150). Les frais de gestion sont payables à chaque échéance, c'est-à-dire tous les trimestres. En l'occurrence, il faudra régler tous les 3 mois, la trimestrialité due majorée des frais de gestion. Les flux de cet emprunt peuvent être représentés selon le schéma 6.

Schéma 6 — *La représentation graphique des flux de l'emprunt*

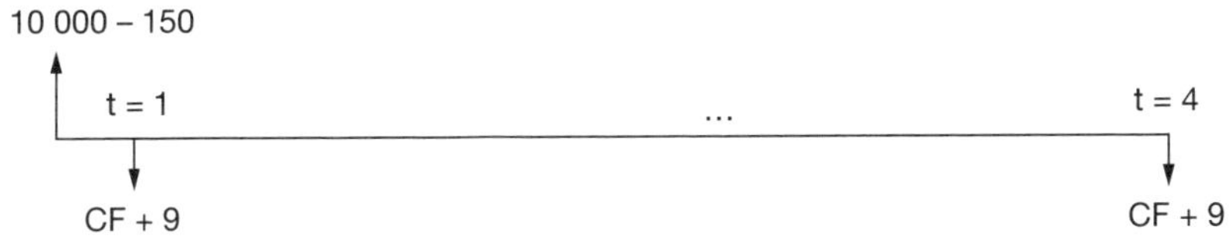

Il s'agit d'un emprunt remboursable par trimestrialités constantes de fin de période. Pour déterminer la valeur de cette trimestrialité, il convient d'utiliser la valeur actuelle d'une séquence de flux identiques de fin de période et d'exprimer la trimestrialité en fonction des autres paramètres de l'équation. Il nous faut cependant vérifier que tous les paramètres de l'équation sont exprimés dans la même unité de temps. Ici la durée de l'emprunt et le taux d'intérêt sont annuels alors que la période de capitalisation est trimestrielle. Il faut donc convertir la durée de l'emprunt et le taux d'intérêt dans la même unité de temps que celle des versements, à savoir en trimestres. La durée de l'emprunt correspond à 1 an soit 4 trimestres.

Depuis le 1er juillet 2002, la Directive du Code de la Consommation impose la généralisation de la méthode équivalente pour le TEG. Par conséquent, le taux trimestriel équivalent au taux annuel de 7 % est égal à :

$$(1+i_a)=(1+i_t)^4 \Leftrightarrow i_t=(1+i_a)^{1/4}-1=(1+7\ \%)^{1/4}-1=1,71\ \%$$

La valeur actuelle d'une séquence de flux identiques de fin de période est donnée par la relation suivante :

$$VA = CF \times \frac{1-(1+i)^{-n}}{i}$$

La trimestrialité est donc égale à

$$CF = \frac{VA \times i}{1-(1+i)^{-n}} = \frac{10\ 000 \times 1,71\ \%}{1-(1+1,\ 71\ \%)^{-4}} = 2\ 607,78\ €$$

Cette trimestrialité doit être majorée des frais de gestion pour connaître exactement la somme à payer chaque trimestre soit 2 616,78 € (2 607,78 + 9).

Le TEG est le taux qui égalise l'ensemble des encaissements et l'ensemble des décaissements. Autrement dit, dans cet exemple, nous avons :

$$9\ 850 = \frac{2\ 616,78}{(1+TEG)^1} + \frac{2\ 616,78}{(1+TEG)^2} + \frac{2\ 616,78}{(1+TEG)^3} + \frac{2\ 616,78}{(1+TEG)^4}$$

Si on prend comme première borne $i_1 = 2\ \%$ pour l'interpolation linéaire, on obtient une valeur résiduelle $V_0(i_1)$ de 113,99. Si on prend comme seconde borne $i_2 = 3\ \%$ pour l'interpolation linéaire, on obtient une valeur résiduelle $V_0(i_2)$ de – 123,17. Puisque la première borne nous donne une valeur résiduelle négative et la seconde une valeur résiduelle positive, il est possible d'estimer le TEG de l'emprunt à l'aide de la formule suivante :

$$TRA = i_1 + (i_2 - i_1) \times \frac{|V_0(i_1)|}{|V_0(i_1)| + |V_0(i_2)|}$$

$$= 2\ \% + (3\ \% - 2\ \%) \times \frac{113,99}{113,99 + 123,17} = 2,48\ \%$$

Le TEG trimestriel de cet emprunt indivis est proche de 2,48 % [1]. On transforme le taux trimestriel en taux annuel équivalent :

$$(1+i_a) = (1+i_t)^4 \Leftrightarrow i_a = (1+i_t)^4 - 1 = (1+2,48\ \%)^4 - 1 = 10,30\ \%$$

Le TEG annuel est donc de 10,30 %.

Exercice 14

Pour répondre à cette question, il est nécessaire de déterminer le TEG proposé par les deux organismes de crédit avant de prendre votre décision. Vous choisirez l'agence de voyages qui vous propose le TEG le plus faible.

Considérons l'organisme de crédit qui traite avec l'agence Lookaé. Ce dernier vous propose un crédit au taux annuel de 2,9 % avec des frais de dossier payables lors du versement de votre emprunt.

Le prix du voyage est de 1 980 €. Si vous vous adressez à cette agence, vous devrez en outre vous acquitter des frais de dossier d'un montant de 12 € par personne, soit 24 € au total. Vous devez donc emprunter 2 004 € (1 980 + 24). La séquence de flux peut être représentée selon le schéma 9.

1. L'utilisation d'un tableur indique un TRA de 2,48 %.

Schéma 7 — *La représentation graphique des mensualités selon la proposition de Lookaé*

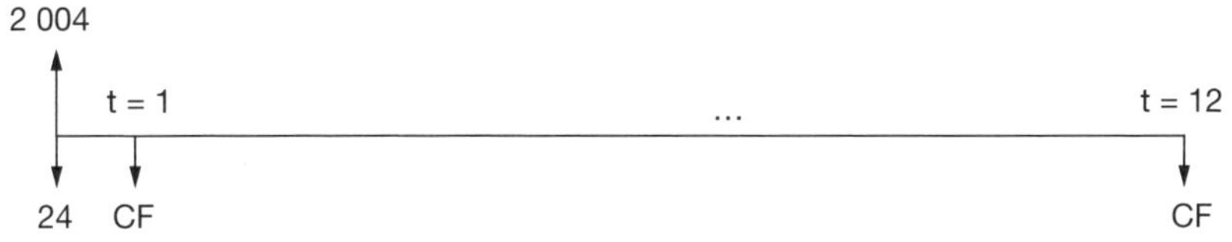

Il s'agit d'un emprunt remboursable par mensualités constantes de fin de période. Pour déterminer la valeur de cette mensualité, il convient d'utiliser la valeur actuelle d'une séquence de flux identiques de fin de période et d'exprimer la mensualité en fonction des autres paramètres de l'équation. Il nous faut cependant vérifier que tous les paramètres de l'équation sont exprimés dans la même unité de temps. Ici la durée de l'emprunt et le taux d'intérêt sont annuels alors que la période de capitalisation est mensuelle. Il faut donc convertir la durée de l'emprunt et le taux d'intérêt dans la même unité de temps que celle des versements, à savoir en mois. La durée de l'emprunt correspond à 1 an soit 12 mois.

Depuis le 1er juillet 2002, la Directive du Code de la Consommation impose la généralisation de la méthode équivalente pour le TEG. Par conséquent, le taux mensuel équivalent au taux annuel de 2,9 % est égal à :

$$(1+i_a)=(1+i_t)^{12} \Leftrightarrow i_t=(1+i_a)^{1/12}-1=(1+2,9\ \%)^{1/12}-1=0,24\ \%$$

La valeur actuelle d'une séquence de flux identiques de fin de période est donnée par la relation suivante :

$$VA = CF \times \frac{1-(1+i)^{-n}}{i}$$

La mensualité est donc égale à

$$CF=\frac{VA \times i}{1-(1+i)^{-n}}=\frac{2\ 004 \times 0,24\ \%}{1-(1+0,24\ \%)^{-12}}=169,62\ €$$

Vous devrez donc rembourser 169,62 € par mois pendant 12 mois.

Une fois calculée la mensualité, nous pouvons déterminer le TEG de cet emprunt. Le TEG est le taux qui égalise l'ensemble des encaissements et l'ensemble des décaissements. Autrement dit, dans cet exemple, nous avons :

$$2\ 004 = 24 + 169,62 \times \frac{1-(1+TEG)^{-12}}{TEG}$$

$$\Leftrightarrow 1\ 980 = 169,62 \times \frac{1-(1+TEG)^{-12}}{TEG}$$

Si on prend comme première borne i_1 = 0,4 % pour l'interpolation linéaire, on obtient une valeur résiduelle $V_0(i_1)$ de 3,49. Si on prend comme seconde borne i_2 = 0,5 % pour l'interpolation linéaire, on obtient une valeur résiduelle $V_0(i_2)$ de 9,20. Puisque la première borne nous donne une valeur résiduelle négative et la seconde une valeur résiduelle positive, il est possible d'estimer le TEG de l'emprunt à l'aide de la formule suivante :

$$\text{TRA} = i_1 + (i_2 - i_1) \times \frac{|V_0(i_1)|}{|V_0(i_1)| + |V_0(i_2)|}$$

$$= 0{,}4\ \% + (0{,}5\ \% - 0{,}4\ \%) \times \frac{3{,}49}{3{,}49 + 9{,}20} = 0{,}43\ \%$$

Le TEG mensuel de la proposition faite par Lookaé est proche de 0,43 % [1].

Si l'on transforme le taux mensuel en taux annuel équivalent :

$$(1 + i_a) = (1 + i_m)^{12} \Leftrightarrow i_a = (1 + i_m)^{12} - 1 = (1 + 0{,}43\ \%)^{12} - 1 = 5{,}28\ \%$$

Le TEG annuel est donc de 5,28 %.

Puisque le montant total du séjour est de 1 980 €, si vous financez cet achat en passant par l'agence Tom Cookie, vous contracterez un prêt au taux annuel de 3,6 %.

Il est donc plus intéressant pour vous d'acheter le séjour chez Tom Cookie, car le TEG proposé par leur organisme de crédit est inférieur à celui proposé par Lookaé.

Exercice 15

Il faut calculer le coût actuariel associé au crédit-bail. Les flux nets générés par cette opération sont présentés dans le tableau 8.

Tableau 8 — *La détermination des flux nets d'une opération de crédit-bail*

Année	Loyer brut	Économies d'impôt sur loyer	Amort. immo	Perte d'économies d'impôt sur amortissement	Invest.	Flux nets
0					100 000	100 000
1	38 000,00	12 666,67	25 000,00	8 333,33		– 33 666,66
2	38 000,00	12 666,67	25 000,00	8 333,33		– 33 666,66
3	38 000,00	12 666,67	25 000,00	8 333,33		– 33 666,66
4	38 000,00	12 666,67	25 000,00	8 333,33		– 33 666,66

1. L'utilisation d'un tableur indique un TRA de 0,43 %.

Les loyers sont considérés comme des charges. À ce titre, ils génèrent des économies d'impôt de 12 666,67 € (38 000 × 33 1/3). Par ailleurs, contrairement à l'emprunt, dans une opération de crédit-bail le souscripteur n'est pas propriétaire du bien et perd donc les économies d'impôt liées aux dotations aux amortissements 8 333,33 € (25 000 × 33 1/3). Le flux net correspond donc pour les années 1 à 4, aux loyers nets plus la perte d'économies d'impôts associées à l'amortissement de l'immobilisation soit 33 666,67 € (38 000 – 12 666,67 + 8 333,33). Le flux en année 0 représente le montant hors taxes des immobilisations.

Une fois calculés les flux nets, nous pouvons déterminer le TEG de cette opération de crédit-bail. Le TEG est le taux qui égalise l'ensemble des encaissements et l'ensemble des décaissements. Autrement dit, dans cet exemple, nous avons :

$$100\ 000 = 33\ 666{,}66 \times \frac{(1-(1+\text{TEG})^{-4})}{\text{TEG}}$$

Si on prend comme première borne i_1 = 13 % pour l'interpolation linéaire, on obtient une valeur résiduelle $V_0(i_1)$ de 140,51. Si on prend comme seconde borne i_2 = 13,1 % pour l'interpolation linéaire, on obtient une valeur résiduelle $V_0(i_2)$ de 67,20. Puisque la première borne nous donne une valeur résiduelle négative et la seconde une valeur résiduelle positive, il est possible d'estimer le TEG de l'emprunt à l'aide de la formule suivante :

$$\text{TRA} = i_1 + (i_2 - i_1) \times \frac{|V_0(i_1)|}{|V_0(i_1)| + |V_0(i_2)|}$$

$$= 13\ \% + (13{,}1\ \% - 13\ \%) \times \frac{140{,}51}{140{,}51 + 67{,}20} = 13{,}07\ \%$$

Le coût de cette opération de crédit-bail est de 13,07 % [1].

Exercice 16

Le financement le plus avantageux est celui qui fournit le coût actuariel le plus faible. Il nous faut donc déterminer le coût actuariel associé à l'emprunt indivis et celui associé au crédit-bail.

Puisqu'il s'agit d'un emprunt remboursable par annuités constantes, il est nécessaire de déterminer la valeur de cette annuité. La valeur actuelle d'une séquence de flux identiques de début de période est donnée par la relation suivante :

$$\text{VA} = \text{CF} \times \frac{(1+i) - (1+i)^{-(n-1)}}{i}$$

1. L'utilisation d'un tableur indique 13,07 %.

L'annuité brute est donc égale à

$$CF = \frac{VA \times i}{(1+i)-(1+i)^{-(n-1)}} = \frac{75\ 000 \times 6\ \%}{(1+6\ \%)-(1+6\ \%)^{-4}} = 16\ 796{,}92\ €$$

Comme cette annuité est versée en début de période, à la date t = 0 vous recevrez le montant de l'emprunt (75 000 €) auquel il faudra soustraire le versement de la première annuité nette ainsi que les frais de gestion.

Nous pouvons désormais établir les flux nets de l'emprunt. Le tableau d'amortissement de l'emprunt est le suivant.

En année 0, vous recevez la somme de 75 000 € mais vous devez simultanément verser la première annuité. Vous n'avez pas à rémunérer la banque car vous n'avez pas disposé au cours de cette année de l'argent emprunté. De ce fait, les intérêts composant cette annuité sont nuls.

Ensuite, le montant des intérêts versés à la date t (avec $t \geq 1$) se détermine en multipliant la valeur de capital dû en début de période avec le taux d'intérêt annuel.

Ainsi pour l'année 1, le montant des intérêts s'élève à 3 492,19 € (58 203,08 × 6 %). Connaissant la valeur de l'annuité à la date t = 1 ainsi que le montant des intérêts versés à cette même date, nous pouvons en déduire la valeur de l'amortissement du capital soit 13 304,73 € (16 796,92 – 3 492,19). Les économies d'impôts à la date t = 1 sur intérêts représentent 33,33 % du montant des intérêts versés à cette date. En considérant l'année 1, cette économie s'élève à 1 163,95 € (3 492,19 × 33,33 %). Il faut également tenir compte des frais de gestion (150 €) payables au début de chaque année. Le flux net à la date t = 1 est donc de 15 782,97 € (16 796,92 – 1 163,95 + 150) [1].

Le TEG est le taux qui égalise l'ensemble des encaissements et l'ensemble des décaissements. Autrement dit, dans cet exemple, nous avons :

$$58\ 053{,}08 = \frac{15\ 782{,}97}{(1+TEG)} + \frac{16\ 049{,}04}{(1+TEG)^2} + \frac{16\ 331{,}07}{(1+TEG)^3} + \frac{16\ 630{,}02}{(1+TEG)^4}$$

Si on prend comme première borne i_1 = 4,4 % pour l'interpolation linéaire, on obtient une valeur résiduelle $V_0(i_1)$ de 140,28. Si on prend comme seconde borne i_2 = 4,6 % pour l'interpolation linéaire, on obtient une valeur résiduelle $V_0(i_2)$ de 133,80. Puisque la première borne nous donne une valeur résiduelle négative et la seconde une

1. Ce calcul correspond à la différence entre le montant de l'annuité brute et l'économie d'impôt réalisée sur les charges financières plus les frais de gestion. Il est possible également de déterminer la valeur du flux net en sommant l'amortissement du capital avec les intérêts versés auxquels l'on soustrait l'économie d'impôt réalisée sur ces intérêts et en ajoutant les frais de gestions.

Tableau 9 — *La détermination des flux nets de l'emprunt*

Année	Capital début de période	Annuité brute	Amort. immo	Intérêts bruts	Économies d'impôt sur intérêts	Frais de gestion	Invest.	Flux nets
0	75 000,00	16 796,92	16 796,92	0,00	0,00	150	75 000	58 053,08
1	58 203,08	16 796,92	13 304,73	3 492,19	1 163,95	150		– 15 782,97
2	44 898,35	16 796,92	14 103,01	2 693,90	897,88	150		– 16 049,04
3	30 795,34	16 796,92	14 949,19	1 847,72	615,85	150		– 16 331,07
4	15 846,15	16 796,92	15 846,15	950,77	316,89	150		– 16 630,02

valeur résiduelle positive, il est possible d'estimer le TEG de l'emprunt à l'aide de la formule suivante :

$$TRA = i_1 + (i_2 - i_1) \times \frac{|V_0(i_1)|}{|V_0(i_1)| + |V_0(i_2)|}$$

$$= 4,4\ \% + (4,6\ \% - 4,4\ \%) \times \frac{140,28}{140,28 + 133,80} = 4,50\ \%$$

Le TEG de l'emprunt indivis est de 4,50 % [1].

Considérons à présent l'opération de crédit-bail. Dans ce cas, vous aurez à verser au début de chaque année un loyer d'un montant de 23 500 €, et ce sur une période de 4 ans. Ce loyer est considéré comme une charge et génère à ce titre des économies d'impôt. Cependant, vous ne serez pas dans le cas d'une opération de crédit-bail propriétaire du bien. Par conséquent, vous ne pourrez pas amortir fiscalement les immobilisations. Vous enregistrez donc une perte d'économies d'impôt liée au non-amortissement des immobilisations. La séquence de flux après impôt est donc la suivante [2] :

$$(+\ C_0 - L_1(1 - \tau) - \tau\ DAP_1, \ldots, - L_t\ (1 - \tau) - \tau\ DAP_t)$$

avec C_0 le coût hors taxes de l'immobilisation, L_t le loyer à la date t, τ le taux d'imposition et DAP_t les dotations aux amortissements à la date t.

Les flux nets générés par cette opération sont présentés dans le tableau 10.

Une fois calculés les flux nets, nous pouvons déterminer le TEG de cette opération de crédit-bail. Le TEG est le taux qui égalise l'ensemble des encaissements et l'ensemble des décaissements. Autrement dit, dans cet exemple, nous avons :

$$53\ 833,05 = \frac{20\ 666,95}{(1 + TEG)} + \frac{20\ 666,95}{(1 + TEG)^2} + \frac{20\ 166,95}{(1 + TEG)^3}$$

Si on prend comme première borne i_1 = 6,9 % pour l'interpolation linéaire, on obtient une valeur résiduelle $V_0(i_1)$ de 93,51. Si on prend comme seconde borne i_2 = 7,1 % pour l'interpolation linéaire, on obtient une valeur résiduelle $V_0(i_2)$ de – 102,39. Puisque la première borne nous donne une valeur résiduelle négative et la seconde une valeur résiduelle positive, il est possible d'estimer le TEG de l'emprunt à l'aide de la formule suivante :

1. L'utilisation d'un tableur donne 4,50 %.
2. Une autre solution consiste à ne pas tenir compte des pertes d'économies d'impôt générées par l'amortissement des immobilisations. Dans ce cas, la séquence de flux d'un emprunt est la suivante $(- C_0, - (L_1(1 - \tau), \ldots, - (L_t(1 - \tau))$.

Tableau 10 — *La détermination des flux nets d'une opération de crédit-bail*

Année	Loyer brut	Économies d'impôt sur loyer	Amort. immo	Perte d'économies d'impôt sur amortissement	Invest.	Dépôt de garantie	Flux nets
0	23 500	7 832,55	15 000	4 999,5	75 000	500	53 833,05
1	23 500	7 832,55	15 000	4 999,5			– 20 666,95
2	23 500	7 832,55	15 000	4 999,5			– 20 666,95
3	23 500	7 832,55	15 000	4 999,5		500	– 20 166,95

$$\begin{aligned} \text{TRA} &= i_1 + (i_2 - i_1) \times \frac{|V_0(i_1)|}{|V_0(i_1)| + |V_0(i_2)|} \\ &= 6{,}9\ \% + (7{,}1\ \% - 6{,}9\ \%) \times \frac{93{,}51}{93{,}51 + 102{,}39} = 7\ \% \end{aligned}$$

Le coût de cette opération de crédit-bail est de 7 % [1].
Le financement le plus avantageux est donc l'emprunt bancaire.

Exercice 17

a) Le nombre de jours d'agios décomptés correspond à la durée apparente, c'est-à-dire, à la différence entre la date d'échéance et la date de valeur à laquelle le compte est crédité du montant de l'escompte (bornes incluses) plus les jours de banque. Dans cet exercice, le nombre de jours d'agios décomptés est égal à 20 jours (18 + 2).

b) Les agios comprennent les intérêts d'escompte et les frais divers associés à cette opération financière. Dans cet exercice, puisqu'il n'y a pas de frais de manipulation, les agios correspondent exactement au montant des intérêts. Ces derniers sont calculés au *prorata temporis* sur le montant nominal de l'effet. Le montant des intérêts d'escompte dépend du taux d'escompte c'est-à-dire du taux de base plus une commission d'endossement. Par conséquent le taux d'escompte est de 7,25 % (7 % + 0,25 %). Le montant des intérêts d'escompte est alors de 40,28 € ($10\ 000 \times 7{,}25\ \% \times \frac{20}{360}$).

c) La valeur nette de l'escompte se définit comme la différence entre la valeur nominale et le montant des intérêts versés, soit 9 959,72 € (10 000 – 40,28).

d) La durée réelle du crédit correspond au nombre de jours qui s'écoulent entre la date de valeur à laquelle le compte de l'entreprise est crédité du montant net de l'escompte et l'échéance majorée de 3 jours, soit 21 jours (18 + 3).

e) Le coût réel de l'escompte est le taux appliqué à la somme réellement prêtée, à savoir la valeur nette. Puisque la durée réelle est de 21 jours, le taux réel de l'escompte est de

$$40{,}28 = 9\ 959{,}72 \times i' \times \frac{21}{360} \leftrightarrow i' = \frac{40{,}28 \times 360}{9\ 959{,}72 \times 21} = 6{,}93\ \%$$

Le taux réel de l'escompte est donc de 6,93 %.

1. L'utilisation d'un tableur indique 7 %.

Exercice 18

a) Pour répondre à cette question, il est nécessaire de calculer le nombre de jours d'agios décomptés. En d'autres termes, il faut déterminer le nombre de jours séparant la date d'échéance et la date de valeur de l'escompte (bornes incluses) auxquels il convient d'ajouter les jours de banque. Nous décomptons 31 jours pour le mois d'août, 30 jours pour le mois de septembre et 1 jour pour le mois d'octobre soit un total de 62 jours auxquels il convient d'ajouter les 2 jours de banque. Le calcul des intérêts dépend du taux d'escompte et du nombre de jours d'agios décomptés. En outre, il est d'usage de retenir une base annuelle de 360 jours, puisque la durée de financement est inférieure à une année. Le montant des intérêts est donc de 800 € ($75\ 000 \times 6\ \% \times \frac{64}{360}$).

b) Considérons maintenant une base annuelle de 365 jours. Dans ce cas, le montant des intérêts s'élève à 789,04 € ($75\ 000 \times 6\ \% \times \frac{64}{365}$).

c) Le fait de tenir compte d'une base annuelle de 360 jours renchérit le coût de l'escompte de 1,0139 (365/360 ou 800/789,04).

Exercice 19

a) Le calcul du montant des intérêts dépend du nombre de jours d'agios décomptés, du taux de l'escompte et de la valeur nominale de l'effet. Dans cet exercice, la valeur nominale de l'effet est de 35 000 €, le taux d'escompte est de 8 % (7,3 % + 0,7 %) et le nombre de jours d'agios décomptés est de 31 jours (30 + 1). Par conséquent, le montant des intérêts s'élève à 241,11 € ($35\ 000 \times 8\ \% \times \frac{31}{360}$).

b) Le taux post-compté équivalent au taux d'intérêt précompté est donné par la relation suivante

$$\text{TIE} = \frac{i_{\text{précompté}}}{1 - i_{\text{précompté}} \times n} = \frac{8\ \%}{1 - 8\ \% \times \frac{31}{360}} = 8{,}06\ \%$$

Exercice 20

La première étape consiste à calculer le nombre de jours d'agios décomptés. Dans ce cas, cela correspond à 18 jours (203 + 1) plus 1 jour de banque soit 19 jours. On calcule donc les intérêts en utilisant les intérêts simples sur une base de 360 jours par an :

$$\text{Intérêts} = 150\ 000 \times 12\ \% \times \frac{19}{360} = 950\ €$$

Afin d'obtenir le montant des agios, il est nécessaire d'additionner les intérêts et la commission de mouvement. Cette dernière représente 37,5 € (0,025 % × 150 000). On peut alors en déduire le montant des agios : 987,5 € (950 + 37,5).

La valeur nette du bordereau escompté est donc égale à 149 012,5 € (150 000987,5).

Comme la date de débit est en jour veille (J – 1), l'entreprise doit rembourser le 19 du mois, elle ne dispose donc des fonds que jusqu'au 18 inclus, soit pendant 16 jours (18 – 3 + 1). Le taux actuariel noté i' qui en découle est donc donné par :

$$987{,}5 = 149\ 012{,}5 \times i' \times \frac{16}{360} \Leftrightarrow i' = \frac{987{,}5 \times 360}{149\ 012{,}5 \times 16} = 14{,}91\ \%$$

Le coût réel de ce CMCC est donc de 14,91 %.

Exercice 21

Vous retiendrez le mode de financement le moins onéreux. Il est donc nécessaire de calculer soit le montant des agios payés soit le coût réel de chacun de ces modes de financement.

Considérons le financement par l'escompte. Le calcul du montant des intérêts dépend du nombre de jours d'agios décomptés, du taux de l'escompte et de la valeur nominale des effets. Dans cet exercice, vous cherchez à escompter pour un total de 20 000 €, le taux d'escompte pratiqué est de 6,9 % (6,4 % + 0,5 %) et le nombre de jours d'agios décomptés est de 20 jours (201 + 1) plus un jour de banque soit au total 21 jours. Par conséquent, le montant des intérêts s'élève à 80,5 € ($20\ 000 \times 6{,}9\ \% \times \frac{21}{360}$). Le montant des agios se détermine à partir des intérêts et des frais divers versés, ici des frais de manipulation. Les agios s'élèvent à 86,5 € (80,5 + 2 × 3).

Afin de déterminer le coût réel de l'escompte, il est nécessaire de connaître outre le montant des agios, la valeur nette escomptée ainsi que la durée réelle du crédit. Par définition, la valeur nette escomptée représente le montant brut remis à l'escompte déduction faite des agios, soit 19 913,5 € (20 000 – 86,5). La durée réelle de mise à disposition des fonds est de 23 jours (20 – 1 + 1 + 3). Il s'ensuit que le taux actuariel noté i' de l'emprunt est :

$$86{,}5 = 19\ 913{,}5 \times i' \times \frac{23}{360} \Leftrightarrow i' = \frac{86{,}5 \times 360}{19\ 913{,}5 \times 23} = 6{,}80\ \%$$

Le coût réel de cet escompte est donc de 6,80 %.

Considérons maintenant le financement par cession Dailly. La première étape consiste à calculer le nombre de jours d'agios décomptés.

Dans ce cas, cela correspond à 20 jours (201 + 1) plus 1 jour de banque soit 21 jours. On calcule donc les intérêts en utilisant les intérêts simples sur une base de 360 jours par an :

$$\text{Intérêts} = 20\ 000 \times 7,2\ \% \times \frac{21}{360} = 84\ €$$

Afin d'obtenir le montant des agios, il est nécessaire d'additionner les intérêts et la commission de mouvement. Cette dernière représente 6 € (0,03 % × 20 000). On peut alors en déduire le montant des agios 90 € (84 + 6).

Pour déterminer le coût réel de ce mode de financement, il est nécessaire de connaître outre le montant des agios, la valeur nette escomptée ainsi que la durée réelle du crédit. Par définition, la valeur nette escomptée représente le montant brut remis à l'escompte déduction faite des agios, soit 19 910 € (20 000 – 90). Dans le cas d'une cession Dailly, la date de remboursement est égale à la veille du jour de l'échéance. Dans ce cas, puisque l'échéance est fixée au 20 du mois, le crédit doit être remboursé le 19 du mois, l'entreprise ne dispose donc des fonds que jusqu'au 18 du mois inclus. La durée réelle de mise à disposition des fonds couvre donc la période allant du 1er du mois au 18 du mois inclus, soit 18 jours.

Le taux actuariel noté i' de la cession Dailly est alors égal à

$$90 = 19\ 910 \times i' \times \frac{18}{360} \Leftrightarrow i' = \frac{90 \times 360}{19\ 910 \times 18} = 9,04\ \%$$

Le coût réel de cette cession Dailly est donc de 9,04 %.

Par conséquent, que l'on raisonne en termes de montant d'agios ou de coût réel du crédit, on constate que le financement le plus avantageux est celui de l'escompte.

Exercice 22

Pour répondre à cette question, il est nécessaire de calculer le montant mensuel des agios. Ce montant doit tenir compte du taux de référence et des diverses commissions. Pour disposer d'un découvert moyen de 15 000 €, l'entreprise doit rémunérer la banque à hauteur du taux de référence plus la marge des intérêts débiteurs 106,5 € $\left(15\ 000 \times \left(0,6\ \% + 0,11\ \%\right)\right)$.

Puisqu'elle dispose d'un plafond mensuel de 20 000 €, elle devra payer par ailleurs une commission de 26 € $(0,13\ \% \times 20\ 000)$.

Étant donné que son découvert a atteint, le mois dernier, 18 000 €, l'entreprise doit en outre, s'acquitter du versement d'une commission sur plus fort découvert de 18 € $(0,10\ \% \times 18\ 000)$.

Le coût total du découvert s'élève donc à 150,5 € (106,5 + 26 + 18).

Le coût réel de ce crédit est donné par la relation :

$$150{,}5 = 15\ 000 \times i' \times \frac{30}{360} \Leftrightarrow i' = \frac{150{,}5 \times 360}{15\ 000 \times 30} = 12{,}04\%$$

Le taux réel de ce crédit est de 12,04 % par an soit un taux mensuel proportionnel de 1 %.

On remarque donc que les commissions augmentent de manière substantielle le coût du crédit car le taux de référence était de 0,6 % par mois.

Exercice 23

A priori, l'escompte semble moins cher que le découvert (11,5 % contre 12 %). Il semble donc préférable pour l'entreprise de faire escompter son portefeuille de traites.

Il faut cependant distinguer trois cas de figure.

a) L'entreprise a sous-estimé le solde de sa trésorerie. En effet, le solde s'établit en réalité à 5 200 € mais l'entreprise l'a estimé à 4 400 €. Si l'entreprise décide de financer son solde de trésorerie négatif par escompte, elle va être en sous-mobilisation. En effet, elle aura demandé à escompter 4 400 € alors que le véritable solde s'établit à 5 200 €, elle devra donc financer le complément (800 €) par un découvert. La charge financière est alors estimée comme suit : le montant des agios relatif à l'escompte s'élève à 21,08 € ($11{,}5\ \% \times 4\ 400 \times \frac{15}{360}$) et le coût du découvert est de 4 € ($12\ \% \times 800 \times \frac{15}{360}$). La charge financière supportée par l'entreprise dans ce premier cas est donc de 25,08 €.

b) L'entreprise a surestimé le solde de sa trésorerie. En effet, le solde s'établit en réalité à 5 200 € mais elle l'a estimé à 6 000 €. Elle décide de le financer par escompte, le montant total des agios est de 28,75 € $\left(11{,}5\ \% \times 6\ 000 \times \frac{15}{360}\right)$.

c) L'entreprise finance son solde de trésorerie négatif par découvert. Le coût est donc de 26 € $\left(12\ \% \times 5\ 200 \times \frac{15}{360}\right)$.

On constate que la sur-mobilisation d'effets implique une charge financière pour l'entreprise nettement plus élevée. Par conséquent, l'escompte ne doit être utilisé que pour couvrir des besoins de financement certains.

Exercice 24

Le financement le plus intéressant est celui pour lequel le montant des agios est le plus faible ou celui pour lequel le coût réel est le moins élevé.

a) Si l'on choisit d'escompter l'effet de commerce, il est nécessaire de déterminer le nombre de jours d'agios décomptés. Puisque l'échéance intervient dans 80 jours et que le nombre de jours de banque est de 1, la base de calcul des intérêts est alors de 81 jours. Le taux d'escompte correspond au taux de base plus la commission d'endos soit 9,5 % (9 % + 0,5 %). La valeur nominale de l'effet est de 25 000 €. Il s'ensuit que le montant des intérêts au titre de l'escompte est de 534,38 € ($25\ 000 \times 9{,}5\ \% \times \frac{81}{360}$).

Les agios comprennent les intérêts et les commissions diverses. Ici, les agios valent 536,38 € (534,38 € + 2 €).

Afin de déterminer le coût réel de ce mode de financement, il est nécessaire de connaître outre le montant des agios, la valeur nette escomptée ainsi que la durée réelle du crédit. Par définition, la valeur nette escomptée représente le montant brut remis à l'escompte déduction faite des agios, soit 24 463,62 € (25 000 – 536,38). La durée réelle du crédit est de 83 jours (80 + 3).

Il s'ensuit que le taux actuariel noté i' de l'emprunt est

$$536{,}38 = 24\ 463{,}62\ \times i' \times \frac{83}{360} \Leftrightarrow i' = \frac{536{,}38 \times 360}{24\ 463{,}62\ \times 83} = 9{,}51\%$$

Le coût réel de cet escompte est donc de 9,51 %.

b) Pour évaluer le coût du découvert, il est nécessaire de calculer le montant des agios. Ce montant doit tenir compte du taux de référence et des diverses commissions. Pour disposer d'un découvert moyen de 20 000 €, l'entreprise doit rémunérer la banque à hauteur du taux de référence plus la marge des intérêts débiteurs 186 € ($(20\ 000 \times (0{,}8\ \% + 0{,}13\ \%)$).

Étant donné que son plus fort découvert du mois a atteint 21 500 €, l'entreprise doit s'acquitter du versement d'une commission sur plus fort découvert de 107,5 € ($0{,}5\ \% \times 21\ 500$).

Le coût total du découvert s'élève donc à 293,5 €.

Le taux actuariel noté i' du découvert est donné par la relation :

$$293{,}5 = 20\ 000 \times i' \times \frac{61}{360} \Leftrightarrow i' = \frac{293{,}5 \times 360}{20\ 000 \times 61} = 8{,}66\ \%$$

Le coût réel du découvert est donc de 8,66 %.

Que l'on retienne le montant des agios ou le coût réel du crédit, le découvert apparaît comme le mode de financement le plus avantageux.

Chapitre 3

Le marché des titres de créances négociables

Première partie : questions ponctuelles

1. Qu'est-ce qu'un TCN ?
2. Quels sont les différents émetteurs de TCN ?
3. Quels sont les différents types de TCN qu'une entreprise peut émettre ?
4. Quels sont les TCN qu'un établissement financier peut émettre ?
5. Qui peut émettre des billets de trésorerie ?
6. Qui peut émettre des bons à taux fixe ?
7. Quelles sont les caractéristiques des billets de trésorerie ?
8. Pourquoi le montant unitaire minimal d'un billet de trésorerie est-il fixé à 150 000 € ?
9. Quelles sont les contraintes liées à l'émission d'un TCN ?
10. Quel est le rôle des agences de notation ?
11. Qu'appelle-t-on les « *investment grades* » ?
12. Qu'appelle-t-on les « *speculative grades* » ?
13. Qu'est-ce que le cautionnement ?
14. À quoi correspond l'engagement de substitution ?
15. Que représente la domiciliation ?
16. Définir une émission directe.
17. Comment se caractérise une émission indirecte ?
18. Quelles sont les stratégies d'émission ?
19. Quelles sortes d'émetteurs interviennent sur les marchés des billets de trésorerie ?
20. Qui sont les investisseurs en TCN ?
21. Quels sont les risques afférents aux billets de trésorerie ?
22. Qui supporte le risque d'illiquidité ?
23. Qui supporte le risque de défaillance ?
24. Quelle différence majeure faites-vous entre billets de trésorerie et bons à moyen terme négociables ?
25. Quelle est la durée de vie d'un bon à moyen terme négociable ?
26. Quel est le principal émetteur de bons à moyen terme négociables ?
27. Combien de types de certificats de dépôt existe-t-il ?
28. Quel compartiment du marché des TCN est le plus dynamique ?
29. Comment calcule-t-on le montant des intérêts dans le cas de TCN à court terme ?

30. Comment calcule-t-on le montant des intérêts dans le cas de TCN à long terme ?
31. Rappeler la formule d'évaluation d'un TCN de court terme à intérêts précomptés.
32. Rappeler la formule d'évaluation d'un TCN de court terme à intérêts post-comptés.

Deuxième partie : questions à choix multiples

1. Le marché des TCN est :
   a. exclusivement réservé aux établissements de crédit
   b. exclusivement réservé aux entreprises du secteur privé
   c. exclusivement réservé aux entreprises du secteur public
   d. ouvert à tous les investisseurs.

2. L'État peut émettre :
   a. des billets de trésorerie
   b. des certificats de dépôt
   c. des bons à moyen terme négociables
   d. des bons du Trésor à taux fixe
   e. des bons du Trésor à taux annuel normalisé.

3. Les entreprises peuvent émettre :
   a. des bons du Trésor à taux fixe
   b. des bons du Trésor à taux annuel normalisé
   c. des billets de trésorerie
   d. des certificats de dépôt
   e. des bons à moyen terme négociables.

4. Les établissements financiers peuvent émettre :
   a. des bons du Trésor à taux fixe
   b. des bons du Trésor à taux annuel normalisé
   c. des billets de trésorerie
   d. des certificats de dépôt
   e. des bons à moyen terme négociables.

5. Les billets de trésorerie sont :
   a. des TCN de court terme
   b. des TCN de long terme
   c. des TCN de moyen terme
   d. toujours à intérêts post-comptés
   e. toujours à intérêts précomptés.

6. Indiquer les affirmations exactes :
   a. les billets de trésorerie sont toujours libellés au porteur
   b. les TCN permettent aux entreprises de se financer uniquement à court terme
   c. la plupart des opérations portant sur les billets de trésorerie sont gérées par le système VENUS

d. le système SATURNE assure la simultanéité des livraisons et des règlements des titres
e. la durée de vie moyenne d'un billet de trésorerie est comprise entre 360 et 380 jours
f. l'émission de billets de trésorerie peut se faire en devises étrangères.

7. L'émission de billets de trésorerie implique :
a. que la société émettrice ait plus de 6 mois d'existence
b. que la société émettrice soit une société en pleine croissance
c. que la société émettrice réalise un bénéfice net représentant 5 % de son capital
d. la publication d'informations afin de limiter le risque de défaillance.

8. Indiquer les affirmations exactes :
a. la notation est importante pour les entreprises qui souhaitent intervenir sur un marché qui n'est pas leur marché domestique
b. une notation comprise entre BB et D indique que l'émetteur est considéré comme *investment grades*
c. la notation a un coût relativement élevé pour une entreprise
d. une société considérée comme *speculative grades* est une société présentant un risque de défaillance relativement élevé
e. le cautionnement est la garantie offerte à un émetteur par un établissement de crédit qu'un concours lui sera offert si la situation de marché ne lui permet pas de renouveler ses billets de trésorerie
f. la domiciliation est obligatoire et doit être assurée par un établissement de crédit.

9. Dans le cas d'une émission directe de TCN :
a. la société émettrice fait intervenir un intermédiaire
b. la société émettrice affiche directement un taux d'émission
c. la société émettrice est tenue de réaliser l'opération au taux d'émission affiché ultérieurement
d. l'émetteur offre son taux et son volume au plus offrant.

10. Indiquer les affirmations exactes :
a. il est intéressant pour les émetteurs de TCN de court terme d'assurer une présence minimale sur le marché de manière à fidéliser les investisseurs
b. les TCN sont des titres de propriété
c. les émetteurs occasionnels peuvent négocier facilement avec l'intermédiaire une baisse des taux

d. les émetteurs occasionnels utilisent les TCN en dernier recours afin de combler leurs besoins de financement
e. les émetteurs réguliers font jouer la concurrence entre intermédiaires
f. les ménages sont les principaux investisseurs en billets de trésorerie compte tenu d'un faible montant minimal.

11. Les bons à moyen terme négociables :
a. sont émis par les entreprises uniquement
b. sont émis par les entreprises et les établissements financiers
c. ont une durée de vie inférieure ou égale à 123 jours
d. ont une durée de vie inférieure à 10 ans
e. sont des TCN de moyen-long terme
f. partagent un grand nombre de caractéristiques avec les billets de trésorerie.

12. Les certificats de dépôt :
a. sont des TCN de long terme
b. sont toujours à intérêts précomptés
c. sont émis par les entreprises
d. peuvent être à intérêts précomptés ou post-comptés.

13. Les bons du Trésor :
a. sont émis par l'État et les collectivités locales
b. sont très recherchés par les investisseurs du fait de la qualité de l'émetteur et de la forte liquidité du titre
c. ont une durée de vie de 30 à 120 jours
d. sont généralement de durée 13, 26, 52 semaines et 2 et 5 ans.

Troisième partie : exercices

Exercice 1

L'entreprise Sanrisk émet, le 1er mars 2010, un billet de trésorerie pour un montant de 200 000 € de durée initiale 62 jours et de taux facial 7 %.

a) Quel est le montant des intérêts versés par l'entreprise ?

b) Quel montant recevra l'entreprise à l'émission ?

c) Quel est le Taux d'Intérêt Équivalent (TIE) de ce mode de financement ?

Exercice 2

Soit un TCN d'une valeur de 1 000 000 €, émis au taux de 4 %. La durée de ce TCN est de 90 jours. Les intérêts sont précomptés. Quel est le taux réel de ce TCN ?

Exercice 3

Quel montant devrez-vous payer pour acquérir un billet de trésorerie, d'un nominal de 100 000 000 €, 90 jours avant son échéance si le taux de marché est de 6 % ?

Exercice 4

Vous avez acheté un billet de trésorerie, émis par la société Gamma le 19 juillet 2009, à 120 jours, d'un nominal de 250 000 € et sur la base d'un taux de 6,5 %. Ayant besoin de liquidité, vous avez décidé de le revendre 30 jours plus tard alors que le taux de marché était évalué à 5 %.

a) Quel est le montant des intérêts que vous avez reçu en tant qu'investisseur initial ?

b) Quel a été le prix de revente ?

Exercice 5

Un certificat de dépôt post-compté de 5 000 000 €, de durée initiale de 76 jours et de taux facial 5 %, est négocié sur le marché secondaire 20 jours après son émission au taux de 4,8 %. Quelle est sa valeur au moment de la négociation ?

Exercice 6

Soit un certificat de dépôt précompté d'une valeur de 10 000 000 €, négocié 180 jours avant son échéance. La valeur actuelle du prix de revente est de 9 756 097 €. Déterminer le taux de marché au moment de la négociation.

Exercice 7

Une entreprise a émis un billet de trésorerie d'une valeur de 300 000 €, d'échéance à 90 jours. Le montant des intérêts versés aux investisseurs est de 4 875 €.

a) Déterminer la valeur du taux facial.

b) Quel est le taux réel de ce mode de financement ?

Exercice 8

Vous payez aujourd'hui un certificat de dépôt à intérêts post-comptés dont les caractéristiques sont les suivantes :

- prix de négociation : 150 639,18 €,
- valeur nominale : 150 000 €,
- taux facial : 4,9 %,
- durée initiale : 60 jours.

Sachant que le taux de marché est de 5 %, combien de jours courent entre la date de négociation et l'échéance ?

Exercice 9

Suite à d'importantes pertes sur les marchés américains, Natoxos doit émettre des titres de court terme. La banque décide de proposer aux investisseurs deux certificats de dépôt : le premier de nominal 200 000 000 € et à intérêts post-comptés ; le second d'un nominal de 200 000 000 € et à intérêts précomptés. Ces deux titres ont une durée de vie de 274 jours et sont émis au taux des bons du Trésor plus un *spread* de 2 %. Le taux des bons du Trésor est actuellement de 3,75 %.

a) Quel est le taux d'émission de ces 2 titres ?

b) Vous les négociez sur le marché secondaire 30 jours après leur émission. Tracer les échéanciers de flux.

c) Déterminer leur valeur à la date de négociation sachant que le taux de marché est de 5,95 % au moment de la revente.

Exercice 10

Le trésorier de Sundirect, entreprise spécialisée dans les panneaux photovoltaïques, souhaite couvrir sur une période de 90 jours un déficit de 160 000 €. Il décide d'émettre un billet de trésorerie. Le taux de marché est de 6 %.

a) Tracer l'échéancier de flux.

b) Quel doit être le montant nominal du billet de trésorerie (BT) à émettre ?

Exercice 11

Vous achetez un certificat de dépôt à intérêts post-comptés d'échéance 90 jours émis à 200 000 €. À l'échéance, la valeur de ce titre sera de 202 900 €. Quel est le taux facial associé à ce TCN ?

Exercice 12

Vous payez aujourd'hui un billet de trésorerie 149 377,59 €. Sachant que ce TCN a une valeur nominale de 150 000 €, que le taux de marché est de 5 %, combien de jours courent entre la date de négociation et l'échéance ?

Exercice 13

Un investisseur a investi, le 1er août 2010, 10 000 000 € en bons du Trésor à taux fixe (BTF) d'échéance le 6 octobre 2010, au taux de marché de 6 %. Quel a été le montant réglé en date du 2 août 2010 pour l'achat de ces BTF ?

Exercice 14

Vous souhaitez acheter le 8 mars 2010 un bon du Trésor à taux annuel normalisé à échéance 8 mars 2013. Cet actif a initialement été émis en 2009. Son nominal est de 3 000 000 € et son taux facial de 5 %. Combien allez-vous payer ce titre si le taux de marché est de 6,6 % ?

Exercice 15

Un investisseur a acheté, le 10 août 2009, un bon à moyen terme négociable (BMTN) de nominal 100 000 000 €, d'échéance le 12 novembre 2012 et de taux facial 6,5 %. Si le taux actuariel est de 6,8 %, quel est le montant d'acquisition de ce TCN ?

Exercice 16

Le 11 juin 2010, une entreprise dispose d'une trésorerie de 305 000 € qu'elle entend faire fructifier. Elle décide de se porter acquéreur d'un bon à moyen terme négociable (BMTN) émis initialement en 2008 de nominal 300 000 €. L'échéance de ce BMTN est en date du 19 juillet 2013. Le taux facial est de 5 %.

a) Établir l'échéancier de flux.

b) Si le taux actuariel négocié est de 6,5 %, l'entreprise peut-elle acheter ce BMTN ?

Exercice 17

Soit un billet de trésorerie d'un montant de 250 000 €, de durée initiale 120 jours et de taux facial 5,3 %.

a) Vous achetez ce titre 20 jours après son émission avec un taux de marché de 5 %. Quel est le prix de négociation de ce titre ?

b) Ayant un besoin urgent de liquidité vous le revendez 40 jours après l'avoir acheté. Les taux de marché sont alors de 6 %. À quel prix avez-vous revendu ce titre ?

c) Quel est le montant de la plus-value/moins-value réalisée ?

Exercice 18

L'entreprise Tounet achète un certificat de dépôt à intérêts post-comptés de valeur nominale 450 000 €, de durée de vie 90 jours et de taux facial 6,5 %. À l'émission, le taux de marché est de 5,5 %.

a) Quel est le prix de ce titre à l'émission ?

b) L'entreprise revend ce titre, 10 jours après l'avoir acheté, alors que les taux de marché sont de 4,7 %. A-t-elle réalisé une bonne opération ?

Quatrième partie : corrigés

Questions à choix multiples
Question 1 : D
Question 2 : D, E
Question 3 : C, E
Question 4 : D, E
Question 5 : A, E
Question 6 : A, D, F
Question 7 : D
Question 8 : A, C, D, F
Question 9 : B, C, D
Question 10 : A, D, E
Question 11 : B, D, E, F
Question 12 : D
Question 13 : A, B, D

Exercice 1

a) Le billet de trésorerie est un TCN de court terme. Les intérêts à l'émission sont donc calculés selon la formule des intérêts simples. En outre, ils portent sur la durée de vie totale du titre soit 62 jours. En utilisant la notation des TCN, les intérêts à régler par l'émetteur dès l'émission sont donc donnés par :

$$I = K \times TF \times \frac{n_0}{360} = 200\ 000 \times 7\% \times \frac{62}{360} = 2\ 411{,}11\ €$$

L'entreprise devra donc verser 2 411,11 € à l'investisseur au titre des intérêts.

b) Le billet de trésorerie est un TCN de court terme qui verse des intérêts précomptés. Par conséquent, l'entreprise recevra à l'émission 200 000 € mais devra simultanément s'acquitter des intérêts soit 2 411,11 €. Elle recevra donc au final 197 588,89 €.

c) À l'émission, l'émetteur recevra 197 588,89 €. La séquence de flux pour l'émetteur est alors la suivante : (+ 197 588,89, 200 000).

On remarquera que la somme reçue par l'émetteur (197 588,89 €) est différente de celle initialement demandée (200 000 €). Le TIE est donc donné par la relation suivante :

$$2\ 411{,}11 = 197\ 588{,}89 \times i' \times \frac{62}{360} \Leftrightarrow i' = \frac{2\ 411{,}11 \times 360}{197\ 588{,}89 \times 62} = 7{,}09\ \%$$

Du fait de l'existence d'intérêts précomptés, le TIE est plus élevé que le taux affiché.

On peut également utiliser directement la formule du TIE :

$$TIE = \frac{i_{\text{précompté}}}{1 - i_{\text{précompté}} \times \frac{n_0}{360}} = \frac{7\ \%}{1 - 7\ \% \times \frac{62}{360}} = 7{,}09\ \%$$

Exercice 2

Pour répondre à cette question, il est nécessaire de déterminer dans un premier temps le montant des intérêts versés par l'émetteur. Puisqu'il s'agit d'un TCN à intérêts précomptés, cela signifie que ce titre est de court terme. Par conséquent, les intérêts à l'émission sont donc calculés selon la formule des intérêts simples. En outre, ils portent sur la durée de vie totale du titre soit 90 jours. En utilisant la notation des TCN, les intérêts à régler par l'émetteur dès l'émission sont donc donnés par :

$$I = K \times TF \times \frac{n_0}{360} = 1\ 000\ 000 \times 4\ \% \times \frac{90}{360} = 10\ 000\ €.$$

À l'émission, l'émetteur recevra 1 000 000 € mais devra verser également le montant des intérêts soit 10 000 €. La séquence de flux pour l'émetteur est alors la suivante : (+ 990 000, – 1 000 000).

On remarquera que la somme reçue par l'émetteur (990 000 €) est différente de celle initialement demandée (1 000 000 €). Le taux réel ou Taux d'Intérêt Équivalent est donc donné par la relation suivante :

$$10\ 000 = 990\ 000 \times i' \times \frac{90}{360} \Leftrightarrow i' = \frac{10\ 000 \times 360}{990\ 000 \times 90} = 4{,}04\ \%.$$

Du fait de l'existence d'intérêts précomptés, le taux réel est plus élevé que le taux affiché.

On peut également utiliser directement la formule du TIE :

$$TIE = \frac{i_{\text{précompté}}}{1 - i_{\text{précompté}} \times \frac{n_0}{360}} = \frac{4\ \%}{1 - 4\ \% \times \frac{90}{360}} = 4{,}04\ \%$$

Exercice 3

Puisqu'il s'agit d'un billet de trésorerie (BT), vous êtes en présence d'un TCN de court terme à intérêts précomptés. Autrement dit, vous savez que, dans 90 jours, le détenteur de ce titre percevra 100 000 000 €. Il acceptera donc de vendre aujourd'hui ce titre pour sa valeur actuelle. La séquence de flux est représentée au schéma 1.

Schéma 1 — *Évaluation du BT à une date de négociation quelconque*

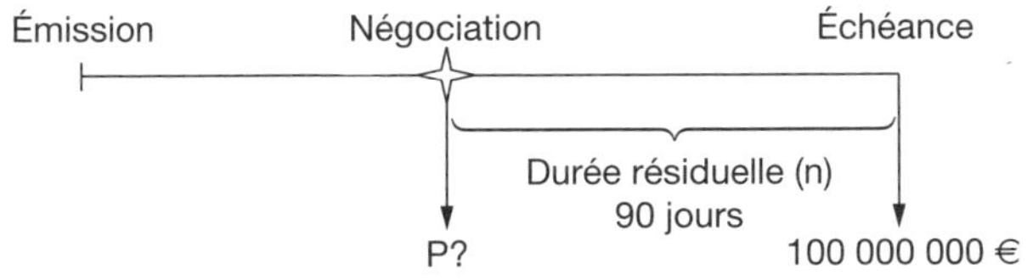

Le montant à payer, noté P, pour acquérir ce titre est donc donné par :

$$P = \frac{K}{1 + TM \times \frac{n}{360}} = \frac{100\ 000\ 000}{1 + 6\ \% \times \frac{90}{360}} = 98\ 522\ 167{,}49\ €$$

Vous devrez donc débourser 98 522 167,49 € pour acheter ce billet de trésorerie.

Exercice 4

a) Puisqu'il s'agit d'un billet de trésorerie (BT), nous sommes en présence d'un TCN de court terme à intérêts précomptés. Par conséquent, les intérêts à l'émission sont donc calculés selon la formule des intérêts simples. En outre, ils portent sur la durée de vie totale du titre soit 120 jours. En utilisant la notation des TCN, les intérêts à régler par l'émetteur dès l'émission sont donc donnés par :

$$I = K \times TF \times \frac{n_0}{360} = 250\ 000 \times 6{,}5\ \% \times \frac{120}{360} = 5\ 416{,}67\ €$$

Vous avez donc reçu 5 416,67 € au titre des intérêts.

b) Vous décidez de revendre ce titre 30 jours après l'avoir acheté, soit 90 jours avant son échéance. La séquence de flux est représentée au schéma 2.

Schéma 2 — *Évaluation du BT à une date de négociation quelconque*

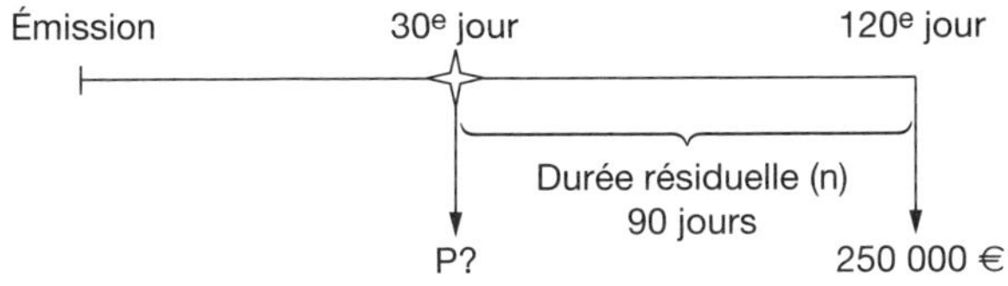

Le montant à payer, noté P, pour l'investisseur souhaitant acquérir ce BT est donc donné par :

$$P = \frac{K}{1 + TM \times \frac{n}{360}} = \frac{250\ 000}{1 + 5\% \times \frac{90}{360}} = 246\ 913{,}58\ €$$

Le prix de revente a donc été de 246 913,58 €.

Exercice 5

Pour répondre à cette question, il est nécessaire de déterminer le montant des intérêts. Nous sommes en présence d'un TCN de court terme. Par conséquent, les intérêts à l'émission sont calculés selon la formule des intérêts simples. En outre, ils portent sur la durée de vie totale du titre soit 76 jours. En utilisant la notation des TCN, les intérêts à régler par l'émetteur dès l'émission sont donc donnés par la relation :

$$I = K \times TF \times \frac{n_0}{360} = 5\ 000\ 000 \times 5\ \% \times \frac{76}{360} = 52\ 777{,}78\ €$$

Par ailleurs, comme le titre est à intérêts post-comptés, l'émetteur devra rembourser à l'échéance la valeur de remboursement augmentée des intérêts, soit 5 052 777,78 €.

Le certificat de dépôt (CD) est négocié 20 jours après son émission, soit 56 jours avant son échéance. La séquence de flux est représentée au schéma 3.

Schéma 3 — *Évaluation du CD à une date de négociation quelconque*

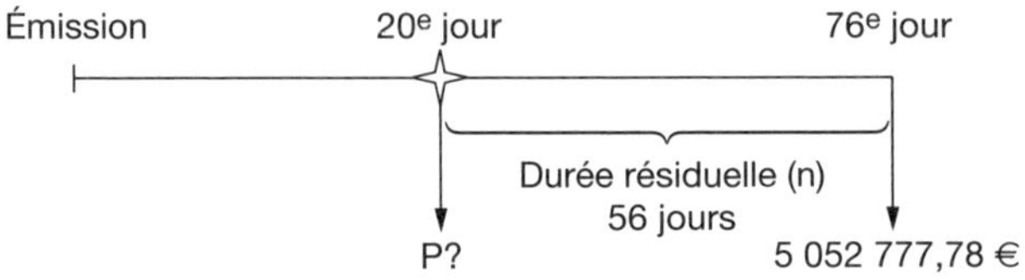

Le montant à payer, noté P, pour l'investisseur souhaitant acquérir ce titre est donc donné par :

$$P = \frac{K(1 + TF \times \frac{n_0}{360})}{1 + TM \times \frac{n}{360}} = \frac{5\ 052\ 777{,}78}{1 + 4{,}8\% \times \frac{56}{360}} = 5\ 015\ 329{,}98\ €$$

La valeur du titre au moment de la négociation est donc de 5 015 329,98 €.

Exercice 6

Dans cet exercice nous connaissons le prix de revente du certificat de dépôt (CD). En outre, puisqu'il s'agit d'un TCN à intérêts précomptés, cela signifie que l'émetteur devra rembourser à l'échéance le montant nominal du titre. La séquence de flux est donc représentée au schéma 4.

Schéma 4 — *Évaluation du CD à une date de négociation quelconque*

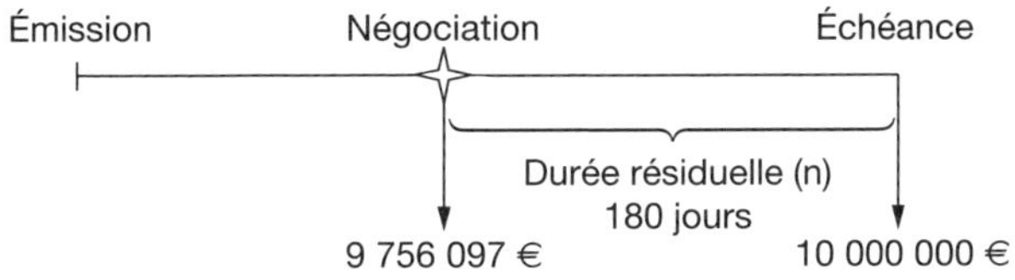

Sachant que le prix de négociation est donné par la relation suivante :

$$P = \frac{K}{1 + TM \times \frac{n}{360}}$$

Nous pouvons à partir de la relation exprimer le taux de marché, noté TM :

$$P = \frac{K}{1 + TM \times \frac{n}{360}} \Leftrightarrow 1 + TM \times \frac{n}{360} = \frac{K}{P} \Leftrightarrow TM \times \frac{n}{360} = \frac{K}{P} - 1$$

D'où :

$$TM = \frac{K - P}{P} \times \frac{360}{n} = \frac{10\ 000\ 000 - 9\ 756\ 097}{9\ 756\ 097} \times \frac{360}{180} = 5\ \%$$

Le taux de marché au moment de la négociation est donc de 5 %.

Exercice 7

a) Il s'agit, ici, d'un billet de trésorerie (BT), c'est-à-dire d'un TCN de court terme à intérêts précomptés. Les intérêts à l'émission sont donc calculés selon la formule des intérêts simples. En outre, ils portent sur la durée de vie totale du titre soit 90 jours. En utilisant la notation des TCN, nous pouvons exprimer le taux facial, noté TF, en fonction des autres paramètres de l'équation :

$$I = K \times TF \times \frac{n_0}{360} \Leftrightarrow TF = \frac{360 \times I}{K \times n_0} = \frac{360 \times 4\ 875}{300\ 000 \times 90} = 6{,}5\ \%$$

Le taux facial est donc de 6,5 %.

b) Puisque les intérêts sont précomptés, l'entreprise recevra à l'émission 300 000 € mais devra simultanément s'acquitter des intérêts pour un montant de 4 875 €. Elle recevra donc à l'émission 295 125 €. La séquence de flux pour l'émetteur est alors la suivante : (+ 295 125, – 300 000).

On remarquera que la somme reçue par l'émetteur (295 125 €) est différente de celle initialement demandée (300 000 €). Le TIE ou taux réel est donc donné par la relation suivante :

$$4\ 875 = 295\ 125 \times i' \times \frac{90}{360} \Leftrightarrow i' = \frac{4\ 875 \times 360}{295\ 125 \times 90} = 6{,}61\ \%$$

Du fait de l'existence d'intérêts précomptés, le TIE est plus élevé que le taux affiché.

On peut également utiliser directement la formule du TIE :

$$TIE = \frac{i_{\text{précompté}}}{1 - i_{\text{précompté}} \times \frac{n_0}{360}} = \frac{6{,}5\ \%}{1 - 6{,}5\ \% \times \frac{90}{360}} = 6{,}61\ \%$$

Exercice 8

Il est nécessaire avant toute chose de déterminer le montant des intérêts. Il s'agit ici d'un TCN de court terme. Les intérêts sont donc calculés selon la formule des intérêts simples. En outre, ils portent sur la durée de vie totale du titre soit 60 jours. Les intérêts à régler par l'émetteur à l'échéance sont donc donnés par :

$$I = K \times TF \times \frac{n_0}{360} = 150\ 000 \times 4{,}9\ \% \times \frac{60}{360} = 1\ 225\ €.$$

Comme il s'agit d'un certificat de dépôt (CD) à intérêts post-comptés, l'émetteur remboursera à l'échéance le montant du titre (150 000 €) et devra également s'acquitter des intérêts (1 225 €). La séquence de flux est représentée au schéma 5.

Schéma 5 — *Évaluation du CD à une date de négociation quelconque*

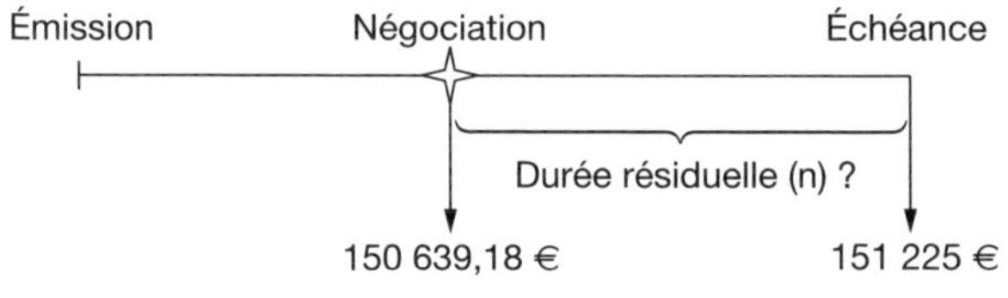

Sachant que le prix de négociation, noté P, est donné par la relation suivante :

$$P = \frac{K}{1 + TM \times \frac{n}{360}}$$

Nous pouvons à partir de cette relation exprimer la durée résiduelle, notée n :

$$P \times \left(1 + TM \times \frac{n}{360}\right) = K \Leftrightarrow \left(1 + TM \times \frac{n}{360}\right) = \frac{K}{P} \Leftrightarrow TM \times \frac{n}{360} = \frac{K}{P} - 1$$

D'où

$$n = \frac{\left(\frac{K}{P} - 1\right) \times 360}{TM} = \frac{\left(\frac{151\ 225}{150\ 639{,}18} - 1\right) \times 360}{5\ \%} = 28 \text{ jours}$$

Vous rachetez ce titre 28 jours avant son échéance. Vous en serez donc le propriétaire pendant ce laps de temps.

Exercice 9

a) Le taux d'émission correspond au taux des bons du Trésor augmenté du *spread* soit 5,75 % (3,75 + 2).

b) Dans le cas des intérêts post-comptés, l'émetteur devra débourser à l'échéance la valeur du titre, noté K, plus les intérêts $(I = K \times TF \times \frac{274}{360})$. La droite de flux du certificat de dépôt (CD) post-comptés est représentée au schéma 6.

Schéma 6 — *Évaluation du CD à intérêts post-comptés*

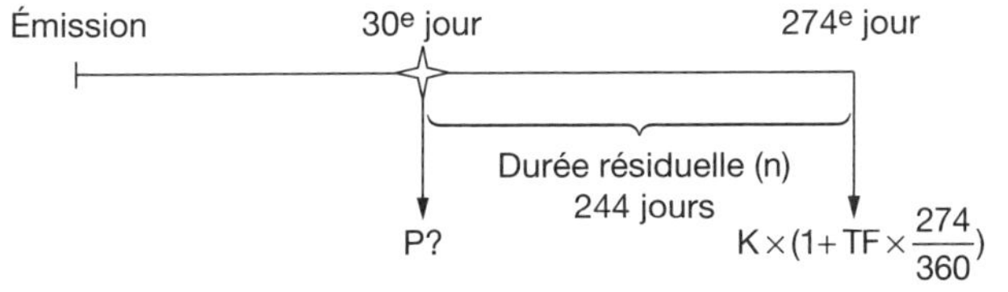

Dans le cas d'intérêts précomptés, l'émetteur devra verser à l'émission le montant des intérêts $(I = K \times TF \times \frac{274}{360})$ et rembourser à l'échéance la valeur du titre, noté K. La droite de flux du certificat de dépôt précomptés est représentée au schéma 7.

Schéma 7 — *Évaluation du CD à intérêts précomptés*

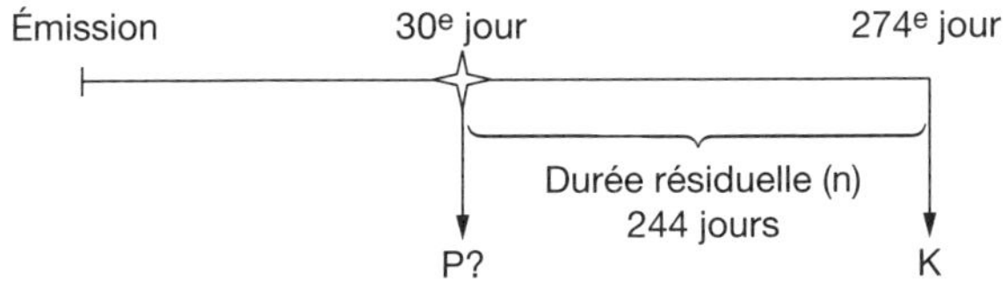

c) Considérons le certificat de dépôt à intérêts post-comptés. Le montant des intérêts s'élève à :

$$I = K \times TF \times \frac{274}{360} = 200\ 000\ 000 \times 5{,}75\ \% \times \frac{274}{360} = 8\ 752\ 777{,}78\ €$$

À l'échéance, l'émetteur devra donc verser 208 752 777,78 € à l'investisseur.

Le montant à payer, noté P, pour l'investisseur souhaitant acquérir ce titre est donc donné par :

$$P = \frac{K(1 + TF \times \frac{n_0}{360})}{1 + TM \times \frac{n}{360}} = \frac{208\ 752\ 777,78}{1 + 5,95\ \% \times \frac{244}{360}} = 200\ 660\ 582,4\ €$$

La valeur du certificat de dépôt à intérêts post-comptés au moment de la négociation est donc de 200 660 582,4 €.

Dans le cas du certificat de dépôt à intérêts précomptés, à l'échéance l'émetteur devra rembourser l'investisseur du montant du titre soit 200 000 000 €. Le montant à payer, noté P, pour l'investisseur souhaitant acquérir ce titre est donc donné par :

$$P = \frac{K}{1 + TM \times \frac{n}{360}} = \frac{200\ 000\ 000}{1 + 5,95\% \times \frac{244}{360}} = 192\ 247\ 101,6\ €$$

La valeur du certificat de dépôt à intérêts précomptés au moment de la négociation est donc de 192 247 101,6 €.

Exercice 10

a) Le trésorier souhaite financer un déficit d'une valeur actuelle de 160 000 € sur une période de 90 jours au taux de 6 %. En outre, il envisage d'émettre un billet de trésorerie (BT), c'est-à-dire un TCN de court terme à intérêts précomptés. L'échéancier de flux est représenté au schéma 8.

Schéma 8 — *Échéancier de flux du BT*

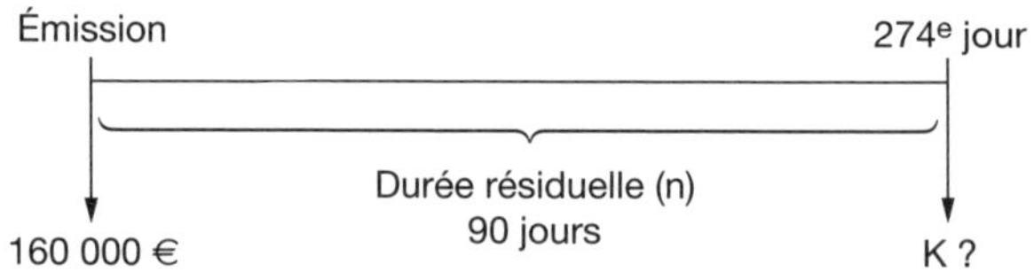

b) La valeur actuelle du BT, notée P, est donc donnée par la relation suivante :

$$P = \frac{K}{1 + TM \times \frac{n}{360}}$$

Il est nécessaire d'exprimer K en fonction des autres paramètres de l'équation pour déterminer la valeur nominale du titre :

$$K = P \times \left(1 + TM \times \frac{n}{360}\right) = 160\ 000 \times \left(1 + 6\ \% \times \frac{90}{360}\right) = 162\ 400\ €$$

La valeur faciale du BT est donc de 162 400 €.

Exercice 11

Il s'agit, ici, d'un TCN de court terme à intérêts post-comptés. Par conséquent, à l'échéance, l'émetteur devra rembourser la valeur nominale du titre plus les intérêts. Puisque nous connaissons la valeur du titre à l'échéance et sa valeur faciale, nous pouvons en déduire le montant des intérêts :

$$202\ 900 = 200\ 000 + \text{Intérêts} \Leftrightarrow \text{Intérêts} = 202\ 900 - 200\ 000 = 2\ 900\ €$$

Le montant des intérêts s'élève donc à 2 900 €.

Puisque le titre est un TCN de court terme, nous utilisons la formule des intérêts simples pour déterminer le taux facial. En effet, il convient d'exprimer ce taux en fonction des autres paramètres de l'équation :

$$I = K \times TF \times \frac{n_0}{360} \Leftrightarrow TF = \frac{I \times 360}{K \times n_0} = \frac{2\ 900 \times 360}{200\ 000 \times 90} = 5{,}8\ \%$$

Le taux facial associé à ce TCN est donc de 5,8 %.

Exercice 12

Vous décidez d'acheter un TCN de court terme à intérêts précomptés n jours avant son échéance au prix de 149 377,59 €. La séquence de flux est représentée au schéma 9.

Schéma 9 — *Évaluation du BT à une date de négociation quelconque*

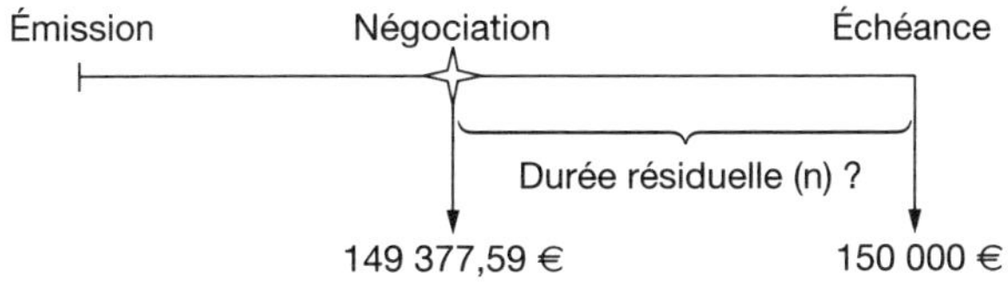

Sachant que le prix de négociation, noté P, est donné par la relation suivante :

$$P = \frac{K}{1 + TM \times \frac{n}{360}}$$

Nous pouvons à partir de cette relation exprimer la durée résiduelle, notée n :

$$P \times \left(1 + TM \times \frac{n}{360}\right) = K \Leftrightarrow \left(1 + TM \times \frac{n}{360}\right) = \frac{K}{P} \Leftrightarrow TM \times \frac{n}{360} = \frac{K}{P} - 1$$

D'où

$$n = \frac{\left(\frac{K}{P} - 1\right) \times 360}{TM} = \left(\frac{150\ 000}{149\ 377{,}59} - 1\right) \times \frac{360}{5\ \%} = 30 \text{ jours}$$

Il y a donc 30 jours qui séparent la date de négociation et la date d'échéance du titre.

Exercice 13

Les bons du Trésor à taux fixe (BTF) sont des TCN de court terme à intérêts précomptés. Par conséquent à l'échéance, l'émetteur ne devra rembourser que la valeur nominale du titre. La séquence de flux est représentée au schéma 10.

Schéma 10 — *Évaluation d'un BTF à une date de négociation quelconque*

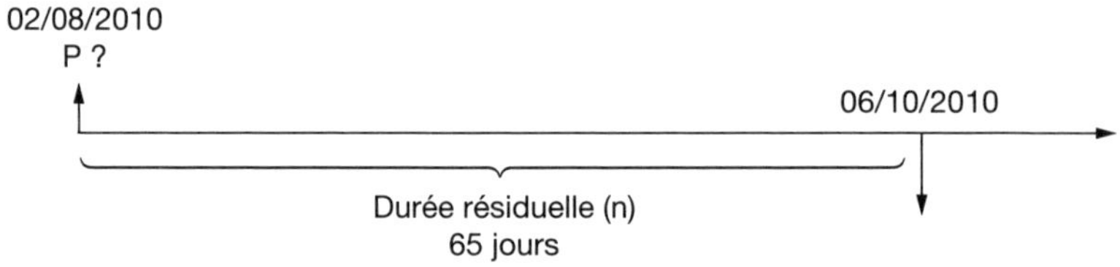

Il est nécessaire de déterminer le nombre de jours séparant la date de négociation et la date d'échéance. On dénombre 29 jours en août, 30 jours en septembre et 6 jours en octobre, soit un total de 65 jours.

La valeur actuelle du BTF, noté P, est donc donnée par la relation suivante :

$$P = \frac{K}{1 + TM \times \frac{n}{360}} = \frac{10\ 000\ 000}{1 + 6\ \% \times \frac{65}{360}} = 9\ 892\ 827{,}70\ €$$

L'investisseur a donc dû débourser 9 892 827,70 € le 2 août 2010 pour acheter ce BTF.

Exercice 14

Un bon du Trésor à taux annuel normalisé, noté BTAN, est un TCN de long terme émis par l'État. Ce type de TCN verse chaque année des coupons et rembourse à l'échéance la valeur nominale. Puisque l'échéance est fixée au 8 mars 2013, cela signifie que,les 8 mars de chaque année, et ce, jusqu'à l'échéance, l'État devra verser aux investisseurs un coupon. La valeur du coupon est calculée comme suit [1] :

$$C = K \times TF = 3\ 000\ 000 \times 5\ \% = 150\ 000\ €$$

Chaque année, et ce, jusqu'à l'échéance, l'État devra verser à la date anniversaire (8 mars) 150 000 € au titre des intérêts. À l'échéance, il devra également rembourser les investisseurs pour un montant égal à la valeur nominale du titre. La séquence de flux est représentée au schéma 11.

Schéma 11 — *La séquence de flux du BTAN pour l'investisseur*

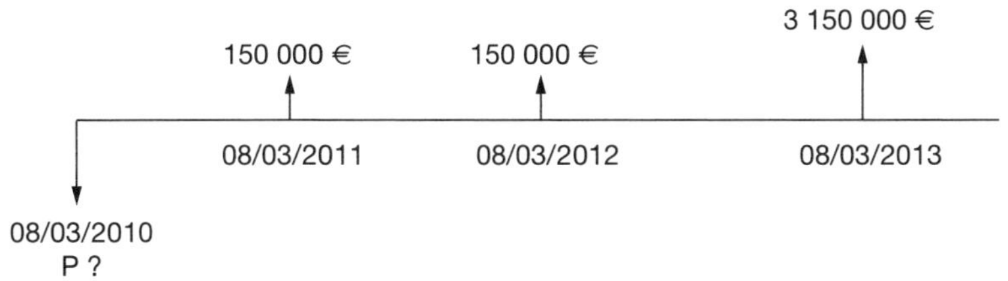

Comme vous vous portez acquéreur de ce titre le 8 mars 2010, vous ne recevrez pas le coupon versé à cette date. Ce dernier sera versé au précédent investisseur. Le montant à payer, noté P, pour acquérir ce titre est donc donné par l'actualisation des différents flux :

$$P = \frac{C}{(1+TM)} + \frac{C}{(1+TM)^2} + \frac{K+C}{(1+TM)^3}$$

$$= \frac{150\ 000}{(1+6,6\ \%)} + \frac{150\ 000}{(1+6,6\ \%)^2} + \frac{3\ 150\ 000}{(1+6,6\ \%)^3}$$

$$P = 2\ 873\ 106,54\ €$$

Vous devrez donc débourser 2 873 106,54 € pour acheter ce BTAN.

Exercice 15

Puisque la date d'échéance est le 12 novembre 2012, les coupons sont versés le 12 novembre de chaque année. La valeur du coupon est donnée par la relation :

$$C = K \times TF = 100\ 000\ 000 \times 6,5\ \% = 6\ 500\ 000\ €$$

---

1. Puisque le coupon se calcule sur une année entière, vous pouvez utiliser indifféremment la méthode de calcul des intérêts simples ou celle des intérêts composés.

Chaque année, et ce, jusqu'à l'échéance, l'émetteur devra verser le 12 novembre un coupon de 6 500 000 €. À l'échéance, il devra également rembourser les investisseurs pour un montant égal à la valeur nominale du titre. La séquence de flux est représentée au schéma 12.

Schéma 12 — *La séquence de flux du BMTN pour l'investisseur*

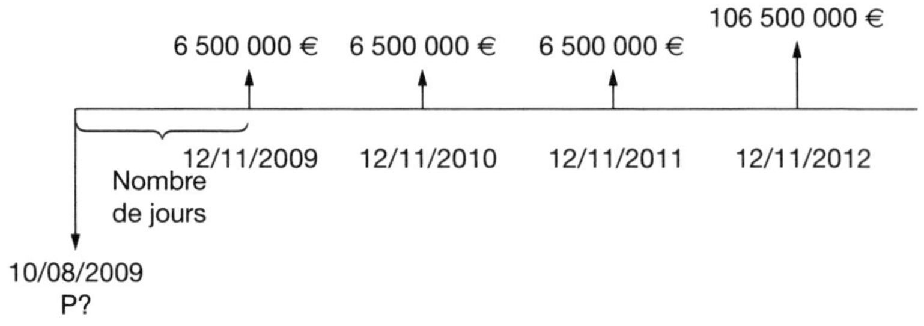

Il est nécessaire de calculer le nombre de jours exact entre la date de négociation (10 août 2009) et le versement du prochain coupon (12 novembre 2009). On dénombre 21 jours en août, 30 jours en septembre, 31 jours en octobre et 12 jours en novembre, soit un total de 94 jours. L'investisseur touchera donc 6 500 000 € dans 94 jours, 6 500 000 € dans 1 an et 94 jours, 6 500 000 € dans 2 ans et 94 jours et 106 500 000 € dans 3 ans et 94 jours.

Le montant à payer, noté P, pour acquérir ce titre est donc donné par l'actualisation des différents flux :

$$P = \frac{C}{(1+TM)^{\frac{94}{365}}} + \frac{C}{(1+TM)^{1+\frac{94}{365}}} + \frac{C}{(1+TM)^{2+\frac{94}{365}}} + \frac{K+C}{(1+TM)^{3+\frac{94}{365}}}$$

$$P = \frac{6\ 500\ 000}{(1+6{,}8\ \%)^{\frac{94}{365}}} + \frac{6\ 500\ 000}{(1+6{,}8\ \%)^{1+\frac{94}{365}}} + \frac{6\ 500\ 000}{(1+6{,}8\ \%)^{2+\frac{94}{365}}} + \frac{106\ 500\ 000}{(1+6{,}8\ \%)^{3+\frac{94}{365}}}$$

$$P = 103\ 933\ 907{,}4\ €$$

L'investisseur aura déboursé 103 933 907,4 € pour acheter ce BMTN.

Exercice 16

a) Les bons à moyen terme négociables (BMTN) sont des TCN de long terme. Autrement dit, l'émetteur devra verser le 19 juillet de chaque année, et ce jusqu'à l'échéance, un coupon et rembourser le 19 juillet 2013 la valeur nominale du titre. La valeur du coupon est donnée par la relation :

$$C = K \times TF = 300\ 000 \times 5\ \% = 15\ 000\ €$$

La séquence de flux est représentée au schéma 13.

Schéma 13 — *La séquence de flux du BMTN*

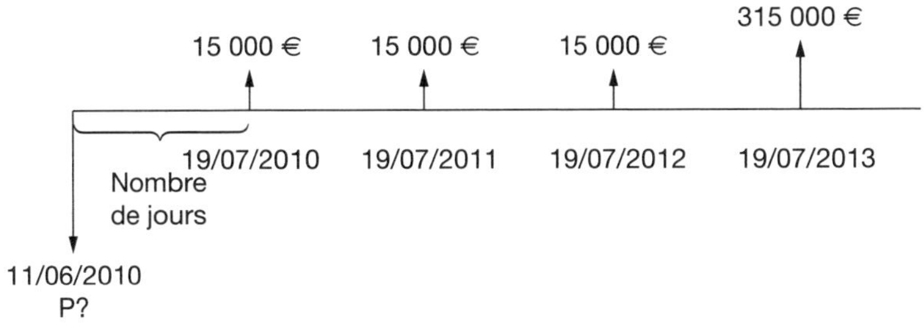

b) Pour déterminer la valeur du prix de négociation, il est nécessaire de calculer le nombre de jours exact entre la date de négociation (11 juin 2010) et le versement du prochain coupon (19 juillet 2010). On dénombre 19 jours en juin et 19 jours en juillet, soit un total de 38 jours. L'investisseur touchera donc 15 000 € dans 38 jours, 15 000 € dans 1 an et 38 jours, 15 000 € dans 2 ans et 38 jours et 315 000 € dans 3 ans et 38 jours.

Le montant à payer, noté P, pour acquérir ce titre est donc donné par l'actualisation des différents flux :

$$P = \frac{C}{(1+TM)^{\frac{38}{365}}} + \frac{C}{(1+TM)^{1+\frac{38}{365}}} + \frac{C}{(1+TM)^{2+\frac{38}{365}}} + \frac{K+C}{(1+TM)^{3+\frac{38}{365}}}$$

$$P = \frac{15\ 000}{(1+6{,}5\ \%)^{\frac{38}{365}}} + \frac{15\ 000}{(1+6{,}5\ \%)^{1+\frac{38}{365}}} + \frac{15\ 000}{(1+6{,}5\%)^{2+\frac{38}{365}}} + \frac{315\ 000}{(1+6{,}5\ \%)^{3+\frac{38}{365}}}$$

$$P = 301\ 101{,}27\ €$$

Le montant à la négociation de ce BMTN est de 301 101,27 €. Puisque l'entreprise dispose de 305 000 €, elle peut sans problème se porter acquéreur.

Exercice 17

Puisqu'il s'agit d'un billet de trésorerie (BT), vous êtes en présence d'un TCN de court terme à intérêts précomptés. Le BT est négocié 20 jours après son émission soit 100 jours avant son échéance. La séquence de flux est représentée au schéma 14.

Schéma 14 — *Évaluation du BT à une date de négociation quelconque*

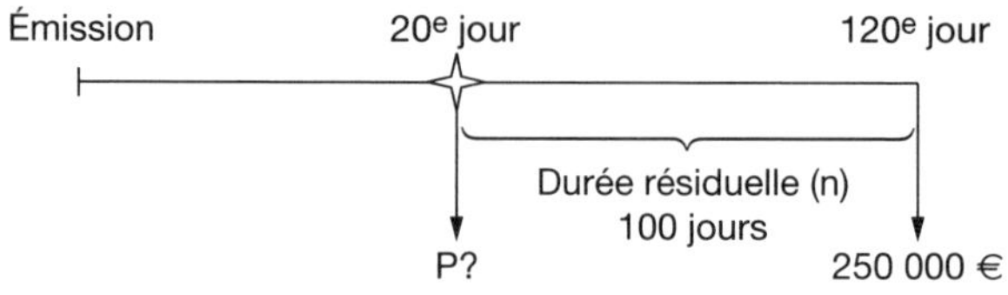

Le montant à payer, noté P, pour acquérir ce titre est donc donné par :

$$P = \frac{K}{1 + TM \times \frac{n}{360}} = \frac{250\ 000}{1 + 5\% \times \frac{100}{360}} = 246\ 575{,}34\ €$$

Vous devrez donc débourser 246 575,24 € pour acheter ce billet de trésorerie.

b) Vous revendez le BT 40 jours après l'avoir acheté soit 60 jours après son émission. La séquence de flux est représentée au schéma 15.

Schéma 15 — *Évaluation du BT à une date de négociation quelconque*

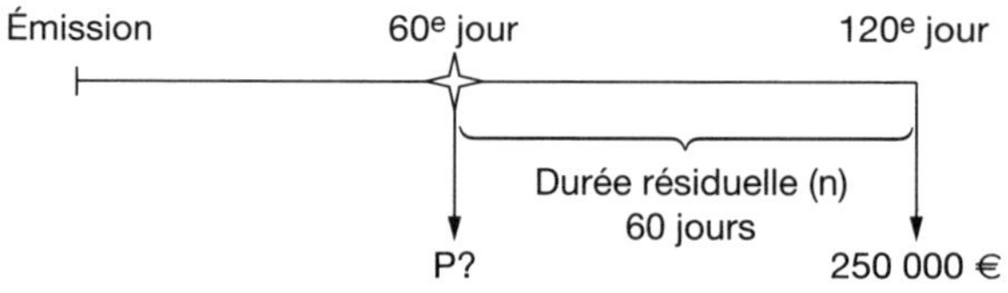

Le montant à payer, noté P, pour acquérir ce titre est donc donné par :

$$P = \frac{K}{1 + TM \times \frac{n}{360}} = \frac{250\ 000}{1 + 6\% \times \frac{60}{360}} = 247\ 524{,}75\ €$$

Vous revendez donc ce BT pour un montant de 247 524,75 €.

c) Par conséquent, vous achetez ce BT 246 575,34 € et vous le revendez 247 524,75 €. Vous réalisez donc une plus-value d'un montant de 949,41 €.

Exercice 18

a) Un certificat de dépôt (CD) est un TCN de court terme. Par conséquent, les intérêts sont calculés selon la méthode des intérêts simples. Ils portent en outre sur la durée de vie du titre. Le montant des intérêts s'élève à :

$$I = K \times TF \times \frac{n_0}{360} = 450\ 000 \times 6{,}5\ \% \times \frac{90}{360} = 7\ 312{,}50\ €$$

Puisque les intérêts sont post-comptés, l'émetteur devra rembourser à l'échéance la valeur nominale du titre augmentée des intérêts soit 457 312,50 €. La séquence de flux est représentée au schéma 16.

Schéma 16 — *Évaluation du CD à intérêts post-comptés*

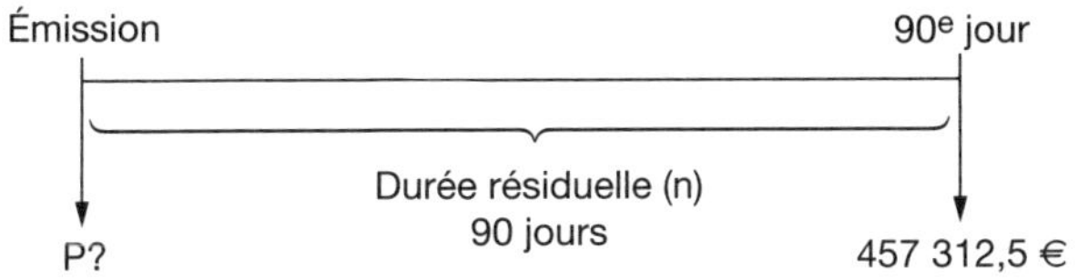

Le montant à payer, noté P, pour acquérir ce titre est donc donné par :

$$P = \frac{K \times \left(1 + TF \times \frac{n_0}{360}\right)}{1 + TM \times \frac{n}{360}} = \frac{457\ 312{,}5}{1 + 5{,}5\% \times \frac{90}{360}} = 451\ 109{,}74\ €$$

Le prix du CD à intérêts post-comptés, à l'émission, est donc de 451 109,74 €.

b) L'entreprise revend ce titre 10 jours après l'avoir acheté, soit 80 jours avant l'échéance. La séquence de flux est représentée au schéma 17.

Schéma 17 — *Évaluation du CD à intérêts post-comptés*

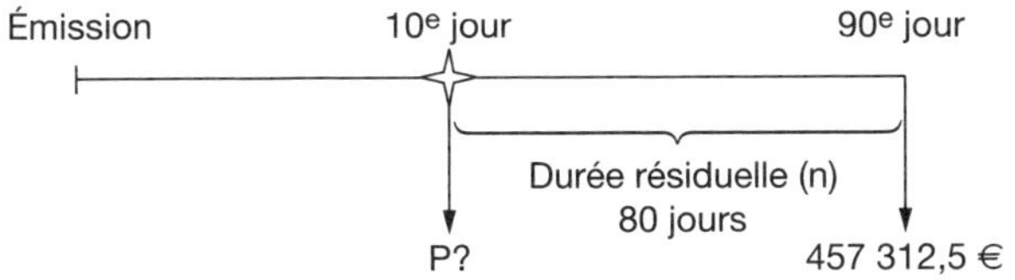

Le montant à payer, noté P, pour acquérir ce titre est donc donné par :

$$P = \frac{K \times \left(1 + TF \times \frac{n_0}{360}\right)}{1 + TM \times \frac{n}{360}} = \frac{457\ 312{,}5}{1 + 4{,}7\% \times \frac{80}{360}} = 452\ 585{,}50\ €$$

L'entreprise revend son titre au prix de 452 585,50 €. Comme elle l'a acheté 451 109,74 €, elle réalise une plus-value de 1 475,76 €.

Chapitre 4

Le marché obligataire

Première partie : questions ponctuelles

1. Quelles sont les différences entre les TCN de long terme et les obligations ?
2. Quels sont les risques encourus par une obligation à taux fixe ?
3. Qu'est-ce que le risque de taux ?
4. Comment définir le risque de revenu ?
5. Qu'appelle-t-on le risque de capital ?
6. Quelle est la principale différence entre une obligation à taux variable et une obligation à taux révisable ?
7. Comment définir une obligation indexée ?
8. Présenter les obligations hybrides.
9. Quelles sont les caractéristiques associées aux obligations ?
10. Quelle différence faites-vous entre la valeur nominale et la valeur faciale d'une obligation ?
11. Dans quel cas l'obligataire bénéficie-t-il d'une prime d'émission ?
12. À quoi correspond une prime de remboursement ?
13. Qu'appelle-t-on la valeur de marché d'une obligation ?
14. Quelles sont les trois méthodes permettant à l'émetteur de rembourser un emprunt obligataire ?
15. Expliquer pourquoi, lors d'un remboursement par tranches, l'investisseur ne connaît pas avec certitude la durée de son placement.
16. Pourquoi lors d'un remboursement par annuités constantes le nombre d'obligations à rembourser augmente-t-il au cours du temps ?
17. Comment détermine-t-on le montant de l'annuité constante ?
18. Rappeler les principes d'une émission syndiquée d'un emprunt obligataire.
19. Rappeler les principes des émissions par adjudication et assimilation d'un emprunt obligataire.
20. Quels sont les éléments à prendre en compte dans la détermination du coût d'un emprunt obligataire ?
21. À quoi correspond le spread d'une obligation ?
22. Comment détermine-t-on le prix théorique d'une obligation ?
23. Comment calcule-t-on le coupon versé par une obligation ?
24. Que représente le coupon couru ?
25. Pourquoi la cotation d'une obligation se fait-elle au pied du coupon ?

26. Quelle relation existe-t-il entre le cours et le prix d'une obligation ?
27. À quoi correspond le code ISIN ?
28. Quelles informations peut-on trouver dans les pages « obligation » d'un quotidien financier ?
29. À quoi correspond le Taux de Rendement Actuariel d'une obligation ?
30. Pourquoi ce taux permet-il aux investisseurs d'arbitrer entre différentes obligations ?
31. Pourquoi le taux de revient pour une entreprise émettrice est-il différent du taux de rendement pour un investisseur ?
32. Faut-il nécessairement choisir d'investir dans l'obligation qui a le taux de coupon le plus élevé ?
33. Quels sont les déterminants du prix d'une obligation ?
34. Quel est l'impact d'une baisse des taux de marché sur le cours d'une obligation à taux fixe ?
35. Rappeler à quoi correspond l'effet maturité.
36. Comment définir l'effet coupon.
37. En quoi consiste l'effet d'asymétrie ?
38. Comment peut-on gérer le risque de taux dans le cas d'un emprunt obligataire ?
39. Comment définir la duration d'une obligation ?
40. Que mesure la sensibilité d'une obligation ?

Deuxième partie : questions à choix multiples

1. Les obligations représentent pour les entreprises :
   a. un financement interne
   b. un financement externe direct
   c. un financement externe indirect.

2. Les obligations représentent :
   a. un titre de créance
   b. un titre de dette
   c. un titre de propriété.

3. Les obligations :
   a. partagent de nombreuses caractéristiques communes avec les bons à moyen terme négociables
   b. partagent de nombreuses caractéristiques communes avec les actions
   c. partagent de nombreuses caractéristiques communes avec les certificats de dépôt précomptés
   d. partagent de nombreuses caractéristiques communes avec les certificats de dépôt post-comptés.

4. Un emprunt obligataire peut :
   a. être émis par une société ayant plus de 2 ans d'existence
   b. être émis par les ménages pour financer un achat immobilier
   c. être émis par l'État
   d. être émis par les collectivités locales.

5. Une obligation émise par l'État français :
   a. s'appelle une Obligation Amortissable du Trésor
   b. s'appelle une Obligation Assimilable du Trésor
   c. est un produit dérivé permettant de se couvrir contre le risque de taux.

6. Dans le cas de l'émission d'une obligation à taux fixe :
   a. l'émetteur connaît avec certitude le coût de l'emprunt
   b. le prêteur connaît avec certitude sa rémunération
   c. le prêteur n'est pas concerné par les fluctuations de taux de marché
   d. l'émetteur craint une hausse de l'inflation.

7. Dans le cas de l'émission d'une obligation à taux variable :
   a. L'émetteur connaît avec certitude le coût de l'emprunt
   b. Le prêteur connaît avec certitude sa rémunération
   c. Le prêteur n'est pas concerné par les fluctuations de taux de marché
   d. L'émetteur craint une hausse des taux d'intérêt.

8. Dans le cas d'une variation à la hausse des taux d'intérêt :
   a. si l'obligataire revend les obligations détenues avant l'échéance, il va réaliser une plus-value
   b. si l'obligataire revend les obligations détenues avant l'échéance, il va réaliser une moins-value
   c. si l'obligataire revend les obligations détenues avant l'échéance, il ne perd pas en capital car la valeur de remboursement est connue.

9. Le risque de revenu :
   a. affecte uniquement l'investisseur
   b. affecte uniquement l'émetteur
   c. affecte l'émetteur et l'investisseur
   d. n'affecte personne.

10. Une obligation indexée :
    a. est une obligation qui n'a pas pour base un taux d'intérêt
    b. est une obligation qui peut avoir pour base une variable économique liée généralement à l'activité de l'émetteur
    c. est une obligation dont le coupon est indexé sur une moyenne de taux de référence portant sur la période précédant juste celle où le coupon commence à courir
    d. est une obligation dont le coupon est indexé sur une moyenne de taux de référence observés sur une période précédant le paiement du coupon.

11. Les obligations hybrides :
    a. permettent parfois à l'émetteur de transformer des titres de dette en capitaux propres
    b. assurent un financement à un taux nominal plus faible qu'un emprunt obligataire classique
    c. permettent de transformer des titres de propriété en titres de dette.

12. La valeur nominale d'une obligation :
    a. est supérieure à la valeur de remboursement lorsque l'obligation est remboursée au-dessus du pair
    b. est inférieure à la valeur de remboursement lorsque l'obligation est remboursée au-dessus du pair
    c. est supérieure à la valeur d'émission lorsque l'obligation est émise au-dessus du pair

x d

   d. est inférieure à la valeur d'émission lorsque l'obligation est émise au-dessus du pair.

13. La valeur de remboursement :
   a. est égale à la valeur nominale lorsque l'obligation est remboursée au pair
   b. est égale à la valeur faciale lorsque l'obligation est remboursée au pair
   c. est égale à la valeur de marché lorsque l'obligation est remboursée et émise au pair.

14. La prime d'émission représente :
   a. la différence entre la valeur faciale et la valeur d'émission
   b. la différence entre la valeur de remboursement et la valeur d'émission
   c. la différence entre la valeur de marché et la valeur d'émission
   d. la différence entre la valeur faciale et la valeur nominale.

15. Les obligations peuvent être remboursées :
   a. *in fine*
   b. en titres de participations
   c. en séries égales
   d. par annuités constantes
   e. en actions.

16. Dans le cas du remboursement d'un emprunt obligataire par amortissement constant :
   a. l'annuité est constante
   b. l'annuité est croissante
   c. l'annuité est décroissante.

17. Dans le cas d'un remboursement d'un emprunt obligataire par annuités constantes :
   a. le nombre d'obligations remboursées chaque année diminue au cours du temps
   b. le nombre d'obligations remboursées chaque année augmente au cours du temps
   c. le décaissement annuel pour l'émetteur est constant
   d. le décaissement annuel pour l'émetteur est décroissant.

18. En cas de liquidation :
   a. les actionnaires sont prioritaires sur les obligataires
   b. les obligataires sont prioritaires sur les actionnaires
   c. l'État est prioritaire sur les obligataires.

19. Un emprunt obligataire :
   a. peut verser des intérêts, tout dépend de la politique financière de l'entreprise

b. est rémunéré par un intérêt versé uniquement si l'entreprise a réalisé un bénéfice
c. est rémunéré par un intérêt versé quel que soit le résultat de l'entreprise
d. n'est pas rémunéré puisque l'obligataire détient une part de la société.

20. Le coupon :
a. est fonction de la valeur nominale
b. est fonction du taux de marché
c. est fonction du taux nominal
d. est fonction de la valeur de remboursement
e. est fonction de la valeur d'émission
f. est l'intérêt versé chaque année par l'émetteur.

21. Le coupon couru correspond :
a. à la période comprise entre la date de versement du prochain coupon et la date d'échéance
b. à la valeur *prorata temporis* du coupon qui est attaché un jour donné à une obligation
c. à la période comprise entre la date de versement du dernier coupon et la date de négociation.

22. Le prix à payer pour une obligation :
a. et le cours d'une obligation sont deux concepts identiques. Par abus de langage, on utilise indifféremment l'un ou l'autre
b. est toujours supérieur ou égal au cours
c. est toujours inférieur au cours
d. peut être différent du prix théorique.

23. Le prix à payer pour une obligation correspond :
a. au cours de l'obligation plus le coupon couru
b. à la valeur de marché de la dite obligation
c. à la valeur de remboursement de la dite obligation
d. au coupon couru plus la valeur nominale.

24. Le taux de rendement actuariel correspond :
a. au taux facial majoré d'une prime de risque
b. à un taux sans risque plus une prime de risque
c. à un taux de marché défini par l'entreprise émettrice
d. à un taux du marché monétaire.

25. Le taux de revient d'une émission obligataire pour l'émetteur :
a. exclut les frais de gestion du titre
b. tient compte des frais de gestion du titre
c. est inférieur à la rentabilité exigée par l'investisseur
d. est indépendant de la rentabilité exigée par les investisseurs.

26. Une OAT au taux facial de 4 % émise en dessous du pair et remboursée au pair aura un TRA à l'émission :
    a. égal à 4 %
    b. supérieur à 4 %
    c. inferieur à 4 %.

27. Êtes-vous plutôt acheteur d'obligations *in fine* lorsque :
    a. la politique monétaire de la banque centrale est d'augmenter les taux directeurs
    b. la politique monétaire de la banque centrale est de baisser les taux directeurs
    c. la politique monétaire de la banque centrale est de laisser les taux inchangés
    d. la politique monétaire de la banque centrale n'a pas d'impact.

28. L'effet maturité :
    a. indique que si l'on anticipe une baisse du taux de marché, il est préférable d'investir dans l'obligation ayant la plus grande maturité
    b. indique que si l'on anticipe une baisse du taux de marché, il est préférable d'investir dans l'obligation ayant la plus courte maturité
    c. indique que si l'on anticipe une hausse du taux de marché, il est préférable d'investir dans l'obligation ayant la plus courte maturité
    d. indique que si l'on anticipe une hausse du taux de marché, il est préférable d'investir dans l'obligation ayant la plus longue maturité.

29. L'effet coupon :
    a. indique que si l'on anticipe une baisse du taux de marché, il est préférable d'investir dans l'obligation ayant le coupon le plus élévé
    b. indique que si l'on anticipe une baisse du taux de marché, il est préférable d'investir dans l'obligation ayant le coupon le plus faible
    c. indique que si l'on anticipe une hausse du taux de marché, il est préférable d'investir dans l'obligation ayant le coupon le plus élévé
    d. indique que si l'on anticipe une hausse du taux de marché, il est préférable d'investir dans l'obligation ayant le coupon le plus faible.

30. Selon l'effet d'asymétrie :
    a. pour une même variation en valeur absolue du taux de rendement exigé par les investisseurs, les baisses de prix sont inférieures aux hausses de prix

b. pour une même variation en valeur absolue du taux de rendement exigé par les investisseurs, les baisses de prix sont supérieures aux hausses de prix.

31. Un investisseur préférera toujours l'obligation :
    a. ayant la plus forte convexité
    b. ayant la plus faible convexité.

32. La duration correspond :
    a. à la durée moyenne de détention d'une obligation pour laquelle l'obligataire est immunisé contre la variation du taux d'intérêt
    b. à la durée moyenne de détention d'une obligation pour laquelle l'obligataire est protégé contre la variation de prix d'obligations similaires
    c. au temps au bout duquel la baisse de valeur d'une obligation est compensée par le gain réalisé en replaçant les coupons au taux du marché.

33. La sensibilité :
    a. mesure la variation du cours de l'obligation pour une variation de 1 % du taux d'intérêt
    b. est une mesure de l'exposition au risque de taux
    c. est une mesure de l'exposition au risque de change
    d. est la durée moyenne de détention d'une obligation pour laquelle l'obligataire est immunisé contre la variation du taux d'intérêt.

Troisième partie : exercices

Exercice 1

L'obligation A à remboursement *in fine* et coupons annuels est caractérisée au 1er mars 2010 par :

- Valeur nominale : 100 €
- Taux nominal : 4 %
- Valeur de remboursement : 105 €
- Taux actuariel : 5 %
- Maturité : 7 ans

a) Calculer le prix théorique de cette obligation sachant que le prochain coupon sera payé le 1er mars 2011.

b) Une obligation B ayant les mêmes caractéristiques en termes de valeur nominale, taux nominal, échéance et valeur de remboursement a été émise simultanément par une entreprise différente. Son prix théorique est de 99,5 €. Comment expliquer la différence de prix théorique entre les deux obligations ?

c) Supposer maintenant que cette obligation verse des coupons de 4 % par an capitalisé non pas annuellement mais semestriellement. Quel est le prix théorique de cette obligation au 1er mars 2010 ?

Exercice 2

La société DeYoung a émis des obligations dont le nominal de 2 000 € sera remboursé *in fine* et au pair dans 5 ans. La société DeYoung est notée BBB ce qui correspond à une prime de risque sur ses obligations estimée à 1 %.

a) Calculer le prix théorique de cette obligation sachant qu'elle verse des coupons annuels de 5 % et que le taux sans risque est de 3 %.

b) Quel est le prix théorique d'une obligation ayant les mêmes caractéristiques que l'obligation DeYoung mais qui verse des coupons semestriels ?

c) Quel est le prix théorique de l'obligation à coupons annuels quatre ans et demi avant son échéance si le taux de marché reste identique ?

Exercice 3

Vous êtes gérant d'un portefeuille d'une compagnie d'assurance. Un intermédiaire vous propose trois obligations de nominal 1 000 €

versant un coupon de 4,75 % et ayant une durée de vie de 5 ans. La première est une obligation à remboursement *in fine* au pair, la deuxième est une obligation remboursable en 5 annuités constantes et la troisième est une obligation à remboursement par amortissement constant. Sachant que le taux actuariel est de 5,25 %, déterminer le prix théorique de chaque obligation.

Exercice 4

En vous connectant le 16 février 2010 sur le site internet d'Euronext, vous avez identifié deux obligations dont les caractéristiques sont données dans le tableau 1 :

Tableau 1 — *La cotation des deux obligations*

Libellé	ISIN	Marché	Dernier	Coupon couru	Volume	Date et Heure	Échéance
OAT3,75%25APR17	FR0010415331	PAR	104.88	3.072	4,580	16/02/10 14:15	25/04/17
OAT3,75%25APR21	FR0010192997	PAR	101.44	3.072	30,000	16/02/10 11:24	25/04/21

Source : Euronext.

a) Rappeler à quoi correspond le code ISIN.

b) Détailler les caractéristiques de ces deux obligations.

c) Sachant qu'une obligation se paye en date de valeur J + 2, retrouvez par le calcul le coupon couru.

d) Combien paierez-vous en pourcentage du nominal pour chacune de ces deux obligations ?

Exercice 5

Un opérateur achète et paye le mardi 16 février 2010 une OAT d'un nominal 1 000 € versant un coupon de 4 % et ayant une échéance fixée au 25 juin 2015 au cours de 101,28 %.

a) Calculer le coupon couru.

b) Quel est le prix à payer en € pour cette obligation ?

Exercice 6

Une OAT de valeur nominale 2 000 €, de taux nominal 4,25 % à échéance 2016 est cotée à 106,93 % du nominal, le 22 avril 2010. Le coupon couru, à cette date, est de 2,352 % du nominal.

a) Combien paierez-vous cette obligation le 22 avril 2010 ?

b) Combien de jours se sont écoulés depuis le versement du dernier coupon ?

Exercice 7

Vous pouvez investir dans une obligation A de maturité résiduelle 5 ans, qui verse un coupon de 5 % et cote aujourd'hui 94,92 % ou dans une obligation B de maturité résiduelle 5 ans, qui verse un coupon de 8 % et qui cote aujourd'hui 110,62 %. Ces deux obligations sont des obligations à remboursement *in fine*, remboursées au pair et appartiennent à la même classe de risque. Sachant que vous souhaitez conserver l'un ou l'autre titre jusqu'à son échéance, préférez-vous investir dans l'obligation A ou dans l'obligation B ?

Exercice 8

Un courtier vous propose deux obligations dont les caractéristiques sont les suivantes :

- l'obligation A est une obligation à remboursement *in fine* de maturité résiduelle 4 ans dont le cours actuel sur les marchés est de 104,37 %, de taux facial 4,2 % et qui sera remboursée avec une prime correspondant à 5 % du nominal ;
- une obligation zéro-coupon (l'obligation B) qui sera remboursée au pair dans 4 ans. Cette obligation peut être achetée actuellement sur le marché secondaire pour 70,54 % de sa valeur.

Sachant que vous souhaitez conserver ces deux titres jusqu'à leur échéance et qu'ils appartiennent à la même classe de risque, indiquez quelle est l'obligation la plus intéressante à mettre en portefeuille.

Exercice 9

Vous souhaitez acquérir aujourd'hui, le 17 décembre 2010, une obligation *in fine* de valeur nominale égale à 1 000 €, de taux nominal 5 % et d'échéance le 3 février 2015. Sa valeur de remboursement est de 1 010 €.

a) Quel est le prix théorique de cette obligation si le taux d'actualisation est de 4,5 % ?

b) Quelle est la valeur du coupon couru le 17 décembre 2010 ?

c) Un an plus tard, le 17 décembre 2011, cette obligation cote 95 % du nominal. Calculer le taux de rendement actuariel pour les obligataires.

Exercice 10

Vous considérez une obligation *in fine* de valeur nominale égale à 1 000 €, de taux nominal 4,5 % et d'échéance le 5 mars 2013. Cette obligation avait été émise initialement pour une durée de 5 ans à 98 % et sera remboursée 102 % à l'échéance. Sachant que les frais d'émission étaient de 20 € par titre, que les frais inhérents au versement de coupon sont de 2 % du coupon et que les frais de remboursement sont de 10 € par titre :

a) Déterminer le taux de rendement actuariel à l'émission du point de vue de l'obligataire.

b) Déterminer le taux de revient pour l'emprunteur.

Exercice 11

Une entreprise souhaite obtenir 40 740 000 € auprès des marchés financiers. Pour cela, elle envisage d'émettre des obligations de 1 000 € de nominal, remboursées au pair sur 15 ans par annuités constantes. Les titres sont émis à 970 € au taux nominal annuel de 5,2 %.

a) Combien l'émetteur doit-il émettre de titres ?

b) Calculer le taux actuariel moyen à l'émission.

Cette entreprise opte finalement pour des obligations à remboursement par amortissement constant. Elle émettra des obligations de 970 € de nominal, remboursables au pair en 15 ans. Les titres sont toujours émis au pair au taux nominal de 5,2 %.

c) Dresser le tableau d'amortissement de cet emprunt obligataire.

d) Calculer le taux actuariel moyen à l'émission.

e) Calculer le taux effectif de placement pour l'obligataire remboursé à la quatrième échéance.

f) Calculer le taux effectif de placement pour l'obligataire remboursé à la cinquième échéance. Qu'en concluez-vous : est-il plus intéressant pour l'obligataire d'être remboursé rapidement ou tardivement ?

Exercice 12

Monsieur Lalande, gérant de portefeuilles, a le choix entre 3 obligations dont les caractéristiques sont les suivantes :

	Obligation A	**Obligation B**	**Obligation C**
Remboursement *in fine*	100 %	100 %	100 %
Taux facial	5 %	7 %	5 %
Durée d'émission	4 ans	4 ans	6 ans

a) Calculer le prix théorique de ces trois obligations si le taux actuariel est de 5 %.

b) Supposer maintenant que les taux de marché diminuent et passent à 4 %. Calculez le prix théorique de ces trois obligations.

c) Quels facteurs expliquent les différences de variation entre les 3 obligations ?

d) Quelle obligation allez-vous acheter si vous anticipez une baisse des taux d'intérêt ?

Exercice 13

Considérons une obligation à remboursement *in fine* ayant les caractéristiques suivantes :

- Valeur nominale = 1 000 € ;
- Taux nominal = 4,5 % ;
- Échéance = 4 ans ;
- Valeur de remboursement = 1 000 € ;
- Taux actuariel = 5 %.

a) Quel est le prix théorique de cette obligation ?

b) Calculer la duration de cette obligation et interpréter.

c) Calculer la sensibilité de cette obligation et interpréter.

Exercice 14

Les caractéristiques d'un emprunt remboursable au pair *in fine* sont les suivantes :

- Le taux nominal est de 4,25 %.
- La date de remboursement est le 2 décembre 2013.
- La valeur nominale de chaque obligation constituant l'emprunt est de 1 000 €.

a) Quel est le prix théorique de cette obligation le 12 juin 2010 si on retient un taux d'actualisation de 4 % ?

b) Quelle est la valeur du coupon couru (exprimée en pourcentage du nominal) le 12 juin 2010 ?

c) Le 12 juin 2010, le cours de cette obligation est 100,25 %. Quel est le prix à payer pour acquérir un titre ce jour-là ?

d) En comparant le prix théorique et le prix réellement payé, quelle décision prenez-vous ? (On supposera que le taux d'actualisation retenu pour calculer le prix théorique est correct)

e) Calculer la duration de cette obligation le 2 décembre 2010 en utilisant un taux d'actualisation de 5 %. Interpréter le résultat.

f) En déduire à la même date la sensibilité de cette obligation. Commenter le résultat.

Quatrième partie : corrigés

Questions à choix multiples

Question 1 : B, C

Question 2 : A, B

Question 3 : A

Question 4 : A, C, D

Question 5 : B,

Question 6 : A, B

Question 7 : D

Question 8 : B

Question 9 : C

Question 10 : A, B

Question 11 : A, B

Question 12 : B, D

Question 13 : A, B

Question 14 : A

Question 15 : A, C, D, E

Question 16 : C

Question 17 : B, C

Question 18 : B, C

Question 19 : C

Question 20 : A, C, F

Question 21 : B, C

Question 22 : B, D

Question 23 : A

Question 24 : B

Question 25 : B

Question 26 : B

Question 27 : B

Question 28 : A, C

Question 29 : B, C

Question 30 : A

Question 31 : A

Question 32 : A, C

Question 33 : A, B

Exercice 1

a) Cette obligation verse des coupons annuels de 4 % du nominal pendant 7 ans et rembourse la dernière année 105 % du nominal. On peut donc représenter les flux selon le schéma 1 :

Schéma 1 — *La séquence de flux de l'obligation à coupons annuels*

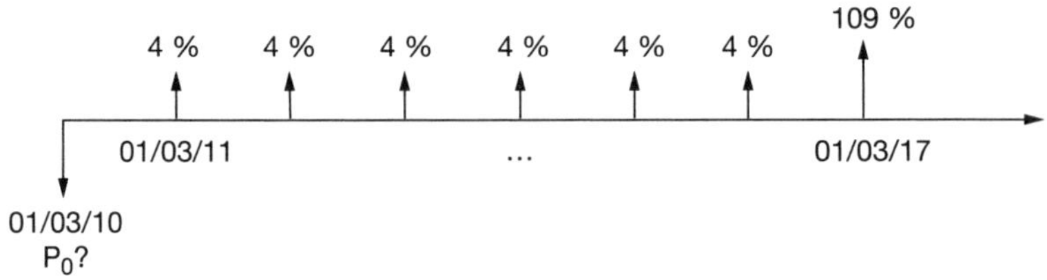

On reconnaît donc ici une séquence de flux identiques de fin de période de 4 % à recevoir lors des 6 prochaines années et un flux unique de 109 % la dernière année. Le prix théorique de cette obligation est donc donné par :

$$P_0 = \sum_{t=1}^{6} \frac{4\ \%}{(1+5\ \%)^t} + \frac{109\ \%}{(1+5\ \%)^7} = 4\ \% \times \frac{1-(1+5\ \%)^{-6}}{5\ \%} + \frac{109\ \%}{(1+5\ \%)^7} = 97{,}77\ \%$$

Il est également possible de considérer une séquence de flux identiques de fin de période de 4 % à recevoir lors des 7 prochaines années (correspondant aux 7 coupons versés par l'obligation) et un flux unique de 105 % (correspondant à la valeur de remboursement). Dans ce cas, le prix théorique de l'obligation est donné par :

$$P_0 = \sum_{t=1}^{7} \frac{4\ \%}{(1+5\ \%)^t} + \frac{105\ \%}{(1+5\ \%)^7} = 4\ \% \times \frac{1-(1+5\ \%)^{-7}}{5\ \%} + \frac{105\ \%}{(1+5\ \%)^7} = 97{,}77\ \%$$

Quelle que soit la méthode retenue, on conclut que le prix théorique de cette obligation est 97,77 % du nominal [1].

b) Puisque les flux de trésorerie des deux obligations sont identiques, la différence de prix théorique provient nécessairement de l'exigence de rentabilité des investisseurs. Le prix de l'obligation B étant supérieur au prix de l'obligation A, cela signifie que l'exigence de rentabilité des investisseurs pour l'obligation B est inférieure à celle pour l'obligation A. En d'autres termes, la prime de risque est plus faible pour l'obligation B. On en déduit donc que l'écart de prix entre les deux obligations s'explique par un risque plus faible pour l'obligation B.

c) Un taux nominal de 4 % par an capitalisé semestriellement signifie que l'obligation verse des coupons de 2 % du nominal tous les

1. Ces deux méthodes étant strictement équivalentes, nous présenterons dans la suite de cet ouvrage uniquement une des deux méthodes à titre de correction.

semestres. L'investisseur recevra à l'échéance la valeur de remboursement correspondant à 105 % du nominal dans 14 semestres. Les flux peuvent être représentés au schéma 2.

Schéma 2 — *La séquence de flux de l'obligation à coupons semestriels*

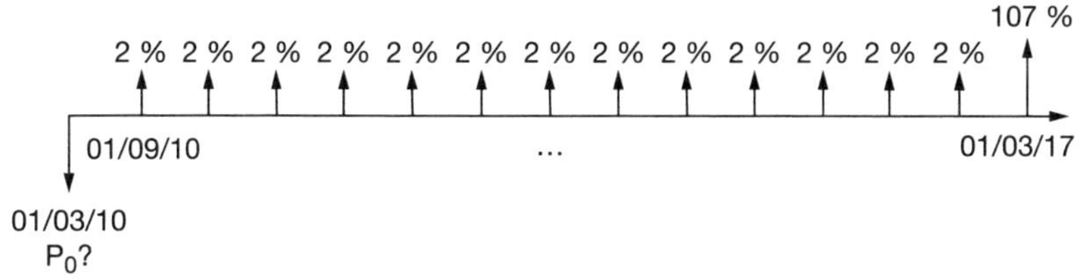

Le taux actuariel à retenir pour calculer le prix théorique de cette obligation doit également être calculé sur une base semestrielle. Il s'en suit que le taux actuariel semestriel est de 2,5 % (5 %/2). Le prix théorique de l'obligation à coupons semestriels est de ce fait donné par :

$$P_0 = \sum_{t=1}^{14} \frac{2\ \%}{\left(1+2,5\ \%\right)^t} + \frac{105\ \%}{(1+2,5\ \%)^{14}} = 2\ \% \times \frac{1-\left(1+2,5\ \%\right)^{-14}}{2,5\ \%} + \frac{105\ \%}{(1+2,5\ \%)^{14}}$$

$$P_0 = 97,69\ \%$$

On conclut que le prix théorique de cette obligation est 97,69 % du nominal.

Exercice 2

a) L'obligation de la société DeYoung est risquée. Il convient donc de prendre en compte la prime de risque associée à l'obligation dans la détermination du taux actuariel. Le taux actuariel est donné par :

taux actuariel = taux sans risque + prime de risque = 3 % + 1 % = 4 %.

L'obligation DeYoung verse des coupons annuels de 5 % du nominal pendant 5 ans. À l'échéance, l'entreprise doit racheter le titre à sa valeur de remboursement, égale dans cet exercice à la valeur nominale. On peut donc représenter les flux de l'obligation selon le schéma 3.

Schéma 3 — *La séquence de flux de l'obligation à coupons annuels*

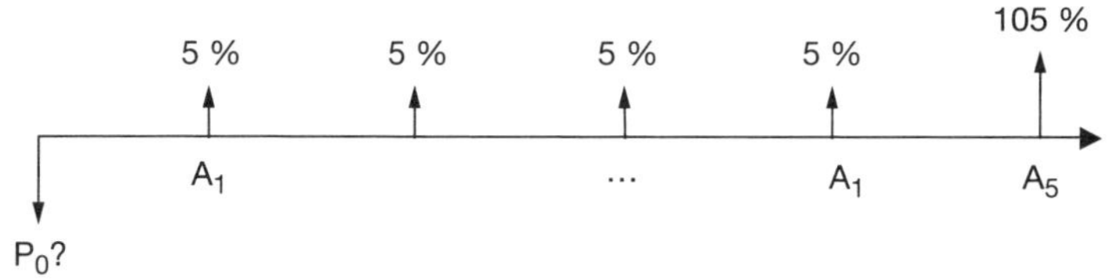

Le prix théorique de l'obligation à coupons annuels est donc donné par :

$$P_0 = \sum_{t=1}^{5} \frac{5\ \%}{(1+4\ \%)^t} + \frac{100\ \%}{(1+4\ \%)^5} = 5\ \% \times \frac{1-(1+4\ \%)^{-5}}{4\ \%} + \frac{100\ \%}{(1+4\ \%)^5} = 104,45\ \%$$

Le prix théorique de l'obligation à coupons annuels est de 104,45 % du nominal.

b) Si l'obligation verse des coupons semestriels, l'investisseur recevra 10 coupons valant chacun 2,5 % du nominal (5 %/2), et ce, jusqu'à l'échéance, ainsi que la valeur de remboursement au 10e semestre. On utilisera un taux actuariel de 2 % (4 %/2) pour déterminer le prix théorique. On peut alors représenter les flux de l'obligation à coupons semestriels selon le schéma 4 :

Schéma 4 — *La séquence de flux de l'obligation à coupons semestriels*

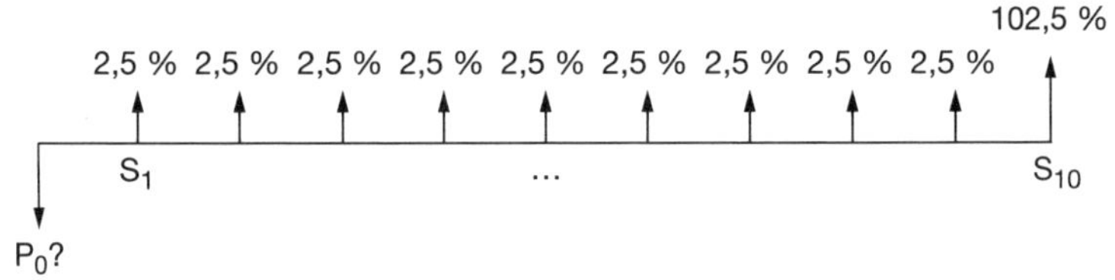

Le prix théorique de l'obligation à coupons semestriels est donné par :

$$P_0 = \sum_{t=1}^{10} \frac{2,5\ \%}{(1+2\ \%)^t} + \frac{100\ \%}{(1+2\ \%)^{10}}$$

$$= 2,5\ \% \times \frac{1-(1+2\ \%)^{-10}}{2\%} + \frac{100\ \%}{(1+2\ \%)^{10}} = 104,49\ \%$$

Le prix théorique de l'obligation à coupons semestriels est de 104,49 % du nominal.

c) Quatre ans et demi avant l'échéance, il reste 5 coupons de 5 % du nominal à recevoir. Le prochain sera reçu dans six mois, le suivant dans un an et six mois, le troisième dans deux ans et six mois, le quatrième dans trois ans et six mois et le cinquième dans quatre ans et six mois. Il faut également tenir compte de la valeur de remboursement à l'échéance. La séquence de flux peut être représentée au schéma 5.

Schéma 5 — *La séquence de flux de l'obligation à coupons annuels*

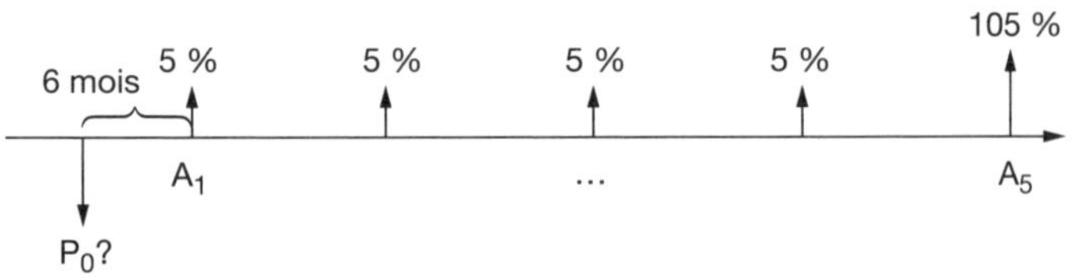

Le prix théorique de l'obligation à coupons annuels est alors donné par :

$$P_0 = \frac{5\ \%}{(1+4\ \%)^{0,5}} + \frac{5\ \%}{(1+4\ \%)^{1,5}} + \frac{5\ \%}{(1+4\ \%)^{2,5}} + \frac{5\ \%}{(1+4\ \%)^{3,5}} + \frac{105\ \%}{(1+4\ \%)^{4,5}}$$

$$P_0 = 106,52\ \%$$

Le prix théorique de l'obligation à coupons annuels est de 106,52 %.

Exercice 3

L'obligation à remboursement *in fine* au pair verse des coupons de 4,75 % du nominal pendant 5 ans et rembourse le nominal en une fois la dernière année. On peut donc représenter les flux de l'obligation selon le schéma 6.

Schéma 6 — *La séquence de flux de l'obligation à remboursement* in fine

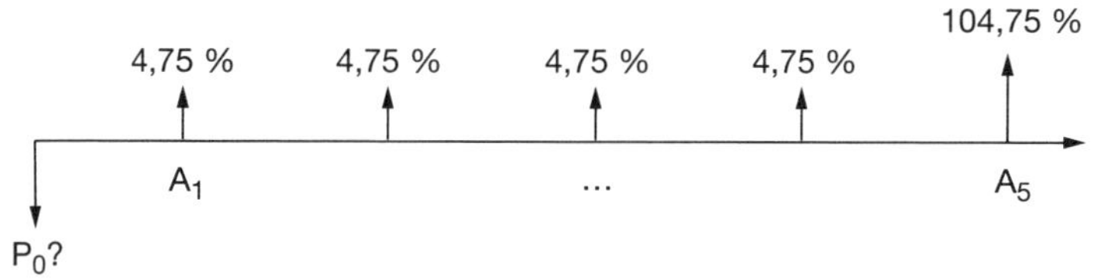

Le prix théorique de l'obligation à remboursement *in fine* est alors donné par :

$$P_0 = \sum_{t=1}^{5} \frac{4,75\ \%}{(1+5,25\ \%)^t} + \frac{100\ \%}{(1+5,25\ \%)^5}$$

$$= 4,75\ \% \times \frac{1-(1+5,25\ \%)^{-5}}{5,25\ \%} + \frac{100\ \%}{(1+5,25\ \%)^5}$$

$$P_0 = 97,85\ \%$$

Le prix théorique de l'obligation à remboursement *in fine* est de 97,85 % du nominal.

Lors d'un remboursement par annuités constantes, le nombre de coupons à recevoir n'est pas connu avec certitude. Certaines obligations seront remboursées la première année, d'autres la deuxième, etc. On calcule donc le prix de l'obligation en considérant que les flux futurs sont représentés par le montant de l'annuité constante. Ce montant est donné par la formule suivante :

$$a = \frac{N \times i}{1-(1+i)^{-n}} = \frac{1\ 000 \times 4,75\ \%}{1-(1+4,75\ \%)^{-5}} = 229,38\ €$$

La séquence de flux peut être représentée au schéma 7.

Schéma 7 — *La séquence de flux de l'obligation à remboursement par annuités constantes*

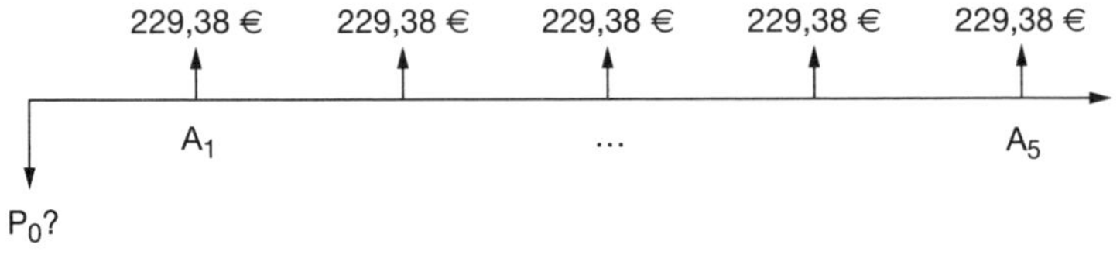

Le prix théorique de l'obligation à remboursement par annuités constantes est donc donné par :

$$P_0 = \sum_{t=1}^{5} \frac{229,38}{(1+5,25\ \%)^t} = 229,38 \times \frac{1-(1+5,25\ \%)^{-5}}{5,25\ \%} = 986,27\ €$$

Le prix théorique de l obligation à remboursement par annuités constantes est de 98,63 % du nominal.

Enfin, lors d'un remboursement par amortissement constant, le nombre de coupons versés est également incertain. Certaines obligations seront remboursées la première année, d'autres la deuxième, etc. Il est dans ce cas conseillé de construire le tableau d'amortissement associé à l'obligation. Dans un emprunt obligataire à amortissement constant, le capital est amorti en parts égales à chaque période. Ici, la valeur nominale de l'obligation étant de 1 000 €, cela signifie que l'obligation sera remboursée en 5 amortissements égaux de 200 € (1 000/5). Puisque les intérêts sont calculés sur le capital restant dû, le tableau d'amortissement associé à cette obligation est le suivant :

Tableau 2 — *Le tableau d'amortissement associé à l'obligation à amortissement constant*

Année	Capital restant dû en début de période	Intérêts	Amortissement constant	Annuités	Capital restant dû en fin de période
1	1 000	47,5	200	247,5	800
2	800	38	200	238	600
3	600	28,5	200	228,5	400
4	400	19	200	219	200
5	200	9,5	200	209,5	0

Le prix théorique de l'obligation à amortissement constant est donc donné par :

$$P_0 = \frac{247,5}{(1+5,25\ \%)} + \frac{238}{(1+5,25\ \%)^2} + \frac{228,5}{(1+5,25\ \%)^3} + \frac{219}{(1+5,25\ \%)^4} + \frac{209,5}{(1+5,25\ \%)^5}$$

$$P_0 = 986,66\ €$$

Le prix théorique de l'obligation à remboursement par amortissement constant est de 98,67 % du nominal.

Exercice 4

a) Le code ISIN (International Securities Identification Number) est une norme alphanumérique de 12 caractères qui, depuis le 30 juin 2003, permet à tous les produits financiers listés au comptant sur Euronext Paris d'être identifiés. Ce code facilite l'identification des titres lors de transactions internationales.

b) Ces deux titres sont des Obligations Assimilables du Trésor (OAT), émis par le Trésor Public français, il s'agit donc de titres sans risque. Ces deux obligations offrent un taux nominal de 3,75 % mais diffèrent par l'échéance (la première a comme échéance le 25 avril 2017 et la seconde le 25 avril 2021). Elles sont cotées à Paris. Le cours au pied du coupon et le coupon couru sont donnés respectivement dans la quatrième et la cinquième colonne. Les volumes échangés peuvent être lus dans la sixième colonne. Les dernières opérations sur ces titres ont eu lieu le 16 février 2010 respectivement à 14h15 et 11h24.

c) Nous sommes en date du 16 février 2010 (voir colonne 7 du tableau 1). Puisque les obligations se payent en date de valeur J + 2, il faut calculer le nombre de jours séparant le 25 avril 2009 (date de versement du dernier coupon) et le 18 février 2010. Entre ces deux dates, il y a exactement :

5 + 31 + 30 + 31 + 31 + 30 + 31 + 30 + 31 + 31 + 18 soit 299 jours.

Le coupon couru doit donc se calculer sur la base de 299 jours. Il vaut donc :

$$3,75\ \% \times \frac{299}{365} = 3,072\ \%.$$

d) Le prix à payer pour la première obligation est donné par :

Prix en pourcentage du nominal
= (Cours + Coupon couru) = 104,88 % + 3,072 % = 107,952 %.

Le prix à payer pour la seconde obligation est donné par :

Prix en pourcentage du nominal
= (Cours + Coupon couru) = 101,44 % + 3,072 % = 104,512 %.

Exercice 5

a) L'acquisition de l'obligation est réalisée le 16 février 2010. Les coupons sont versés chaque année à la date anniversaire de l'échéance (ici le 25 juin) et ce, jusqu'à l'échéance. Autrement dit, l'opérateur recevra chaque année un coupon en date du 25 juin et, le 25 juin 2015, il recevra un coupon et la valeur de remboursement. Les flux générés par cette obligation peuvent être représentés sur le schéma 8.

Schéma 8 — *La détermination du coupon couru*

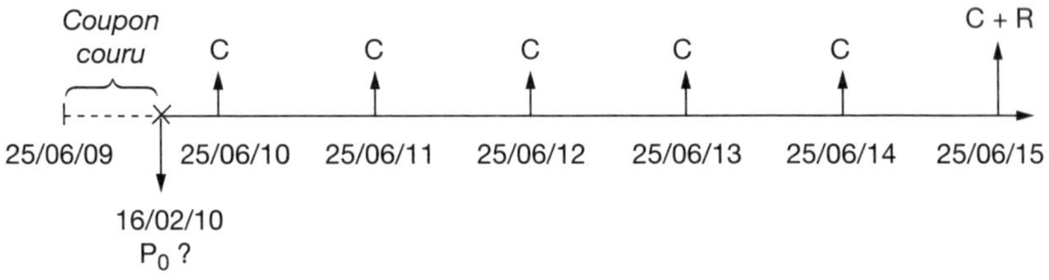

Le coupon couru se calcule sur la base du nombre de jours qui séparent le dernier versement de coupon (le 25 juin 2009) et la date d'achat de l'obligation. Il convient donc de calculer le nombre de jours séparant le 25 juin 2009 et le 16 février 2010.

Il y a exactement 5 + 31 + 31 + 30 + 31 + 30 + 31 + 31 + 16 soit 236 jours entre ces deux dates. L'investisseur qui vend l'obligation à l'opérateur a donc droit à 236/365e du coupon.

Le coupon couru vaut donc :

$$4\ \% \times \frac{236}{365} = 2,59\ \%.$$

b) Le prix à payer pour cette obligation est donné par la formule :

$$\text{Prix} = (\text{Cours} + \text{Coupon couru}) \times \text{Nominal}$$
$$= (101,28\ \% + 2,59\ \%) \times 1\ 000 = 1\ 038,70\ €.$$

Exercice 6

a) Le prix à payer pour cette obligation est donnée par :

$$\text{Prix} = (\text{Cours} + \text{Coupon couru}) \times \text{Nominal}$$
$$= (106,93\ \% + 2,352\ \%) \times 2\ 000 = 2\ 185,64\ €.$$

b) Si l'investisseur détient l'obligation pendant 365 jours, il a droit à un coupon de 4,25 % du nominal. Ici, le coupon couru vaut 2,352 % du nominal. On peut donc calculer le nombre de jours séparant le dernier versement de coupon et le 22 avril 2010 de la manière suivante :

$$\frac{2,352\ \%}{4,25\ \%} \times 365 = 202 \text{ jours}$$

Il s'est écoulé 202 jours depuis le versement du dernier coupon.

Exercice 7

Afin de répondre à cette question, il convient de calculer les TRA respectifs des deux obligations et investir dans celle qui procure la rentabilité la plus importante.

L'obligation A verse des coupons de 5 % du nominal pendant encore 5 ans et est remboursée *in fine* au pair. Les flux générés par cette obligation sont représentés sur le schéma 9.

Schéma 9 — *La détermination du TRA de l'obligation A*

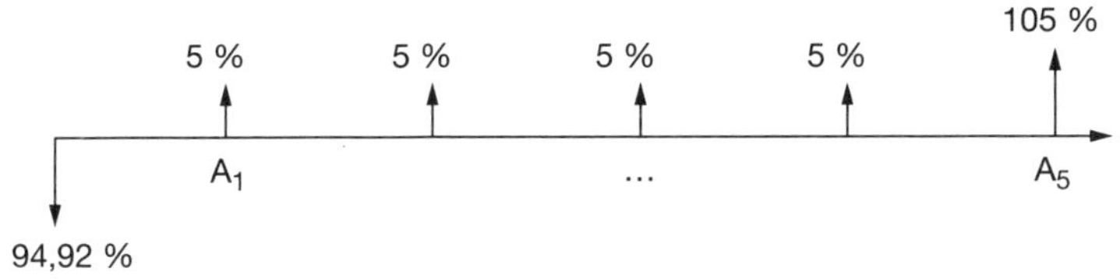

Comme l'échéance est exactement dans 5 ans, nous sommes au pied de coupon. Le coupon couru est donc nul. Par conséquent, le prix à payer pour l'obligation A est égal à son cours. Pour déterminer le TRA de l'obligation A, il convient de résoudre l'équation suivante :

$$94{,}92\ \% = \sum_{t=1}^{5} \frac{5\ \%}{(1+\text{TRA})^t} + \frac{100\ \%}{(1+\text{TRA})^5}$$

$$\Leftrightarrow 94{,}92\ \% = 5\ \% \times \frac{1-(1+\text{TRA})^{-5}}{\text{TRA}} + \frac{100\ \%}{(1+\text{TRA})^5}$$

Afin de résoudre cette équation, nous allons procéder à une interpolation linéaire.

Si on prend comme première borne $i_1 = 6\ \%$ pour l'interpolation linéaire, on obtient une valeur résiduelle $V_0(i_1)$ de 0,87. Si on prend comme seconde borne $i_2 = 7\ \%$ pour l'interpolation linéaire, on obtient une valeur résiduelle $V_0(i_2)$ de 3,12. Puisque la première borne nous donne une valeur résiduelle positive et la seconde une valeur résiduelle négative, il est possible d'estimer le TRA de l'obligation à l'aide de la formule suivante :

$$\text{TRA} = i_1 + (i_2 - i_1) \times \frac{|V_0(i_1)|}{|V_0(i_1)| + |V_0(i_2)|}$$

$$= 6\ \% + (7\ \% - 6\ \%) \times \frac{0{,}87}{0{,}87 + 3{,}12} = 6{,}22\ \%$$

Le TRA de l'obligation A est donc proche de 6,22 % [1].

1. L'approximation linéaire donne une estimation du TRA proche de 6,22 %. L'utilisation d'un solveur donne la solution exacte à l'équation, ici 6,21 %. L'utilisation de la méthode de l'interpolation linéaire donne donc une estimation très bonne du TRA de l'obligation A.

L'obligation B verse des coupons de 8 % du nominal pendant encore 5 ans et est remboursée *in fine* au pair. Les flux générés par cette obligation sont représentés sur le schéma 10.

Schéma 10 — *La détermination du TRA de l'obligation B*

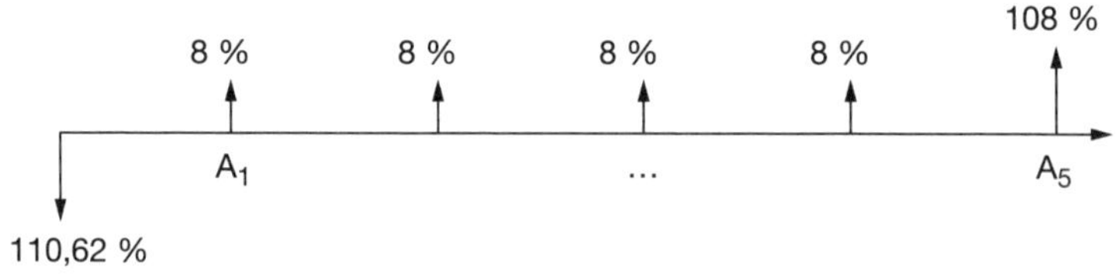

Par un raisonnement similaire, on en déduit :

$$110,62\ \% = \sum_{t=1}^{5} \frac{8\ \%}{(1+\text{TRA})^t} + \frac{100\ \%}{(1+\text{TRA})^5}$$

$$\Leftrightarrow 110,62\ \% = 8\ \% \frac{1-(1+\text{TRA})^{-5}}{\text{TRA}} + \frac{100\ \%}{(1+\text{TRA})^5}$$

Si on prend comme première borne i_1 = 5 %, on obtient une valeur résiduelle $V_0(i_1)$ de 2,37. Si on prend comme seconde borne i_2 = 6 %, on obtient une valeur résiduelle $V_0(i_2)$ de – 2,20. La première borne étant positive et la seconde étant négative, il est possible d'estimer le TRA à l'aide de la formule suivante :

$$\text{TRA} = i_1 + (i_2 - i_1) \times \frac{|V_0(i_1)|}{|V_0(i_1)| + |V_0(i_2)|}$$

$$= 5\ \% + (6\ \% - 5\ \%) \times \frac{2,37}{2,37 + 2,20} = 5,52\ \%$$

Le TRA de l'obligation B est donc proche de 5,52 % [1].

Ainsi malgré un taux de coupon plus élevé, l'obligation B offre un TRA plus faible car son cours actuel est élevé. Il convient donc à risque égal de choisir plutôt l'obligation A que l'obligation B car son rendement à l'échéance est plus élevé.

Exercice 8

Lorsque deux obligations appartiennent à la même classe de risque, il est possible de fonder sa décision d'investissement sur le critère du TRA. Nous allons donc comparer le TRA de ces deux obligations.

1. L'utilisation d'un solveur donne un TRA de 5,51 %.

L'obligation A verse des coupons de 4,2 % du nominal pendant encore 4 ans et la valeur de remboursement qui correspond à 105 % du nominal (nominal + prime de remboursement) sera perçue dans exactement 4 ans. Les flux générés par cette obligation sont représentés au schéma 11.

Schéma 11 — *La détermination du TRA de l'obligation A*

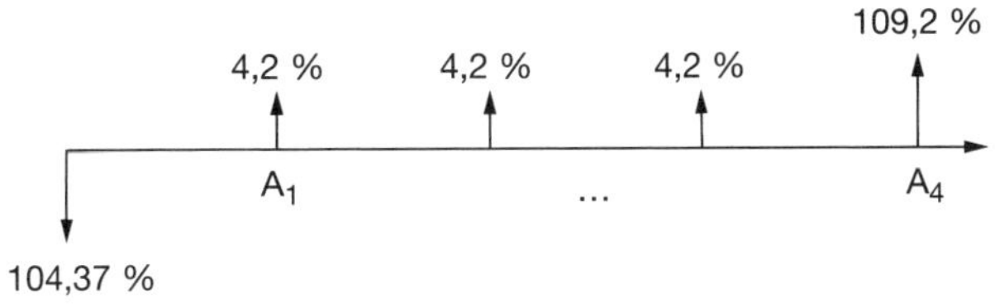

Puisque l'échéance de cette obligation est dans exactement 4 ans, nous sommes au pied du coupon. De ce fait, le prix à payer pour cette obligation est égal à son cours. Le TRA de l'obligation A est donné par l'équation suivante :

$$104{,}37\ \% = \sum_{t=1}^{4} \frac{4{,}2\ \%}{(1+\text{TRA})^t} + \frac{105\ \%}{(1+\text{TRA})^4}$$

$$\Leftrightarrow 104{,}37\ \% = 4{,}2\ \% \times \frac{1-(1+\text{TRA})^{-4}}{\text{TRA}} + \frac{105\ \%}{(1+\text{TRA})^4}$$

Nous allons estimer une solution à cette équation en utilisant la méthode de l'interpolation linéaire. En prenant comme première borne $i_1 = 4\ \%$, on obtient une valeur résiduelle $V_0(i_1)$ de 0,63 et comme seconde borne $i_2 = 5\ \%$, on obtient une valeur résiduelle $V_0(i_2)$ de – 3,09. La première borne étant positive et la seconde étant négative, il est possible d'estimer le TRA à l'aide de la formule suivante :

$$\text{TRA} = i_1 + (i_2 - i_1) \times \frac{|V_0(i_1)|}{|V_0(i_1)| + |V_0(i_2)|}$$

$$= 4\ \% + (5\ \% - 4\ \%) \times \frac{0{,}63}{0{,}63 + 3{,}09} = 4{,}17\ \%$$

Le TRA de l'obligation A est de 4,17 % [1].

L'obligation B est une obligation zéro coupon remboursée au pair. Elle ne générera donc qu'un flux, à l'échéance (soit dans exactement 4 ans...), égal à la valeur nominale de l'obligation. Puisque cette obligation cote actuellement 70,54 % du nominal, l'équation à résoudre pour trouver le TRA de l'obligation B est :

1. L'utilisation d'un solveur donne également cette valeur.

$$70{,}54\ \% = \frac{100\ \%}{(1+\text{TRA})^4} \Leftrightarrow (1+\text{TRA})^4$$

$$= \frac{100\ \%}{70{,}54\ \%} \Leftrightarrow \text{TRA} = \left(\frac{100\ \%}{70{,}54\ \%}\right)^{\frac{1}{4}} - 1 = 9{,}12\ \%$$

Le TRA de l'obligation B est de 9,12 % ce qui est très supérieur au TRA de l'obligation A. L'obligation B est donc plus intéressante à mettre en portefeuille. Ainsi, bien que l'obligation A verse des coupons annuels et une prime de remboursement, il est plus intéressant, dans cet exemple, d'investir dans l'obligation zéro coupon car celle-ci offre une décote importante à l'achat.

Exercice 9

Nous souhaitons acheter le 17 décembre 2010 une obligation ayant pour échéance le 3 février 2015. Cette obligation verse donc des coupons correspondant à 5 % du nominal, le 3 février de chaque année. Puisqu'il y a exactement 48 jours (14 + 31 + 3) entre le 17 décembre et le 3 février, cela signifie que nous allons recevoir 5 % du nominal dans 48 jours, 5 % du nominal dans 1 an et 48 jours, 5 % du nominal dans 2 ans et 48 jours, 5 % du nominal dans 3 ans et 48 jours et 106 % du nominal dans 4 ans et 68 jours. Les flux générés par cette obligation sont retranscrits sur le schéma 12.

Schéma 12 — *Les flux générés par l'obligation en date du 17 décembre 2010*

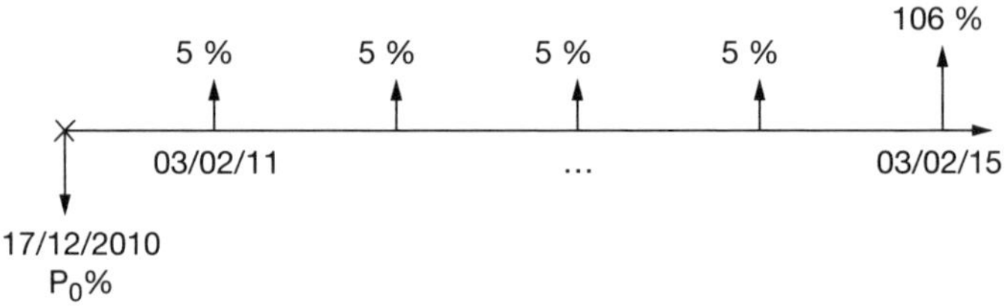

Le prix théorique de cette obligation est donné par la valeur actuelle des flux générés par l'obligation. D'où :

$$P_0 = \frac{5\ \%}{(1+4{,}5\ \%)^{\frac{48}{365}}} + \frac{5\ \%}{(1+4{,}5\ \%)^{1+\frac{48}{365}}} + \frac{5\ \%}{(1+4{,}5\ \%)^{2+\frac{48}{365}}}$$

$$+ \frac{5\ \%}{(1+4{,}5\ \%)^{3+\frac{48}{365}}} + \frac{106\ \%}{(1+4{,}5\ \%)^{4+\frac{48}{365}}} = 107{,}01\ \%$$

Une autre façon de caractériser cette séquence de flux est de considérer une séquence de flux identiques de début de période de 5 % du nominal à recevoir dans 48 jours, 1 an et 48 jours, etc., et dans 4 ans et 48 jours (correspondant aux 5 coupons versés par l'obligation) et un flux unique de 101 % du nominal (correspondant à la valeur de remboursement) à recevoir dans 4 ans et 48 jours. Dans ce cas, le prix théorique de l'obligation est donné par :

$$P_0 = \sum_{t=0}^{4} \frac{\dfrac{5\ \%}{(1+4,5\ \%)^t} + \dfrac{101\ \%}{(1+4,5\ \%)^4}}{(1+4,5\ \%)^{\frac{48}{365}}}$$

$$P_0 = \frac{5\ \% \times \dfrac{(1+4,5\ \%)-(1+4,5\ \%)^{-4}}{4,5\ \%} + \dfrac{101\ \%}{(1+4,5\ \%)^4}}{(1+4,5\ \%)^{48/365}} = 107,01\ \%$$

Quelle que soit la méthode retenue, on conclut que le prix théorique de cette obligation est 107,01 % du nominal [1].

b) Le coupon couru se calcule sur la base du nombre de jours séparant le dernier versement de coupon (le 3 février 2010) et la date de négociation (le 17 décembre 2010). Cela correspond pour cette obligation à une période de 365-48 soit 317 jours comme le montre le schéma 13.

Schéma 13 — *Détermination du coupon couru en date du 17 décembre 2010*

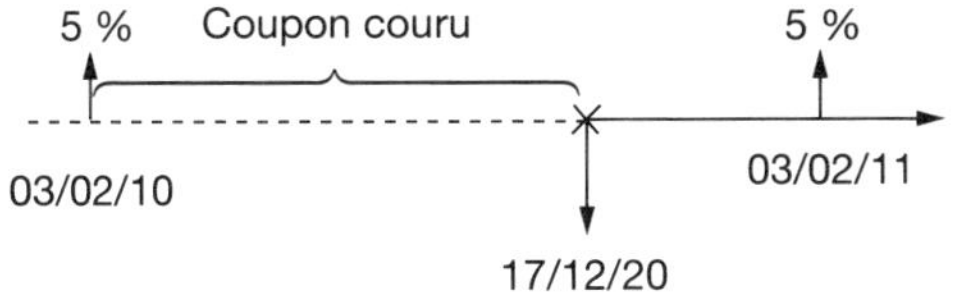

Le montant à régler au titre du coupon couru est donc :

$$5\ \% \times \frac{317}{365} = 4,34\ \%.$$

c) Ici, nous ne sommes pas au pied du coupon car la date d'achat ne coïncide pas à la date anniversaire de l'échéance. La première étape pour déterminer le TRA est donc de déterminer le prix à payer le 17 décembre 2011 pour cette obligation. Puisque nous nous plaçons exactement un an après la question b), le coupon couru est identique. Le prix à payer pour cette obligation est donné par :

$$\begin{aligned}\text{Prix} &= (\text{Cours} + \text{Coupon couru}) \times \text{Nominal}\\ &= (95\ \%+4,34\ \%)\times 1\ 000 = 993,40\ €.\end{aligned}$$

1. Ces deux méthodes étant strictement équivalentes, nous présenterons dans la suite de cet ouvrage uniquement une des deux méthodes à titre de correction.

Le 17 décembre 2011, il reste un coupon à recevoir dans 48 jours, un autre dans 1 an et 48 jours, etc., et le dernier coupon sera reçu en même temps que la valeur de remboursement dans exactement 3 ans et 48 jours comme le montre le schéma 14.

Schéma 14 — *Détermination du TRA en date du 17 décembre 2011*

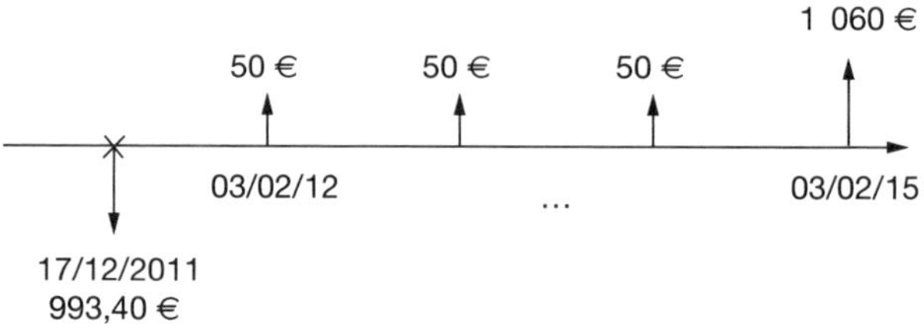

L'équation à résoudre pour déterminer le TRA de cette obligation est donc donnée par :

$$993,40 = \frac{50}{(1+\text{TRA})^{\frac{48}{365}}} + \frac{50}{(1+\text{TRA})^{1+\frac{48}{365}}} + \frac{50}{(1+\text{TRA})^{2+\frac{48}{365}}} + \frac{1\ 060}{(1+\text{TRA})^{3+\frac{48}{365}}}$$

Nous allons estimer une solution à cette équation en utilisant la méthode de l'interpolation linéaire. Un taux $i_1 = 7\ \%$ donne une valeur résiduelle $V_0(i_1)$ de 3,37 et un taux $i_2 = 8\ \%$ donne une valeur résiduelle $V_0(i_2)$ de – 22,65. Le TRA de cette obligation est nécessairement compris entre ces deux bornes. Nous pouvons en trouver une estimation plus précise en utilisant la formule suivante :

$$\text{TRA} = i_1 + (i_2 - i_1) \times \frac{|V_0(i_1)|}{|V_0(i_1)| + |V_0(i_2)|}$$

$$= 7\ \% + (8\ \% - 7\ \%) \times \frac{3,37}{3,37 + 22,65} = 7,13\ \%$$

Exercice 10

a) Puisque les frais sont uniquement supportés par l'emprunteur, il convient dans cette première question d'en faire abstraction. Cette obligation verse chaque année un coupon de 4,5 % du nominal pendant 5 ans. Chaque titre étant émis à 98 % et remboursé à 102 % du nominal, les flux générés par l'obligation du point de vue de l'investisseur peuvent être représentés au schéma 15.

Schéma 15 — *Détermination du TRA à l'émission du point de vue de l'investisseur*

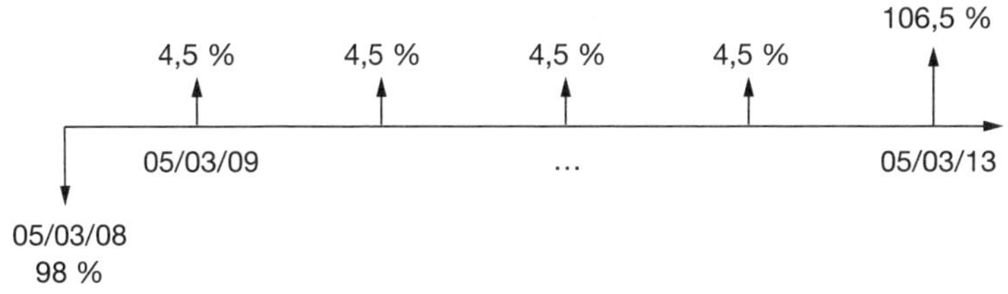

L'équation à résoudre pour le TRA à l'émission de cette obligation est donc donnée par :

$$98\ \% = \sum_{t=1}^{5} \frac{4{,}5\ \%}{(1+\mathrm{TRA})^t} + \frac{102\ \%}{(1+\mathrm{TRA})^5} \Leftrightarrow 98\ \% = 4{,}5\ \% \times \frac{1-(1+\mathrm{TRA})^{-5}}{\mathrm{TRA}} + \frac{102\ \%}{(1+\mathrm{TRA})^5}$$

Nous allons estimer une solution à cette équation en utilisant la méthode de l'interpolation linéaire. Un taux $i_1 = 5\ \%$ donne une valeur résiduelle $V_0(i_1)$ de 1,40 et un taux $i_2 = 6\ \%$ donne une valeur résiduelle $V_0(i_2)$ de – 2,82. Le TRA de cette obligation est nécessairement compris entre ces deux bornes. Nous pouvons en trouver une estimation plus précise en utilisant la formule suivante :

$$\mathrm{TRA} = i_1 + (i_2 - i_1) \times \frac{|V_0(i_1)|}{|V_0(i_1)| + |V_0(i_2)|}$$

$$= 5\ \% + (6\ \% - 5\ \%) \times \frac{1{,}4}{1{,}4 + 2{,}82} = 5{,}33\ \%$$

Le TRA à l'émission du point de vue de l'investisseur de cette obligation ressort à 5,33 %.

b) Le calcul du taux de revient pour l'emprunteur nécessite de prendre en compte l'ensemble des frais associés à l'émission. Il convient cependant d'être vigilant quant à la nature des frais car ceux-ci sont supportés à des dates différentes par l'émetteur.

Les frais d'émission sont à payer immédiatement et viennent donc diminuer le montant reçu par l'emprunteur à l'émission. Ici, puisqu'ils sont de 20 € par titre (ce qui représente 2 % du nominal), l'émetteur ne recevra que 96 % du nominal à l'émission.

Les frais inhérents au versement de coupon viennent augmenter de 2 % le paiement à effectuer chaque année par l'émetteur. Au total, il devra régler le coupon (4,5 %) et les frais de coupon (2 % de 4,5 %), soit au total 4,59 % du nominal à la date du versement de coupon.

Enfin, les frais de remboursement interviennent la dernière année et viennent donc augmenter le montant à rembourser à l'échéance. Ici, puisqu'ils sont de 10 € par titre (soit 1 % du nominal), l'émetteur devra régler pour chaque obligation 103 % du nominal.

Les flux générés par l'obligation du point de vue de l'investisseur peuvent être représentés au schéma 16.

Schéma 16 — *Détermination du taux de revient pour l'emprunteur*

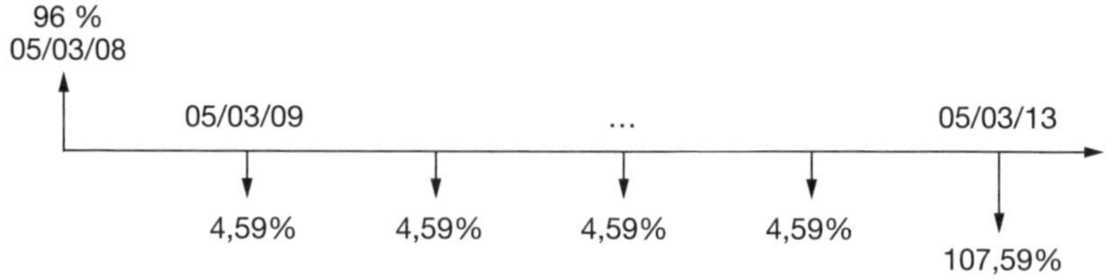

L'équation à résoudre pour déterminer le taux de revient à l'émission pour l'emprunteur est donc donnée par :

$$96\ \% = \sum_{t=1}^{5} \frac{4{,}59\ \%}{(1+\text{TRA})^t} + \frac{103\ \%}{(1+\text{TRA})^5} \Leftrightarrow 96\ \% = 4{,}59\ \% \times \frac{1-(1+\text{TRA})^{-5}}{\text{TRA}} + \frac{103\ \%}{(1+\text{TRA})^5}$$

Nous allons estimer une solution à cette équation en utilisant la méthode de l'interpolation linéaire. Un taux $i_1 = 6\ \%$ donne une valeur résiduelle $V_0(i_1)$ de 0,30 et un taux $i_2 = 7\ \%$ donne une valeur résiduelle $V_0(i_2)$ de – 3,74. Le TRA de cette obligation est nécessairement compris entre ces deux bornes. Nous pouvons en trouver une estimation plus précise en utilisant la formule suivante :

$$\text{TRA} = i_1 + (i_2 - i_1) \times \frac{|V_0(i_1)|}{|V_0(i_1)| + |V_0(i_2)|}$$

$$= 6\ \% + (7\ \% - 6\ \%) \times \frac{0,3}{0,3+3,74} = 6,07\ \%$$

Le taux de revient à l'émission pour l'emprunteur est égal à 6,07 %. Ce taux est supérieur au taux actuariel moyen à l'émission du point de vue de l'investisseur car il inclut les frais.

Exercice 11

a) Puisque les titres sont émis à 970 €, l'entreprise doit émettre 42 000 (40 740 000/970) obligations si elle souhaite lever 40 740 000 €.

b) L'émetteur doit donc rembourser les 42 000 obligations de 1 000 € de nominal à l'aide de 15 annuités constantes. Puisque le taux nominal est de 5,2 %, la valeur de chaque annuité constante est donnée par :

$$a = \frac{N \times i}{1-(1+i)^{-n}} = \frac{42\ 000\ 000 \times 5,2\ \%}{1-(1+5,2\ \%)^{-15}} = 4\ 101\ 261,60\ €$$

Ainsi à l'émission, l'émetteur recevra 42 000 × 970, soit 40 740 000 €, et devra verser chaque année, pendant 15 ans, aux investisseurs 4 101 261,60 € au titre des intérêts et du capital pour rembourser son emprunt. La séquence de flux de cet emprunt obligataire peut donc être représentée sur le schéma 17.

Schéma 17 — *Détermination du taux actuariel moyen à l'émission*

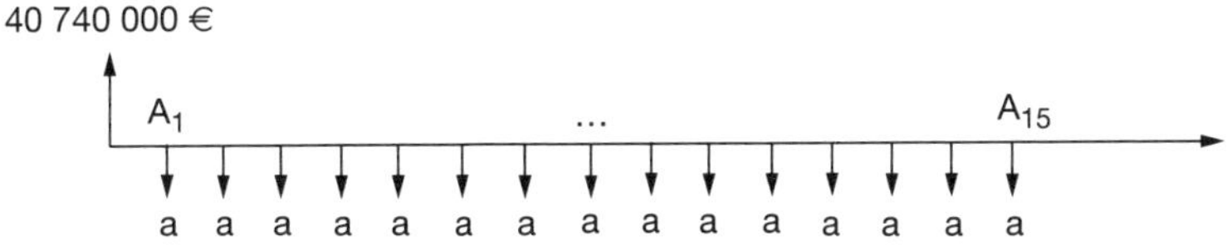

L'équation à résoudre pour déterminer le taux de revient à l'émission pour l'emprunteur est donc donnée par :

$$40\ 740\ 000 = \sum_{t=1}^{15} \frac{4\ 101\ 261{,}60}{(1+\text{TRA})^t} \Leftrightarrow 40\ 740\ 000$$
$$= 4\ 101\ 261{,}60 \times \frac{1-(1+\text{TRA})^{-15}}{\text{TRA}}$$

Nous allons estimer une solution à cette équation en utilisant la méthode de l'interpolation linéaire. Un taux $i_1 = 5\ \%$ donne une valeur résiduelle $V_0(i_1)$ de 1 829 692,93 et un taux $i_2 = 6\ \%$ donne une valeur résiduelle $V_0(i_2)$ de – 907 526,18. Le TRA de cette obligation est nécessairement compris entre ces deux bornes. Nous pouvons en trouver une estimation plus précise en utilisant la formule suivante :

$$\text{TRA} = i_1 + (i_2 - i_1) \times \frac{|V_0(i_1)|}{|V_0(i_1)| + |V_0(i_2)|}$$
$$= 5\ \% + (6\ \% - 5\ \%) \times \frac{1\ 829\ 692{,}93}{1\ 829\ 692{,}93 + 907\ 526{,}18} = 5{,}67\ \%$$

Le taux actuariel moyen de cette émission est donc proche de 5,67 % [1].

c) L'entreprise souhaite recevoir 40 740 000 € en émettant des obligations à 970 €. Elle devra donc émettre 42 000 obligations. Elle devra cependant rembourser 42 000 × 1 000, soit 42 000 000 € au titre du capital. Puisque le remboursement se fait par amortissements constants, l'entreprise remboursera chaque année 42 000/15 soit 2 800 obligations. La première année, puisqu'elle a emprunté 42 000 000 €, elle paiera 42 000 000 × 5,2 %, soit 2 184 000 € au titre des intérêts et paiera 2 800 × 1 000 = 2 800 000 au titre du remboursement du capital. L'annuité de la première année sera donc de 2 184 000 + 2 800 000, soit 4 984 000 €. À la fin de la première année, il ne restera donc plus que 42 000 – 2 800 soit 39 200 obligations à rembourser. En adoptant ce raisonnement sur les 15 années, on obtient le tableau d'amortissement retranscrit au tableau 3.

1. L'utilisation d'un tableur indique un TRA de 5,66 %.

Tableau 3 — *Le tableau d'amortissement de l'emprunt à remboursement par amortissement constant*

Année	Obligations restantes en début de période	Intérêts	Amortissement du capital	Annuité d'emprunt	Obligations restantes en fin de période
1	42 000	2 184 000	2 800 000	a_1 = 4 984 000	39 200
2	39 200	2 038 400	2 800 000	a_2 = 4 838 400	36 400
3	36 400	1 892 800	2 800 000	a_3 = 4 692 800	33 600
4	33 600	1 747 200	2 800 000	a_4 = 4 547 200	30 800
5	30 800	1 601 600	2 800 000	a_5 = 4 401 600	28 000
6	28 000	1 456 000	2 800 000	a_6 = 4 256 000	25 200
7	25 200	1 310 400	2 800 000	a_7 = 4 110 400	22 400
8	22 400	1 164 800	2 800 000	a_8 = 3 964 800	19 600
9	19 600	1 019 200	2 800 000	a_9 = 3 819 200	16 800
10	16 800	873 600	2 800 000	a_{10} = 3 673 600	14 000
11	14 000	728 000	2 800 000	a_{11} = 3 528 000	11 200
12	11 200	582 400	2 800 000	a_{12} = 3 382 400	8 400
13	8 400	436 800	2 800 000	a_{13} = 3 236 800	5 600
14	5 600	291 200	2 800 000	a_{14} = 3 091 200	2 800
15	2 800	145 600	2 800 000	a_{15} = 2 945 600	0

d) Le taux actuariel moyen à l'émission doit se calculer sur le montant des annuités, afin de tenir compte du fait que certaines obligations sont remboursées la première année, d'autres la deuxième, etc.

L'équation à résoudre pour déterminer le taux de revient à l'émission pour l'emprunteur est donc donnée par :

$$40\ 740\ 000 = \sum_{t=1}^{15} \frac{a_t}{(1+TRA)^t}$$

$$\Leftrightarrow 40\ 740\ 000 = \frac{4\ 984\ 000}{1+TRA} + \frac{4\ 838\ 400}{(1+TRA)^2} + \ldots + \frac{2\ 945\ 600}{(1+TRA)^{15}}$$

Si on prend comme première borne $i_1 = 5\ \%$ pour l'interpolation linéaire, on obtient une valeur résiduelle $V_0(i_1)$ de 1 777 478,3. Si on prend comme seconde borne $i_2 = 6\ \%$ pour l'interpolation linéaire, on obtient une valeur résiduelle $V_0(i_2)$ de – 714 093,71. Puisque la première borne nous donne une valeur résiduelle positive et la seconde une valeur résiduelle négative, il est possible d'estimer le TRA de l'obligation à l'aide de la formule suivante :

$$TRA = i_1 + (i_2 - i_1) \times \frac{|V_0(i_1)|}{|V_0(i_1)| + |V_0(i_2)|}$$

$$= 5\ \% + (6\ \% - 5\ \%) \times \frac{1\ 777\ 478,3}{1\ 777\ 478,3 + 714\ 093,71} = 5,71\ \%$$

Le taux actuariel moyen de cet emprunt obligataire est proche de 5,71 %[1].

e) Un souscripteur remboursé à la quatrième échéance toucherait des intérêts sur quatre années et la valeur de remboursement dans 4 ans. La séquence de flux de ce souscripteur serait donnée par le schéma 18.

Schéma 18 — *Détermination du taux effectif de placement d'un obligataire remboursé la quatrième année*

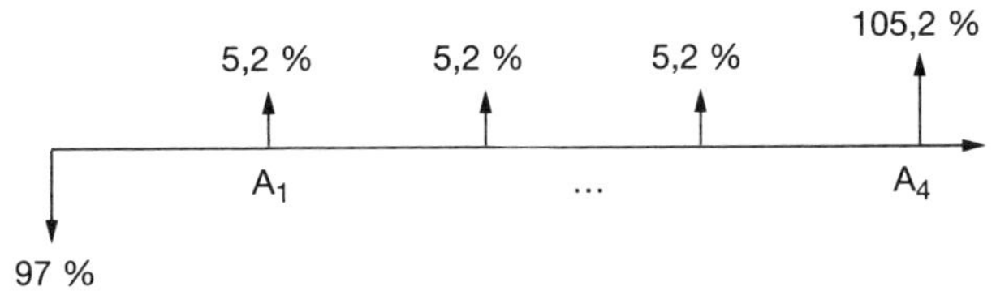

L'équation à résoudre pour déterminer le taux effectif d'un obligataire remboursé la quatrième année est donc donnée par :

1. L'utilisation d'un tableur indique un TRA de 5,7 %.

$$97\ \% = \sum_{t=1}^{4} \frac{5{,}2\ \%}{(1+\text{TRA})^t} + \frac{100\ \%}{(1+\text{TRA})^4} \Leftrightarrow 97\ \% = 5{,}2\ \% \times \frac{1-(1+\text{TRA})^{-4}}{\text{TRA}} + \frac{100\ \%}{(1+\text{TRA})^4}$$

Si on prend comme première borne $i_1 = 6\ \%$ pour l'interpolation linéaire, on obtient une valeur résiduelle $V_0(i_1)$ de 0,23. Si on prend comme seconde borne $i_2 = 7\ \%$ pour l'interpolation linéaire, on obtient une valeur résiduelle $V_0(i_2)$ de – 3,10. Puisque la première borne nous donne une valeur résiduelle positive et la seconde une valeur résiduelle négative, il est possible d'estimer le TRA de l'obligation à l'aide de la formule suivante :

$$\text{TRA} = i_1 + (i_2 - i_1) \times \frac{|V_0(i_1)|}{|V_0(i_1)| + |V_0(i_2)|}$$

$$= 6\ \% + (7\ \% - 6\ \%) \times \frac{0{,}23}{0{,}23 + 3{,}10} = 6{,}07\ \%$$

Le taux effectif de placement d'un obligataire remboursé la quatrième année est donc proche de 6,07 % [1].

f) Un souscripteur remboursé à la cinquième échéance toucherait des intérêts sur cinq années et la valeur de remboursement dans 5 ans. La séquence de flux de ce souscripteur serait donnée par le schéma 19.

Schéma 19 — *Détermination du taux effectif de placement d'un obligataire remboursé la cinquième année*

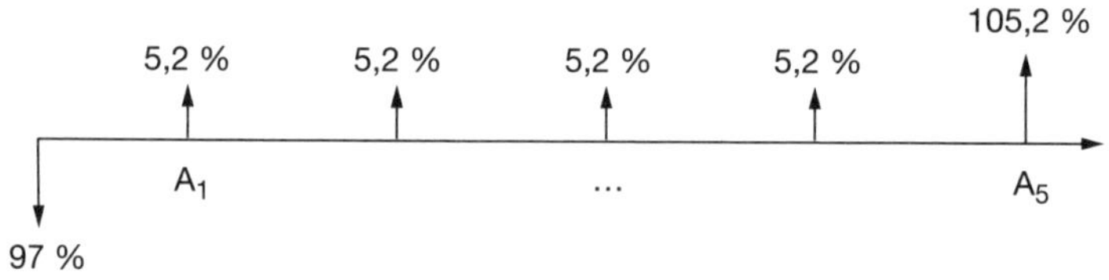

L'équation à résoudre pour déterminer le taux effectif d'un obligataire remboursé la cinquième année est donc donnée par :

$$97\ \% = \sum_{t=1}^{5} \frac{5{,}2\ \%}{(1+\text{TRA})^t} + \frac{100\ \%}{(1+\text{TRA})^5} \Leftrightarrow 97\ \% = 5{,}2\ \% \times \frac{1-(1+\text{TRA})^{-5}}{\text{TRA}} + \frac{100\ \%}{(1+\text{TRA})^5}$$

Si on prend comme première borne $i_1 = 5\ \%$ pour l'interpolation linéaire, on obtient une valeur résiduelle $V_0(i_1)$ de 3,87. Si on prend comme seconde borne $i_2 = 6\ \%$ pour l'interpolation linéaire, on obtient une valeur résiduelle $V_0(i_2)$ de – 0,37. Puisque la première borne nous

1. L'utilisation d'un tableur indique un TRA de 6,07 %.

donne une valeur résiduelle positive et la seconde une valeur résiduelle négative, il est possible d'estimer le TRA de l'obligation à l'aide de la formule suivante :

$$\text{TRA} = i_1 + (i_2 - i_1) \times \frac{|V_0(i_1)|}{|V_0(i_1)| + |V_0(i_2)|}$$

$$= 5\ \% + (6\ \% - 5\ \%) \times \frac{3,87}{3,87 + 0,37} = 5,91\ \%$$

Le taux effectif de placement d'un obligataire remboursé la cinquième année est donc proche de 5,91 % [1]. On remarque ainsi que l'obligataire préférera être remboursé le plus tôt possible car, dans ce cas, le taux effectif de placement sera plus important.

Exercice 12

a) L'obligation A est une obligation à remboursement *in fine* qui verse un coupon de 5 % du nominal pendant encore 4 années. Si le taux actuariel est de 5 %, le prix théorique de cette obligation est donné par :

$$P_0 = \sum_{t=1}^{4} \frac{5\ \%}{(1+5\ \%)^t} + \frac{100\ \%}{(1+5\ \%)^4} = 5\ \% \times \frac{1-(1+5\ \%)^{-4}}{5\ \%} + \frac{100\ \%}{(1+5\ \%)^4} = 100\ \%$$

L'obligation B est une obligation à remboursement *in fine* qui verse un coupon de 7 % du nominal pendant encore 4 années. Si le taux actuariel est de 5 %, le prix théorique de cette obligation est donné par :

$$P_0 = \sum_{t=1}^{4} \frac{7\ \%}{(1+5\ \%)^t} + \frac{100\ \%}{(1+5\ \%)^4} = 7\ \% \times \frac{1-(1+5\ \%)^{-4}}{5\ \%} + \frac{100\ \%}{(1+5\ \%)^4} = 107,09\ \%$$

L'obligation C est une obligation à remboursement *in fine* qui verse un coupon de 5 % du nominal pendant encore 6 années. Si le taux actuariel est de 5 %, le prix théorique de cette obligation est donné par :

$$P_0 = \sum_{t=1}^{6} \frac{5\ \%}{(1+5\ \%)^t} + \frac{100\ \%}{(1+5\ \%)^6} = 5\ \% \times \frac{1-(1+5\ \%)^{-6}}{5\ \%} + \frac{100\ \%}{(1+5\ \%)^6} = 100\ \%$$

b) L'obligation A est une obligation à remboursement *in fine* qui verse un coupon de 5 % du nominal pendant encore 4 années. Si le

1. L'utilisation d'un tableur indique un TRA de 5,91 %.

taux actuariel est de 4 %, le prix théorique de cette obligation est donné par :

$$P_0 = \sum_{t=1}^{4} \frac{5\ \%}{(1+4\ \%)^t} + \frac{100\ \%}{(1+4\ \%)^4} = 5\ \% \times \frac{1-(1+4\ \%)^{-4}}{4\ \%} + \frac{100\ \%}{(1+4\ \%)^4} = 103{,}63\ \%$$

L'obligation B est une obligation à remboursement *in fine* qui verse un coupon de 7 % du nominal pendant encore 4 années. Si le taux actuariel est de 4 %, le prix théorique de cette obligation est donné par :

$$P_0 = \sum_{t=1}^{4} \frac{7\ \%}{(1+4\ \%)^t} + \frac{100\ \%}{(1+4\ \%)^4} = 7\ \% \times \frac{1-(1+4\ \%)^{-4}}{4\ \%} + \frac{100\ \%}{(1+4\ \%)^4} = 110{,}89\ \%$$

L'obligation C est une obligation à remboursement *in fine* qui verse un coupon de 5 % du nominal pendant encore 6 années. Si le taux actuariel est de 4 %, le prix théorique de cette obligation est donné par :

$$P_0 = \sum_{t=1}^{6} \frac{5\ \%}{(1+4\ \%)^t} + \frac{100\ \%}{(1+4\ \%)^6} = 5\ \% \times \frac{1-(1+4\ \%)^{-6}}{4\ \%} + \frac{100\ \%}{(1+4\ \%)^6} = 105{,}24\ \%$$

c) Le prix théorique d'une obligation à taux fixe varie dans le sens inverse des variations des taux de marché (si le taux exigé par le marché augmente, le prix théorique baisse, et inversement). Cependant, deux effets viennent influencer cette relation : l'effet maturité qui souligne que la variation du prix théorique de l'obligation est d'autant plus forte que la maturité est élevée et l'effet coupon qui indique que la variation du prix théorique de l'obligation est d'autant plus forte que le coupon est faible.

d) Puisque vous anticipez une baisse des taux d'intérêt, le prix théorique des obligations devrait augmenter. Il convient donc d'investir dans des obligations dont les caractéristiques vont vous permettre de profiter au mieux de cette variation de taux. D'après l'effet coupon et l'effet maturité, il convient d'investir dans les obligations ayant une maturité élevée et un coupon faible. Ici il conviendrait donc d'investir dans l'obligation C.

Le tableau 4 confirme d'ailleurs que lorsque les taux de marché baissent de 5 % à 4 %, l'obligation C connaît une augmentation de prix théorique plus importante que les obligations A et B.

Tableau 4 — *Impact d'une diminution des taux d'intérêt de 5 % à 4 % pour les obligations A, B et C*

	Obligation A	**Obligation B**	**Obligation C**
Prix théorique à 5 %	100 %	107,09 %	100 %
Prix théorique à 4 %	103,63 %	110,89 %	105,24 %
Variation relative	3,63 %	3,55 %	5,24 %

Exercice 13

a) Nous sommes ici au pied de coupon. De ce fait, l'obligation versera un premier coupon dans exactement un an, un deuxième coupon dans deux ans, etc., et un quatrième coupon ainsi que la valeur de remboursement à l'échéance dans quatre ans. Puisque l'obligation est remboursée au pair *in fine* et que le coupon vaut 4,5 % du nominal, les flux générés par l'obligation peuvent être représentés au schéma 20.

Schéma 20 — *Détermination du prix théorique de l'obligation*

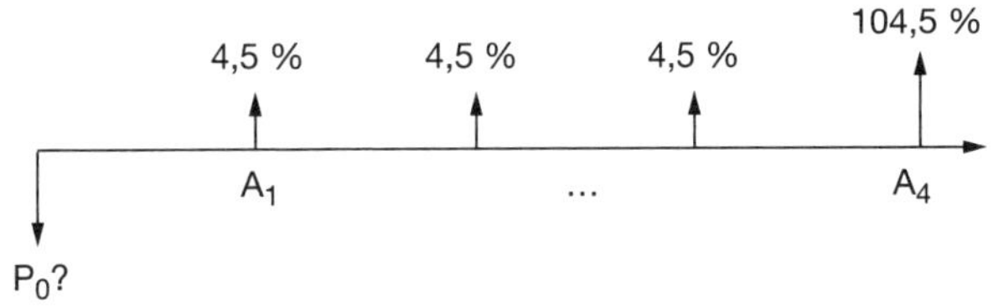

Le prix théorique de cette obligation est donné par :

$$P_0 = \sum_{t=1}^{4} \frac{4,5\ \%}{(1+5\ \%)^t} + \frac{100\ \%}{(1+5\ \%)^4}$$

$$= 4,5\ \% \times \frac{1-(1+5\ \%)^{-4}}{5\ \%} + \frac{100\ \%}{(1+5\ \%)^4} = 98,23\ \%$$

Le prix théoriquue de cette obligation est de 98,23 % du nominal.

b) Le détail du calcul de la duration est donné dans le tableau 5.

Tableau 5 — *Détail du calcul de la duration*

Année	Flux	Flux actualisé	t × Flux actualisé
1	45	$\frac{45}{1,05} = 42,86$	1 × 42,86 = 42,86
2	45	$\frac{45}{1,05^2} = 40,82$	2 × 40,82 = 81,64
3	45	$\frac{45}{1,05^3} = 38,87$	3 × 38,87 = 116,61
4	1 045	$\frac{1045}{1,05^4} = 859,72$	4 × 859,72 = 3 438,88
Somme		982,27	3 679,99

La duration de cette obligation est donc donnée par :

$$\text{Duration} = \sum_{t=1}^{4} \frac{tF_t}{(1+TM)^t} / \sum_{t=1}^{4} \frac{F_t}{(1+TM)^t} = \frac{3\ 679,99}{982,27} = 3,75 \text{ années}$$

Il faut donc détenir cette obligation pendant exactement 3,75 années pour être immunisé contre les variations de taux d'intérêt.

b) La sensibilité est obtenue à partir de la duration grâce à la formule suivante :

$$\text{Sensibilité} = \frac{-\text{Duration}}{1+TM} = \frac{-3,75}{1,05} = -3,57$$

Si le taux d'intérêt augmente de 1 %, le cours de cette obligation diminuera de 3,57 % et si le taux d'intérêt diminue de 1 %, le cours de cette obligation augmentera de 3,57 %.

Exercice 14

a) Entre le 12 juin 2010 et le 2 décembre 2010, il y a exactement 18 + 31 + 31 + 30 + 31 + 30 + 2 soit 173 jours. Chaque année cette obligation verse un coupon dont le montant est égal à 4,25 % du nominal. Ainsi, l'investisseur recevra 4,25 % du nominal dans 173 jours, 4,25 % du nominal dans 1 an et 173 jours, etc., et 4,25 % du nominal dans 3 ans et 173 jours. A l'échéance, il percevra également la valeur de remboursement. Les flux de cette obligation peuvent donc être représentés au schéma 21.

Schéma 21 — *Détermination du prix théorique de l'obligation en date du 12 juin 2010*

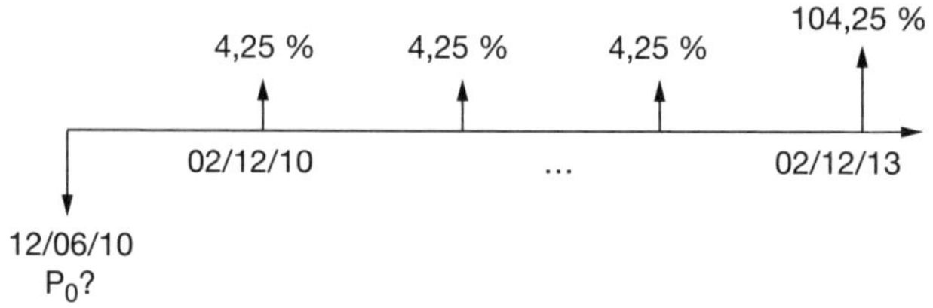

Le prix théorique de cette obligation est donné par la valeur actuelle des flux générés par l'obligation. D'où :

$$P_0 = \frac{4,25\ \%}{(1+4\ \%)^{\frac{173}{365}}} + \frac{4,25\ \%}{(1+4\ \%)^{1+\frac{173}{365}}} + \frac{4,25\ \%}{(1+4\ \%)^{2+\frac{173}{365}}} + \frac{104,25\ \%}{(1+4\ \%)^{3+\frac{173}{365}}}$$

$$P_0 = 103,01\ \%$$

Le prix théorique de cette obligation est donc de 103,01 % du nominal.

b) Le coupon couru se calcule sur la base du nombre de jours séparant le dernier versement de coupon et la date de négociation. Ici il y a exactement 365 – 173 soit 192 jours entre ces deux dates. Le coupon couru peut être représenté au schéma 22.

Schéma 22 — *Détermination du coupon couru en date du 12 juin 2010*

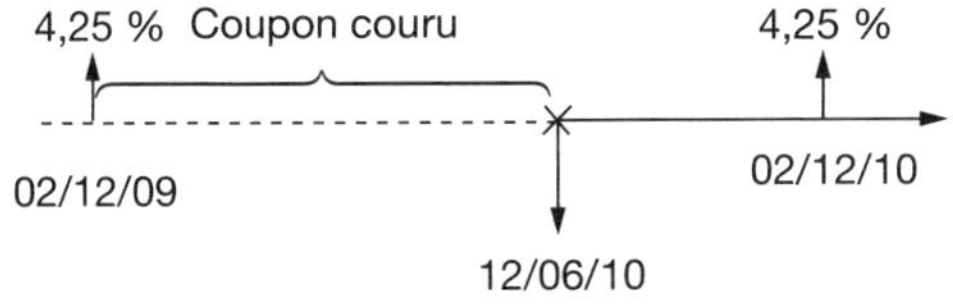

Le montant à régler au titre du coupon couru est donc :

$$4,25\ \% \times \frac{192}{365} = 2,24\ \%.$$

c) Le prix à payer pour cette obligation est donné par :

$$\begin{aligned}\text{Prix} &= (\text{Cours} + \text{Coupon couru}) \times \text{Nominal} \\ &= (100,25\ \% + 2,24\ \%) \times 1\ 000 = 1\ 024,90\ €\end{aligned}$$

d) La confrontation du prix théorique et du prix à payer indique qu'on peut acquérir actuellement sur les marchés cette obligation pour 1 024,90 €, alors qu'en théorie, si les marchés étaient à l'équilibre, cette obligation vaudrait 1 030,11 €. Il paraît donc intéressant d'acheter cette obligation.

e) Le 2 décembre 2010, il ne reste que 3 flux à recevoir : 4,25 % du nominal dans exactement 1 an, 4,25 % du nominal dans exactement 2 ans et 104,25 % du nominal dans exactement 3 ans. Le détail du calcul de la duration est donné dans le tableau 6.

Tableau 6 — *Détail du calcul de la duration*

Année	Flux	Flux actualisé	t × Flux actualisé
1	42,5	$\frac{42,5}{1,05} = 40,48$	1 × 40,48 = 40,48
2	42,5	$\frac{42,5}{1,05^2} = 38,55$	2 × 38,55 = 77,10
3	1 042,5	$\frac{1\ 042,5}{1,05^3} = 900,55$	3 × 900,55 = 2 701,65
Somme		979,58	2 819,23

La duration de cette obligation est donc donnée par :

$$\text{Duration} = \sum_{t=1}^{3} \frac{tF_t}{(1+TM)^t} \Big/ \sum_{t=1}^{3} \frac{F_t}{(1+TM)^t} = \frac{2\,819{,}23}{979{,}58} = 2{,}88 \text{ années}$$

Il faut donc détenir cette obligation pendant exactement 2,88 années pour être immunisé contre les variations de taux d'intérêt.

f) La sensibilité est obtenue à partir de la duration grâce à la formule suivante :

$$\text{Sensibilité} = \frac{-\,\text{Duration}}{1+TM} = \frac{-\,2{,}88}{1{,}05} = -\,2{,}74$$

Si le taux d'intérêt augmente de 1 %, le cours de cette obligation diminuera de 2,74 % et si le taux d'intérêt diminue de 1 %, le cours de cette obligation augmentera de 2,74 %.

Chapitre 5

Le marché des actions

Première partie : questions ponctuelles

1. Qu'est-ce qu'une action ?
2. À quel moment une entreprise émet-elle des actions ?
3. Quelle différence essentielle observez-vous entre une action et une obligation ?
4. Rappeler les différentes valeurs d'une action.
5. Qu'appelle-t-on la « valeur faciale » d'une action ?
6. Qu'est-ce que la « valeur de marché » d'une action ?
7. De quels droits non monétaires les actionnaires disposent-ils ?
8. Rappeler les différents droits monétaires rattachés aux actions.
9. Comment se caractérise le droit au dividende ?
10. Définir le droit à la plus-value.
11. Que signifie le terme « créancier résiduel » ?
12. Dans quelle situation un actionnaire bénéficie-t-il d'une plus-value ?
13. Qu'est-ce qu'une moins-value ?
14. Rappeler les différentes formes sous lesquelles un actionnaire peut détenir un titre.
15. Qu'appelle-t-on « titre au porteur » ?
16. Qu'appelle-t-on « titre nominatif administré » ?
17. Qu'appelle-t-on « titre nominatif pur » ?
18. Pourquoi les entreprises préfèrent-elles la détention « nominative » d'un titre ?
19. Quelles sont les trois grandes classes d'actions ordinaires ?
20. Qu'est-ce qu'une *small cap* ?
21. Définir une *blue chip*.
22. À quoi correspondent les actions de préférence ?
23. Comment définir une action hybride ?
24. Qu'est-ce qu'une action à bon de souscription d'actions ?
25. Quel est l'intérêt pour une entreprise d'émettre des actions à bons de souscription d'actions ?
26. Définir une action à bon de souscription d'obligations.
27. Quel est l'intérêt pour en entreprise d'émettre des actions à bons de souscription en obligations ?
28. Quels sont les risques afférents aux actions ?
29. Qu'appelle-t-on le risque de marché ?
30. Définir le risque sectoriel.
31. Comment caractériser une action contra-cyclique ?

32. Définir une action défensive.
33. Que représente une action cyclique ?
34. Pourquoi les actions défensives sont-elles qualifiées d'actions « de père de famille » ?
35. Quels sont les différents principes d'évaluation d'une action ?
36. À quels problèmes se heurte le principe d'évaluation d'une action à partir des flux futurs ?
37. Citer des exemples de méthodes d'évaluation basées sur le principe d'actualisation des flux.
38. Définir le MEDAF.
39. Qu'est-ce que le *Price Earning Ratio* ?
40. Présenter le modèle de Gordon Shapiro.
41. De quels paramètres dépend le prix d'une action dans le cadre d'un modèle d'évaluation à une période par les dividendes ?
42. Comment définir le taux de rentabilité exigé par l'investisseur dans le cadre d'un modèle d'évaluation à une période par les dividendes ?
43. Représenter schématiquement le modèle de Gordon-Shapiro.
44. Quel lien faites-vous entre le modèle de Gordon-Shapiro et une rente perpétuelle croissante ?
45. Qu'appelle-t-on la « prime de risque exigée par l'investisseur » ?
46. Que représente la « prime de risque du marché » ?
47. Qu'est-ce que le risque intrinsèque ?
48. Que représente le risque systématique ?
49. Comment, d'après le MEDAF, caractérise-t-on un titre défensif ?
50. Comment définir un titre offensif à partir du risque systématique ?
51. Pourquoi un investisseur rationnel a-t-il intérêt à diversifier son portefeuille ?
52. De quelles manières une entreprise peut-elle procéder à une augmentation de capital ?
53. Rappeler le principe d'une augmentation de capital en numéraire.
54. Dans quels cas un actionnaire peut-il bénéficier d'un droit d'attribution ?
55. Pourquoi, dans le cadre d'une augmentation de capital en numéraire, le prix des nouvelles actions est-il généralement fixé à un niveau proche mais inférieur à celui des anciennes actions ?
56. Que représente le droit préférentiel de souscription ?
57. Comment calcule-t-on la valeur théorique d'un droit préférentiel de souscription ?
58. Quelles sont les conséquences d'une augmentation de capital en numéraire ?
59. Rappeler le principe d'une augmentation de capital par incorporation des réserves.

60. Que représente le droit d'attribution ?
61. Comment calcule-t-on la valeur théorique d'un droit d'attribution ?
62. Quelles sont les conséquences d'une augmentation de capital par incorporation des réserves ?
63. Qu'appelle-t-on « ratio d'émission » ?
64. Qu'est-ce que le coefficient d'ajustement ?
65. Dans quelles situations a-t-on recours au coefficient d'ajustement ?
66. Comment calcule-t-on le coefficient d'ajustement dans le cadre d'une augmentation de capital en numéraire ?
67. Comment calcule-t-on le coefficient d'ajustement dans le cadre d'une augmentation de capital par incorporation des réserves ?
68. Qu'est-ce qu'un *stock split* ?

Deuxième partie : questions à choix multiples

1. L'émission d'actions représente pour les entreprises :
   a. un financement externe direct
   b. un financement interne
   c. un financement externe indirect.
2. Une action se définit comme :
   a. un titre de créance
   b. un titre de dette
   c. un titre de propriété.
3. Les actions sont :
   a. des instruments financiers à durée de vie limitée
   b. des instruments financiers à durée de vie infinie
   c. caractérisées par le versement d'un revenu connu et certain
   d. caractérisées par le versement d'un revenu inconnu et incertain.
4. Une action cotée est caractérisée par :
   a. une valeur faciale
   b. un prix d'émission
   c. une valeur nominale
   d. une valeur de marché
   e. une valeur de remboursement
   f. une valeur boursière.
5. La valeur nominale d'une action permet :
   a. de calculer le coupon rattaché à l'action
   b. de mesurer le montant du capital social de la société
   c. de déterminer le montant des intérêts à verser aux actionnaires
   d. de calculer le montant des dividendes à distribuer aux actionnaires.
6. La valeur de marché :
   a. correspond à la valeur boursière du titre de créance
   b. correspond à la valeur boursière du titre de propriété
   c. est fixée par l'ensemble des actionnaires lors du conseil d'administration
   d. représente le prix à un instant donné qui résulte de la confrontation de l'offre et de la demande
   e. est indispensable pour calculer le coupon couru

f. se définit comme la valeur attribuée à une entreprise par le marché à un instant donné.

7. Le dividende d'une action :
   a. est connu avec certitude par l'actionnaire lors de l'émission des titres
   b. est toujours incertain
   c. dépend uniquement du résultat financier de l'entreprise
   d. représente un revenu variable
   e. correspond à la différence entre le prix d'achat et le prix de revente du titre.

8. Indiquer les affirmations exactes :
   a. le bénéfice net après impôt est intégralement réparti entre tous les actionnaires
   b. en cas de perte, l'entreprise a la possibilité de prélever une part du montant des réserves pour la distribuer aux actionnaires
   c. les actionnaires sont assurés de percevoir chaque année un dividende égal à 2 % de leur participation
   d. lorsque l'entreprise procède à une augmentation de capital par incorporation des réserves, cela signifie qu'elle va lever des fonds sur les marchés de capitaux par l'émission d'actions nouvelles
   e. dans le cadre d'une augmentation de capital en numéraire, l'entreprise procède à la distribution d'actions gratuites.

9. En cas de liquidation d'une entreprise :
   a. les actionnaires sont prioritaires sur les obligataires
   b. les obligataires sont prioritaires sur les actionnaires
   c. l'État est prioritaire sur les actionnaires
   d. l'État est prioritaire sur les obligataires.

10. Les droits préférentiels de souscription :
   a. correspondent à des droits monétaires
   b. correspondent à des droits non monétaires
   c. concernent les actionnaires majoritaires, c'est-à-dire ceux qui détiennent plus de 6 % du capital
   d. concernent l'augmentation de capital en numéraire
   e. concernent l'augmentation de capital par incorporation des réserves
   f. sont distribués aux actionnaires qui détiennent également des obligations de l'entreprise
   g. sont distribués aux actionnaires qui détiennent également des TCN de l'entreprise
   h. sont distribués proportionnellement à la richesse individuelle des actionnaires

i. sont distribués proportionnellement à la part de capital détenue par chacun des actionnaires.

11. Les droits d'attribution :
   a. concernent l'augmentation de capital en numéraire
   b. concernent l'augmentation de capital par incorporation des réserves
   c. peuvent être revendus sur le marché secondaire
   d. correspondent à des droits monétaires
   e. résultent de la confrontation de l'offre et de la demande
   f. permettent de mesurer le montant du capital social de l'entreprise.

12. Un investisseur en actions réalise une plus-value lorsque :
   a. la valeur d'émission est inférieure à la valeur de remboursement
   b. le prix d'achat du titre est supérieur au prix de revente
   c. le prix d'achat est inférieur à la valeur boursière de revente
   d. la valeur de marché au moment de la revente est supérieure au prix d'achat
   e. un dividende est supérieur à la valeur de marché.

13. La moins-value est caractérisée par :
   a. un prix de revente supérieur au prix d'achat
   b. un prix de cession inférieur au prix d'acquisition
   c. une valeur résiduelle inférieure à la valeur nominale
   d. une valeur de remboursement inférieure à la valeur d'émission
   e. un dividende inférieur à la valeur de marché.

14. Indiquer les affirmations exactes :
   a. les actionnaires disposent d'un droit à l'information
   b. le pourcentage de droits de vote est indépendant de la part de capital détenue par chaque actionnaire
   c. le pourcentage de droits de vote est fonction du nombre d'actions détenues
   d. le titre est dit « au porteur » lorsque l'identité de l'investisseur est connue de l'émetteur
   e. l'action assure à son porteur le titre d'associé
   f. lorsque le titre est dit « nominatif administré », l'identité de l'investisseur est inconnue de l'émetteur et un intermédiaire assure la garde des titres
   g. quand le titre est « nominatif pur », l'émetteur connaît l'identité de l'investisseur
   h. en achetant une action, vous devenez copropriétaire de la société émettrice.

15. Les actions ordinaires comprennent :
    a. uniquement les titres émis dans le compartiment A de l'Eurolist
    b. entre autres, des actions dites *blue chips*
    c. entre autres, les actions de priorité et les actions de préférence
    d. uniquement les actions de préférence
    e. uniquement les titres émis dans les compartiments A et C de l'Eurolist
    f. des titres émis dans les compartiments A, B et C de l'Eurolist
    g. entre autres, des actions de moyenne capitalisation
    h. entre autres, des actions de grande capitalisation
    i. entre autres, des actions appelées *mid chips*
    j. entre autres, des actions de petite capitalisation.

16. Les actions dites *blue chips* :
    a. correspondent à des titres émis par des sociétés de petite capitalisation
    b. représentent des entreprises qui affichent en général des bénéfices et des dividendes stables depuis plusieurs années
    c. attirent les investisseurs qui sont prêts à courir un risque plus élevé dans l'espoir d'en retirer une rentabilité plus forte que les titres dits *mid chips*
    d. sont fortement sensibles aux facteurs économiques et sociaux.

17. Les titres dits *small caps* :
    a. représentent des actions de petite capitalisation
    b. attirent les investisseurs qui cherchent à sécuriser leur placement
    c. assurent un rendement modéré et un risque faible aux actionnaires
    d. sont caractérisés par le versement de dividendes prioritaires.

18. Dans les actions de préférence on trouve :
    a. les actions *mid caps*
    b. les actions à dividende prioritaire
    c. les certificats d'investissement
    d. les TCN de long terme
    e. les actions de priorité
    f. les certificats de droit de vote.

19. Indiquer les affirmations exactes :
    a. les certificats d'investissement correspondent à des actions amputées de leur droit au dividende
    b. les certificats de droit de vote sont amputés de leur droit au dividende mais conservent leur droit de vote

c. les *blue chips* correspondent à des actions de grande capitalisation
d. un porteur d'action à dividende prioritaire ne bénéficie pas de droit de vote dès lors que l'entreprise verse des dividendes
e. le risque sectoriel correspond à l'incertitude associée à l'environnement économique
f. le risque de marché dépend de paramètres économiques tels que l'inflation, les taux d'intérêt, les prix à l'exportation
g. les actions à bon de souscription d'actions sont des titres hybrides
h. en période de crise, il est préférable d'investir dans des actions contra-cycliques.

20. Un titre hybride :
a. est un titre que l'on retrouve à la fois dans les compartiments A et B de l'Eurolist
b. est une action de préférence
c. possède des propriétés appartenant aux actions mais également aux TCN
d. possède des propriétés appartenant aux actions mais également à d'autres titres financiers, comme les obligations.

21. Une action à bon de souscription en action :
a. permet à l'émetteur d'augmenter son capital de manière différée et à moindres frais
b. est distribuée à tous les actionnaires dans le cadre d'une augmentation de capital par incorporation des réserves
c. est distribuée aux actionnaires dans le cadre de distribution d'actions gratuites
d. est un titre hybride
e. permet à l'émetteur de lever des fonds sans risque de dilution du capital.

22. Une action à bon de souscription en obligation :
a. est un titre hybride
b. permet à l'émetteur d'augmenter son capital de manière différée et à moindres frais
c. est distribuée à tous les actionnaires dans le cadre d'une augmentation de capital par incorporation des réserves
d. est distribuée aux actionnaires dans le cadre de distribution d'actions gratuites
e. permet à l'émetteur de lever des fonds ultérieurement sans risque de dilution du capital.

23. Une action cyclique est caractérisée par :
a. une grande stabilité en période de récession
b. un résultat faible en période de récession et un résultat élevé en période de croissance

c. un résultat faible en période de croissance et un résultat élevé en période de récession
d. une performance à l'inverse de l'état de santé général de l'économie.

24. L'évaluation d'une action :
a. par l'actualisation de ses flux futurs se heurte à la durée de vie du titre (considérée comme infinie) et aux dividendes supposés incertains et de montant inconnu
b. est une étape importante dans le processus de décision d'investissement
c. se fait uniquement à partir du modèle de Gordon-Shapiro
d. peut se faire, entre autres, par l'approche par les dividendes ou la méthode des comparables
e. par la méthode des comparables implique l'utilisation de ratios financiers.

25. L'approche par les dividendes :
a. est fondée sur le principe d'actualisation des flux futurs
b. nécessite le calcul de ratios financiers tels que le *Price Earning Ratio*
c. fait intervenir les coupons reçus par l'actionnaire ainsi que la valeur de remboursement du titre
d. dépend de la valeur d'émission de l'action.

26. Dans le modèle d'évaluation par les dividendes à une période :
a. le prix de revente est égal à la valeur actuelle du dividende versé plus le prix d'achat
b. la valeur d'une action est égale à la valeur actuelle du dividende majorée du prix de revente actualisé
c. l'investisseur réalise toujours une plus-value car le prix d'achat est toujours supérieur au prix de revente actualisé
d. le taux de rentabilité exigé par les investisseurs est fonction du taux d'intérêt de l'emprunt et de la valeur nominale de l'action.

27. Dans le modèle d'évaluation par les dividendes à plusieurs périodes :
a. la valeur d'une action est égale à la valeur actuelle du dividende majorée du prix de revente actualisé
b. le prix théorique de l'action à l'achat est égal à la somme des dividendes futurs actualisés
c. si le prix observé sur le marché est supérieur au prix théorique déterminé par ce modèle, alors le titre est sous-évalué
d. si le prix observé sur le marché est supérieur au prix théorique déterminé par ce modèle, alors le titre est surévalué

e. si le prix observé sur le marché est inférieur au prix théorique déterminé par ce modèle, alors le prix de ce titre devrait augmenter
f. si le prix observé sur le marché est inférieur au prix théorique déterminé par ce modèle, alors le prix de ce titre devrait diminuer.

28. Le modèle de Gordon-Shapiro :
a. est une méthode d'évaluation basée sur les comparables
b. fait intervenir le principe d'actualisation des flux
c. suppose une croissance constante des dividendes
d. implique un dividende constant à chaque période
e. correspond à une rente perpétuelle croissante
f. correspond à une rente perpétuelle constante
g. permet d'évaluer la valeur de remboursement attachée à l'action.

29. Indiquer les affirmations exactes :
a. si le prix observé sur le marché est supérieur à celui déterminé à partir du modèle de Gordon-Shapiro alors le prix de ce titre devrait augmenter
b. si le prix observé sur le marché est supérieur à celui déterminé à partir du modèle de Gordon-Shapiro alors le titre est surévalué
c. le modèle d'évaluation par les dividendes à plusieurs périodes fait l'hypothèse d'une croissance constante des dividendes
d. le prix d'une action est toujours égal à la somme des dividendes futurs actualisés quel que soit le modèle d'évaluation retenu
e. si le prix déterminé à partir du modèle de Gordon-Shapiro est supérieur à celui observé sur le marché alors le titre est sous-évalué.

30. Le *Price Earning Ratio* :
a. se définit comme le rapport cours d'une action sur bénéfice par action
b. se définit comme le rapport bénéfice par action sur prix de l'action
c. se définit comme le rapport dividende versé sur prix d'une action
d. est un indice de cherté.

31. Le MEDAF :
a. est une méthode de détermination du prix d'équilibre basée sur les comparables
b. est une méthode de détermination du prix d'équilibre basée sur les dividendes

c. est représenté par l'équation suivante : $E(R_i) = R_f + \beta_i \times (E(R_m) - R_f)$, avec $E(R_i)$ la rentabilité du marché i, R_f le taux sans risque, β_i le risque intrinsèque et $E(R_m)$ la rentabilité du titre m

d. est représenté par l'équation suivante : $E(R_i) = R_f + \beta_i \times (E(R_m) - R_f)$, avec $E(R_i)$ la rentabilité du titre i, R_f le taux sans risque, β_i le coefficient associé au risque systématique et $E(R_m)$ la rentabilité du marché.

32. Indiquer les affirmations exactes :
    a. $(E(R_i) - R_f)$ mesure la prime de risque exigée par l'investisseur
    b. si $\beta < 1$, alors le titre varie plus que proportionnellement au marché
    c. le risque systématique est un risque non diversifiable
    d. le risque systématique est un risque diversifiable
    e. si $\beta > 1$, alors le titre varie plus que proportionnellement au marché, il est dit offensif
    f. le risque spécifique également qualifié de risque intrinsèque est un risque non diversifiable
    g. le risque spécifique également qualifié de risque intrinsèque est un risque diversifiable
    h. le risque intrinsèque dépend de facteurs macroéconomiques
    i. le risque spécifique dépend de facteurs microéconomiques
    j. si la rentabilité anticipée du titre est supérieure à la rentabilité déterminée à partir du MEDAF alors le titre est surévalué.

33. Une entreprise peut financer l'acquisition d'immobilisations par :
    a. emprunt obligataire
    b. découvert bancaire
    c. augmentation de capital en numéraire
    d. augmentation de capital par incorporation des réserves.

34. Lorsqu'une entreprise procède à une augmentation de capital en numéraire, cela signifie :
    a. qu'elle va émettre des obligations
    b. qu'elle va émettre des actions
    c. qu'elle va émettre des TCN
    d. qu'elle va toujours distribuer des droits préférentiels de souscription
    e. qu'elle va distribuer des droits d'attribution.

35. Les droits préférentiels de souscription :
    a. permettent aux anciens actionnaires de ne pas être relués
    b. sont des actifs financiers qui, à ce titre, peuvent être revendus sur les marchés de capitaux
    c. évitent une perte de patrimoine pour les anciens actionnaires.

36. Indiquer les affirmations exactes :
    a. dans le cadre d'une augmentation de capital en numéraire, les nouvelles actions offrent les mêmes avantages que les anciennes actions
    b. le droit préférentiel de souscription est une préférence donnée aux anciens actionnaires pour souscrire prioritairement à l'augmentation de capital en numéraire
    c. le droit préférentiel de souscription est un mécanisme correcteur qui permet aux anciens actionnaires de ne pas être lésés financièrement en cas d'augmentation de capital par incorporation des réserves
    d. La diminution de la valeur théorique du titre liée à l'augmentation de capital est parfaitement compensée par la distribution de droits préférentiels de souscription.

37. L'augmentation de capital par incorporation des réserves :
    a. se traduit par l'émission d'actions gratuites
    b. peut se traduire par l'accroissement du nominal des titres
    c. peut se traduire par la distribution d'actions gratuites à qui veut
    d. peut se traduire par la distribution d'actions gratuites uniquement aux anciens actionnaires
    e. est réservée aux détenteurs de droits d'attribution
    f. implique un transfert, au passif du compte de résultat, du compte de classe 1 « Réserves » vers le compte de classe 1 « Capital social »
    g. entraîne un ajustement à la hausse du cours du titre
    h. entraîne un ajustement à la baisse du cours du titre.

38. Le droit d'attribution :
    a. est distribué aux nouveaux actionnaires dans l'attente de l'émission des actions
    b. est distribué aux anciens actionnaires
    c. peut être revendu sur le marché secondaire
    d. peut être revendu sur le marché primaire
    e. permet d'acquérir à moindre frais un TCN.

39. Le coefficient d'ajustement :
    a. mesure la différence entre la valeur faciale de l'action et sa valeur de remboursement
    b. mesure la différence entre la valeur boursière d'une action et la valeur de marché d'une obligation
    c. permet d'ajuster des données financières, telles que le dividende ou le cours afin de les rendre comparables avant et après une opération de capital
    d. est le coefficient multiplicateur de droit d'attribution
    e. est un paramètre du modèle de Gordon-Shapiro.

Troisième partie : exercices

Exercice 1

Soit la cote parue dans *Les Échos* en date du 11 juin 2009 :

Valeur Isin	Ouv + ht + bs	Clôt + ht ajus + b ajus	Ecart V mens V ann	BPA 09 PER 09 DR	Div+IA+Rdt Vol Nb titres
Havas	1,893	**1,923**	+2,29	0,19	**0,04** T **2,13**
B ▲	1,938	2,72	+2,29	10,12	1039106
FR0000121881	1,871	1,257	+30,99		429869423

Décriver les informations contenues pour le titre HAVAS.

Exercice 2

La société Digix a été partiellement introduite en bourse le 2 mai 2000. À l'époque, le capital social était composé de 72 500 000 actions de valeur nominale 0,25 € et le prix de l'introduction avait été fixé à 1 €. Depuis, l'entreprise a émis 10 000 000 d'actions dans le cadre de diverses augmentations de capital. Sachant que le cours de cette action s'établit fin mai 2010 à 1,5 € et que le capital à cette date est détenu à hauteur de 51 % par son créateur :

a) Calculer le capital social de Digix fin mai 2010.

b) Calculer la capitalisation boursière de Digix fin mai 2010.

c) Calculer la valeur de marché du flottant de Digix fin mai 2010.

d) Calculer la prime d'émission lors de l'introduction en bourse le 2 mai 2000. Expliquer pourquoi il pouvait être intéressant pour les investisseurs de participer à l'introduction en bourse de la société bien que la valeur nominale des actions soit inférieure au prix d'introduction.

Exercice 3

a) Selon les prévisions des analystes, l'entreprise La Roux versera un dividende de 8 € par action l'an prochain. À la suite du paiement du dividende, les analystes prévoient que la valeur de l'action sera de 105 €. Le coût d'opportunité du capital étant de 13 %, combien vaut l'action aujourd'hui ?

b) Selon ces mêmes analystes le cours de l'entreprise Karlov devrait se situer dans un an à 86 € et devrait verser l'an prochain un dividende par action de 4 €. Sachant que le cours de cette action est actuellement de 80 €, quelle est l'exigence de rentabilité des investisseurs pour ce titre ?

Exercice 4

Vous avez acheté, il y a un an, 7 actions de la société Cravatex. À cette époque le cours de la société se situait à 140 €. Vous revendez aujourd'hui vos sept actions alors que le cours de l'action s'établit à 162 € après avoir détaché un dividende de 8 € par action. Quelle est la rentabilité de cette ligne de votre portefeuille sachant que les frais de courtage s'élèvent à 1 % ?

Exercice 5

La société Genifrance versera l'an prochain un dividende de 4 € par action. Vous prévoyez ensuite une hausse du dividende de 3 % par an à perpétuité. Sachant que vous exigez 10 % de rentabilité sur cet investissement, quel prix accepterez-vous de payer pour cette action ?

Exercice 6

a) L'action de la société Niocal verse à la fin de chaque année un dividende de 7 € depuis sa création en 1837 et les analystes prévoient que cela ne devrait pas changer. Sachant que le coût d'opportunité du capital est de 10 %, combien vaut aujourd'hui cette action ?

b) L'action de la société Lacadar a versé hier un dividende de 7 €. Depuis la création de la société, le dividende n'a cessé de progresser de 4 % par an et les analystes prévoient que cette tendance devrait perdurer. Sachant que le coût d'opportunité du capital est de 13 %, combien vaut aujourd'hui cette action ?

c) Votre collègue vous conseille d'investir dans Niocal ; qu'en pensez-vous ?

Exercice 7

On anticipe un dividende de 4 € pour l'action de Drums l'an prochain. Ensuite, on s'attend à ce que le dividende augmente de 10 % par an pendant 5 ans puis on prévoit une croissance nulle.

L'exigence de rentabilité étant de 12 %, quelle est la valeur de l'action Drums ?

Exercice 8

Supposons que l'action de la société Domino verse l'an prochain un dividende de 5 € par action. Son cours est actuellement de 45 €. Calculer la rentabilité de ce titre en réalisant les différentes hypothèses suivantes :

a) le dividende demeure stable à 5 € à perpétuité ;

b) le prochain dividende versé sera de 5 € et vous vous attendez ensuite à ce que le dividende augmente de 4 % par an à perpétuité ;

c) le prochain dividende versé sera de 5 € et vous vous attendez ensuite à ce que le dividende augmente de 4 % par an pendant 3 ans puis de 2 % par an à perpétuité.

Exercice 9

a) L'action de la société Micky affiche un bénéfice par action de 5 €, le *Price Earning Ratio* (PER) de son secteur d'activité est estimé à 10. Quel devrait être le prix de ce titre ?

b) Le cours de cette action est actuellement de 40 €, que faites-vous ?

Exercice 10

a) La société Myszka a annoncé des bénéfices de 20 000 000 € pour cette année. Sachant qu'il existe 1 200 000 d'actions en circulation, quel est le PER de cette société si le cours est actuellement de 100 € ? Le PER du secteur étant de 8, faut-il acheter ce titre ?

b) La société Lecouvey versera l'an prochain un dividende de 6 €. Vous estimez que son dividende augmentera à l'infini de 2 % par an. Sachant que l'exigence de rentabilité des actionnaires est de 5 %, quelle est la valeur de cette action ?

c) Sachant que le taux sans risque est de 4,5 % et que le rendement de marché est de 6,5 %, quelle est la rentabilité attendue par l'investisseur dans la société Gohaud qui a un bêta de 1,2 ?

Exercice 11

Vous avez décidé d'investir dans le secteur bancaire. Vous hésitez entre différents titres dont les principales caractéristiques sont données dans le tableau suivant :

	Cours	**Taux de distribution**	**Taux de croissance des dividendes**	**Nombre d'actions**	**Bénéfice estimé**
Banque Populiste	15	50 %	4 %	25 000 000	50 000 000
Banque Nationale de Poitiers	80	80 %	5 %	30 000 000	270 000 000
Société Géniale	60	80 %	2 %	16 000 000	120 000 000
Le Crédit Marseillais	35	50 %	3 %	20 000 000	100 000 000
Le Crédit Viticole	42	90 %	3 %	20 000 000	90 000 000

a) Sachant que le PER du secteur bancaire est de 8, dans quels titres devez-vous investir si vous prenez comme critère d'investissement d'acheter les titres ayant un PER inférieur au PER du secteur ?

b) Dans quels titres investissez-vous selon le modèle de Gordon-Shapiro, sachant que l'exigence de rentabilité des actionnaires est de 12 % quel que soit l'établissement financier considéré ?

c) Comparer les résultats donnés par les deux modèles. Que concluez-vous ?

Exercice 12

L'action Netix possède un risque systématique de 1,3.

a) Sachant que le taux sans risque est de 4,5 % et que la prime de risque du marché est de 5,5 %, quelle est l'espérance de rentabilité du marché ?

b) Déterminer le taux de rentabilité attendue de Netix ainsi que la prime de risque exigée par les actionnaires.

Exercice 13

Votre meilleur ami vous demande votre avis d'expert concernant ses investissements. Il a identifié 5 actions. Après avoir fait quelques recherches, vous obtenez les informations suivantes :

	Rentabilité anticipée par les analystes	**Risque systématique (β)**
Sodaphone	16 %	1,6
Decomod	12 %	0,8
Rebier	9,3 %	0,6
Goubany	10 %	1,2
Grizzly corp	5 %	0,2

Sachant que, sur les 20 dernières années, la rentabilité des actions était en moyenne de 11,5 % alors que celle des bons du Trésor à long terme était de 6 %, déterminer les titres surévalués, sous-évalués ou à l'équilibre.

Exercice 14

Vous avez réussi à obtenir de très nombreuses informations sur le cours de 2 sociétés appartenant au même secteur. Ces informations sont synthétisées dans le tableau suivant :

	Sebana	Hauspie
Rentabilité anticipée par les analystes	8 %	10 %
Bénéfices	7 500 000 €	12 000 000 €
Dividende prévu pour l'an prochain	2 €	3 €
Écart type de la rentabilité	24 %	20 %
Risque systématique (β)	1,3	0,8
Cours actuel	80 €	120 €
Nombre d'actions en circulation	750 000	1 000 000
Taux de croissance des dividendes à l'infini	4 %	3 %
Valeur comptable des actions	75 000 000 €	100 000 000 €
Chiffre d'affaires	325 000 000 €	500 000 000 €
Taux actuariel des obligations émises à moins d'un an par la société	5,7 %	5,5 %

Vous savez également que le taux sans risque historique est de 4,5 %, que le PER de marché est de 9 et que la rentabilité historique du marché est de 8 %.

a) Calculer le PER des deux sociétés. Selon ce critère, dans quelle(s) action(s) investissez-vous ?

b) Sachant que l'exigence de rentabilité des investisseurs est de 6 %, calculez le cours théorique de ces deux actions selon la formule de Gordon et Shapiro. Déterminez si chaque action est sous-évaluée, surévaluée ou à l'équilibre.

c) Déterminer à l'aide du modèle du MEDAF si les actions Sebana et Hauspie sont surévaluées, sous-évaluées ou à l'équilibre.

d) Calculer le *market to book ratio* de chaque action. Quelle action préférez-vous ?

e) La société Hauspie souhaite procéder à une augmentation de capital en numéraire afin de financer son développement. Elle prévoit d'émettre 200 000 actions nouvelles à 110 €. Déterminer le cours théorique de l'action Hauspie après l'augmentation de capital.

Exercice 15

La société TPLT (Tout Pour La Teuf), leader français des accessoires, costumes et perruques pour faire la fête, a été créée en 1986 par son PDG actuel monsieur Charroin. TPLT souhaiterait conforter sa place de leader en acquérant la société Festi+. Le capital de TPLT est composé de 600 000 actions de nominal 1 €. Monsieur Charroin détient 400 000 actions de TPLT ce qui en fait le principal actionnaire. Les 200 000 actions restantes sont détenues par divers petits actionnaires non identifiés. Monsieur Charroin hésite à financer son acquisition par dettes ou par une augmentation de capital.

a) Sachant que les actions de TPLT seraient émises à 25 € et que Festi+ est évaluée à 7 500 000 €, déterminer le nombre d'actions à émettre dans le cadre de l'augmentation de capital.

b) Quelle serait, suite à cette augmentation de capital, la structure de propriété de TPLT si aucun des actionnaires actuels ne participait à l'offre ?

c) Quel serait l'impact en termes de droit de vote de cette augmentation de capital pour monsieur Charroin et pour les divers petits actionnaires non identifiés ?

d) Comparer les avantages et les inconvénients du recours à la dette par rapport à l'augmentation de capital.

Exercice 16

Afin de financer sa politique de croissance externe à l'étranger, la société Quinson effectue une augmentation de capital par création d'actions nouvelles. Cette opération se traduirait par l'émission de 6 000 000 d'actions au prix de 50 €.

Calculer la dilution du bénéfice par action sachant que le ratio d'émission est d'une action nouvelle pour 11 actions anciennes et que le bénéfice de la société avant l'augmentation de capital est de 200 000 000 €.

Exercice 17

La société Lorient Express prévoit de réaliser un bénéfice de 250 000 000 € en 2010.

a) Sachant que le capital est composé fin 2010 de 50 000 000 d'actions, quel est le bénéfice par action de Lorient Express ?

b) Néanmoins, afin de financer son développement, Lorient Express a décidé de procéder à une augmentation de capital courant 2010 à hauteur de 100 000 000 € par l'émission de 4 000 000 d'actions nouvelles au prix unitaire de 25 €. En supposant un bénéfice toujours égal à 250 000 000 €, déterminer quel est l'impact de cette augmentation de capital sur le bénéfice par action de Lorient Express.

c) Supposons que cette augmentation de capital permette d'investir dans des projets créateurs de richesse de telle sorte que le bénéfice de Lorient Express augmente de 10 %, quel est l'impact de cette augmentation de capital sur le bénéfice par action de la société ?

Exercice 18

La société Jawadi a émis des actions à 12 € dans le cadre d'une augmentation de capital en numéraire, une action nouvelle étant émise pour cinq actions détenues. Avant l'opération, il y avait 15 000 000 d'actions en circulation et leur cours s'établissait à 15 €.

a) Déterminer le montant obtenu dans le cadre de cette augmentation de capital.

b) Déterminer la valeur théorique d'un droit préférentiel de souscription.

c) Déterminer la valeur théorique d'une action après l'augmentation de capital. Quel est l'impact de cette opération sur le cours de Jawadi ?

d) Montrer qu'en dépit de cette diminution du cours, un actionnaire qui ne participe pas à l'offre ne voit pas sa richesse diminuer du fait de l'augmentation de capital.

Supposons que les dirigeants de la société Jawadi modifient leur plan et renoncent à cette augmentation de capital à 12 €. Ils décident néanmoins d'augmenter le capital de la société en émettant des actions à 10 €.

e) Combien doivent-ils émettre d'actions nouvelles s'ils veulent obtenir le même montant qu'à la question a) ?

f) Quel est alors le nouveau ratio d'émission ?

g) Montrer que l'actionnaire qui participe à l'offre ne voit pas sa richesse diminuée, que les actions soient émises à 12 € ou à 10 €.

h) Montrer qu'un investisseur qui n'est pas actionnaire avant l'opération n'a aucun intérêt à acquérir en bourse des droits de souscription afin de participer à l'augmentation de capital. Vous supposerez que le prix d'émission est de 12 €.

Exercice 19

La société Millat décide d'augmenter son capital social par incorporation de réserves. Le ratio d'émission est de 4. Quelle est la valeur théorique d'un droit d'attribution si le cours de l'action Millat est avant l'opération de 75 € ?

Exercice 20

La société BMI souhaite procéder à une augmentation de capital par incorporation des réserves. Elle va distribuer une action gratuite pour quatre anciennes détenues. Avant l'opération, son capital est constitué de 10 000 000 d'actions de nominal 1 € et le cours des actions est de 10 €.

a) Déterminer le montant obtenu dans le cadre de cette augmentation de capital.

b) Déterminer la valeur théorique d'un droit d'attribution.

c) Déterminer la valeur théorique d'une action après l'augmentation de capital. Quel est l'impact de cette opération sur le cours de Jawadi ?

d) Montrer qu'en dépit de cette diminution du cours, un actionnaire qui ne participe pas à l'offre ne voit pas sa richesse diminuée du fait de l'augmentation de capital.

e) Montrer que l'actionnaire qui participe à l'offre ne voit pas sa richesse diminuée.

f) Montrer qu'un investisseur qui n'est pas actionnaire avant l'opération n'a aucun intérêt à acquérir en bourse des droits d'attribution afin de participer à l'augmentation de capital.

Exercice 21

Les fonds propres de la société Crets de 100 000 000 € sont composés :

- du capital social : 900 000 actions de valeur nominale 100 €,
- de réserves, d'un montant de 10 000 000 €.

En février, la société décide d'augmenter son capital social par incorporation de la totalité des réserves.

a) Vous détenez 544 actions Crets. À combien d'actions gratuites avez-vous droit ?

b) Vous souhaitez obtenir une action gratuite supplémentaire : que devez-vous faire ?

c) Avant l'augmentation de capital, l'action cotait 155 €. En avril, elle cote 120 €. Quel est le pourcentage de baisse réelle de l'action ?

Exercice 22

La société Delphino a réalisé 2 opérations d'augmentation de capital au cours des 4 dernières années.

En avril 2008, elle a réalisé une augmentation de capital par incorporation de la totalité de ses réserves. À cette époque, le capital social de la société était composé de 4 000 000 d'actions de valeur nominale 1 € et de réserves d'un montant de 1 000 000 €.

En mai 2010, elle a réalisé une augmentation de capital en numéraire à raison d'une action nouvelle pour 4 anciennes au prix de 39 €. Le cours avant l'augmentation de capital était de 50 €.

Le cours au 31 décembre de chaque année est donné dans le tableau suivant :

	Cours de l'action au 31 décembre
2007	47,20 €
2008	35,40 €
2009	52,40 €
2010	55,70 €

Calculer l'évolution apparente et l'évolution réelle du cours de la société Delphino sur les périodes 2007-2010.

Quatrième partie : corrigés

Questions à choix multiples
Question 1 : A, C
Question 2 : C
Question 3 : B, D
Question 4 : A, B, C, D, F
Question 5 : B
Question 6 : B, D, F
Question 7 : B, D
Question 8 : B
Question 9 : B, C, D
Question 10 : A, D, I
Question 11 : B, C, D
Question 12 : C, D
Question 13 : B
Question 14 : A, C, E, F, G, H
Question 15 : B, F, G, H, I, J
Question 16 : B
Question 17 : A
Question 18 : B, C, E, F
Question 19 : B, C, D, F, G, H
Question 20 : D
Question 21 : A, D
Question 22 : A, E
Question 23 : B
Question 24 : A, B, D, E
Question 25 : A
Question 26 : B
Question 27 : B, D, E
Question 28 : B, C, E
Question 29 : B, E
Question 30 : A, D
Question 31 : D
Question 32 : A, C, E, G, I
Question 33 : A, C
Question 34 : B
Question 35 : B, C

Question 36 : A, B, D
Question 37 : A, B, E, F, H
Question 38 : B, C
Question 39 : C

Exercice 1

La première colonne indique le nom du titre (Havas), le compartiment du marché auquel il appartient (compartiment B, moyenne capitalisation), le pictogramme indique l'appartenance à un indice de référence (▲ : CACMid100) et l'identifiant alphanumérique de 12 caractères (FR0000121881) représente le code ISIN [1], c'est-à-dire l'identification internationale du titre.

La deuxième colonne fournit des informations sur le cours d'ouverture, le cours le plus haut et le cours le plus bas de la séance du 10 juin 2009.

La troisième colonne donne le cours de clôture, le cours le plus haut et le cours le plus bas ajustés. L'ajustement des cours se fait pour toutes les opérations sur le capital de l'entreprise.

La quatrième colonne fournit des indications sur la performance quotidienne (Écart), mensuelle (V mens) et annuelle (V ann). L'écart mesure la variation entre le cours de clôture du jour et celui de la veille ou le dernier coté s'il n'y pas eu de cotation le jour considéré. V mens et V ann mesurent les variations mensuelles et annuelles entre le cours le plus élevé et le cours le plus bas du mois ou de l'année.

La cinquième colonne informe l'investisseur sur le dernier bénéfice net par action (BPA), le *price earning ratio* (PER) et le délai de récupération [2] (DR). Pour Havas, le BPA est de 0,19 et le PER est de 10,12.

La sixième et dernière colonne fournit des informations sur le dernier dividende versé (Div), et indique si ce dernier dividende a été versé en totalité (T) ou en partie (A). Le dernier dividende versé par Havas est de 0,04 € et il l'a été en totalité. Le « Rdt » représente le rendement en dividende, « Vol » indique le volume de transactions réalisées (1 039 106 actions Havas ont été échangées le 10 juin 2009) et « Nb titres » mesure le nombre d'actions sur le marché (429 869 423 titres Havas).

Exercice 2

a) Le capital social d'une entreprise est obtenu en multipliant le nombre d'actions par la valeur nominale d'une action. Fin mai 2010, le capital social de Digix est composé de 82 500 000 actions (72 500 000

1. International Securities Identification Number.
2. Le DR mesure la durée nécessaire pour observer un retour sur investissement.

+ 10 000 000). Puisque la valeur nominale d'une action est de 0,25 €, le capital social de Digix est de 20 625 000 € (82 500 000 × 0,25).

b) La capitalisation boursière d'une entreprise est obtenue en multipliant le nombre d'actions par le cours d'une action. Il s'agit, en d'autres termes, de la valeur de marché des fonds propres. Puisque le cours de Digix s'établit fin mai 2010 à 1,5 €, sa capitalisation boursière est de 123 750 000 € (82 500 000 × 1,5).

c) Le flottant est la fraction du capital qui est réellement mise sur le marché. Puisque 51 % du capital est toujours détenu par son créateur fin mai 2010, seuls 49 % des actions sont susceptibles d'être échangées sur les marchés. À cette date, la valeur de marché du flottant de Digix est donc de 60 637 500 € (82 500 000 × 1,5 × 49 %).

d) La prime d'émission lors d'une introduction en bourse est la différence entre le prix d'émission et la valeur nominale. Ici, elle est donc de 0,75 € (1 – 0,25).

Il est important de faire la distinction entre la valeur nominale et la valeur de marché d'une action. La valeur nominale ne représente qu'une valeur purement comptable de l'action et apparaît au passif du bilan. Cette valeur peut donc être éloignée de sa valeur de marché qui résulte de la confrontation de l'offre et de la demande pour cette action sur les marchés financiers. Il n'est donc pas rare d'observer des primes d'émission (parfois très importantes) lors des augmentations de capital ou des introductions en bourse. Ainsi, même si le prix d'introduction est supérieur à la valeur nominale, il peut être intéressant de participer à l'introduction en bourse car la valeur nominale n'a que très peu de sens pour les financiers et est bien souvent déconnectée de la valeur de marché.

Exercice 3

a) La valeur actuelle d'une action peut être déterminée à l'aide du modèle à une période à partir de son cours dans un an et du dividende versé dans un an.

Schéma 1 — *La représentation graphique des flux générés par l'action La Roux*

Le prix à payer noté P_0 est donc donné par :

$$P_0 = \frac{DIV_1 + P_1}{1+k} = \frac{8+105}{1+13\ \%} = 100\ €$$

Si les prévisions des analystes sont correctes, le cours de cette action devrait être aujourd'hui de 100 €.

b) Selon le même principe, il est possible de calculer l'exigence de rentabilité des investisseurs en transformant la formule précédente de sorte à exprimer k, l'exigence de rentabilité des investisseurs, en fonction des autres paramètres de l'équation.

$$P_0 = \frac{DIV_{1+}P_1}{1+k} \Leftrightarrow 1+k = \frac{DIV_{1+}P_1}{P_0} \Leftrightarrow k = \frac{DIV_{1+}P_1}{P_0} - 1 = \frac{4+86}{80} - 1 = 12{,}5\ \%$$

Si les prévisions des analystes sont correctes, les investisseurs devraient exiger pour ce titre une rentabilité de 12,5 %.

Exercice 4

Puisque les 7 actions sont identiques, le rendement d'une action est égal au rendement de la ligne de notre portefeuille. Autrement dit, il est équivalent de raisonner pour un titre ou pour les sept.

Il y a un an, le cours de Cravatex était de 140 €. Compte tenu des frais de courtage, nous avons dû régler 141,4 € (140 + 140 × 1 %) pour acquérir un titre.

Nous avons revendu nos titres aujourd'hui au cours de 162 €. Compte tenu des frais de courtage, nous avons reçu 160,38 € (162 – 162 × 1 %) par titre.

Puisque le dividende est de 8 €, la rentabilité de cette ligne de portefeuille est donnée par :

$$r = \frac{DIV_1 + P_1 - P_0}{P_0} = \frac{8 + 160{,}38 - 141{,}4}{141{,}4} = 19{,}08\ \%$$

La rentabilité de notre ligne de portefeuille, compte tenu des frais de courtage, est de 19,08 %.

Exercice 5

On cherche ici à évaluer le prix théorique d'une action en se basant sur l'hypothèse d'une croissance constante des dividendes. Il s'agit donc du modèle de Gordon-Shapiro. Le prix de cette action est donné par la relation suivante :

$$P_0 = \frac{DIV_1}{k-g} = \frac{4}{10\ \% - 3\ \%} = 57{,}14\ €$$

Selon le modèle de Gordon-Shapiro, le prix de cette obligation est de 57,14 €.

Exercice 6

a) L'action Niocal versera chaque année et ce perpétuellement un dividende de 7 € à ses actionnaires. On reconnaît donc une rente perpétuelle de fin de période de 7 €. Les flux générés par cette action sont représentés sur le schéma 2.

Schéma 2 — *La représentation graphique des flux générés par l'action Niocal*

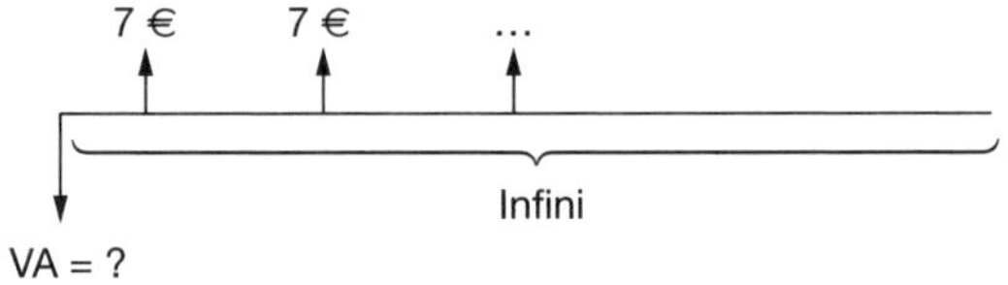

Pour déterminer la valeur de cette action, il convient de calculer la valeur actuelle d'une rente perpétuelle de fin de période :

$$VA = \frac{CF}{i} = \frac{7}{10\ \%} = 70\ €$$

L'action Niocal vaut donc 70 €.

b) L'action Lacadar a versé l'an dernier un dividende de 7 € qui augmente chaque année de 4 %. Le dividende l'an prochain sera donc de 7,28 € (7 € × 1,04), de 7,57 € (7,28 × 1,04) dans deux ans, etc. On reconnaît donc une rente perpétuelle croissante de premier terme 7,28 € et de taux de croissance 4 %. Les flux générés par cette action sont représentés sur le schéma 3.

Schéma 3 — *La représentation graphique des flux générés par l'action Lacadar*

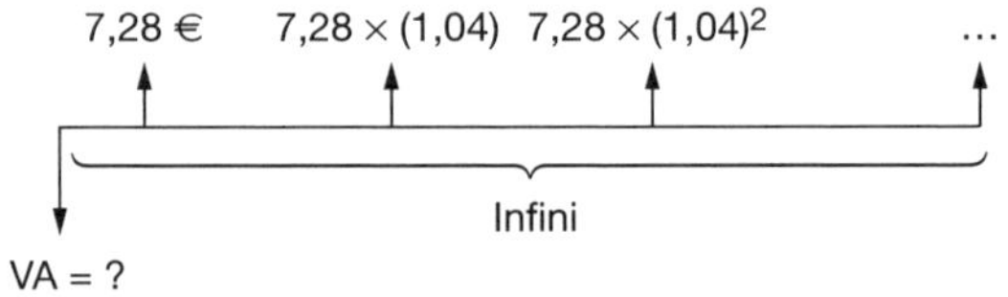

Pour déterminer la valeur de cette action, il convient de calculer la valeur actuelle d'une rente perpétuelle croissante de fin de période :

$$VA = \frac{CF}{i - g} = \frac{7{,}28}{13\ \% - 4\ \%} = 80{,}89\ €$$

L'action Lacadar vaut donc 80,89 €.

c) L'action Niocal est moins chère que l'action Lacadar et est moins risquée (car son coût d'opportunité est plus faible) mais elle rapporte moins que Lacadar (absence de croissance des dividendes). En réalité, votre choix d'investissement dans l'une ou l'autre action va dépendre de votre aversion pour le risque. Si vous êtes plutôt averse au risque, vous préférerez l'action Niocal qui certes rapporte moins mais qui est également moins risquée. En revanche, si vous aimez le risque, vous investirez certainement dans l'action Lacadar qui est plus risquée mais pour laquelle l'espérance de rentabilité est plus importante.

Exercice 7

L'an prochain le dividende sera de 4 € par action. Puisqu'il augmente de 10 % par an pendant 5 ans, il sera de 4,4 € (4 × 1,1) dans 2 ans, de 4,84 € ($4 \times 1{,}1^2$) dans 3 ans, etc., et de 6,44 € ($4 \times 1{,}1^5$) dans 6 ans. Ensuite, puisqu'à partir de la septième année la croissance est nulle, le dividende à recevoir chaque année et ce perpétuellement est de 6,44 €. Les flux de dividendes générés par l'action Drums sont représentés au schéma 4.

Schéma 4 — *La représentation graphique des flux générés par l'action Drums*

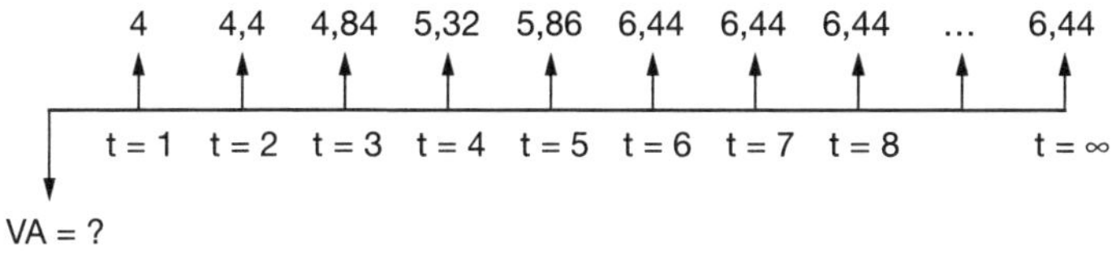

La valeur de l'action est donnée par la valeur actuelle des flux de dividendes versés par l'action. Il faut donc calculer la valeur actuelle des six premiers dividendes plus la valeur actuelle d'une rente perpétuelle constante de fin de période débutant en t = 6 :

La valeur de l'action est donc donnée par :

$$P_0 = \frac{\text{Div1}}{1+i} + \frac{\text{Div2}}{(1+i)^2} + \frac{\text{Div3}}{(1+i)^3} + \frac{\text{Div4}}{(1+i)^4} + \frac{\text{Div5}}{(1+i)^5} + \frac{\text{Div6}}{(1+i)^6} + \frac{\frac{\text{Div7}}{i}}{(1+i)^6}$$

$$P_0 = \frac{4}{1{,}12} + \frac{4{,}4}{1{,}12^2} + \frac{4{,}84}{1{,}12^3} + \frac{5{,}32}{1{,}12^4} + \frac{5{,}86}{1{,}12^5} + \frac{6{,}44}{1{,}12^6} + \frac{\frac{6{,}44}{0{,}12}}{1{,}12^6} = 47{,}68$$

La valeur de cette action est de 47,68 €.

Exercice 8

a) Dans ce cas, l'action Domino versera chaque année et ce perpétuellement un dividende de 5 € à ses actionnaires. On reconnaît donc une rente perpétuelle constante de fin de période de 5 €. Les flux générés par cette action sont représentés sur le schéma 5.

Schéma 5 — *La représentation graphique des flux générés par l'action Domino*

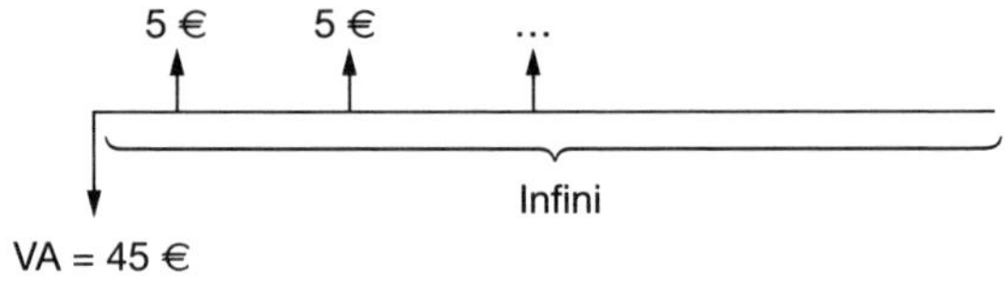

Pour connaître la rentabilité de l'action Domino, il faut utiliser la formule de la valeur actuelle d'une rente perpétuelle constante de fin de période et exprimer, i, le taux d'intérêt en fonction des autres paramètres de l'équation.

$$VA = \frac{CF}{i} \Leftrightarrow i = \frac{CF}{VA} = \frac{5}{45} = 11{,}11\ \%$$

Le rendement de ce titre est donc de 11,11 %.

b) Dans ce cas, l'action Domino versera l'an prochain un dividende de 5 €, qui augmentera chaque année de 4 %. Le dividende sera de 5,2 € (5 € × 1,04) dans deux ans, de 5,41 € ($5 \times 1{,}04^2$) dans trois ans, etc. On reconnaît donc une rente perpétuelle croissante de premier terme 5 € et de taux de croissance 4 %. Les flux générés par cette action sont représentés sur le schéma 6.

Schéma 6 — *La représentation graphique des flux générés par l'action Domino*

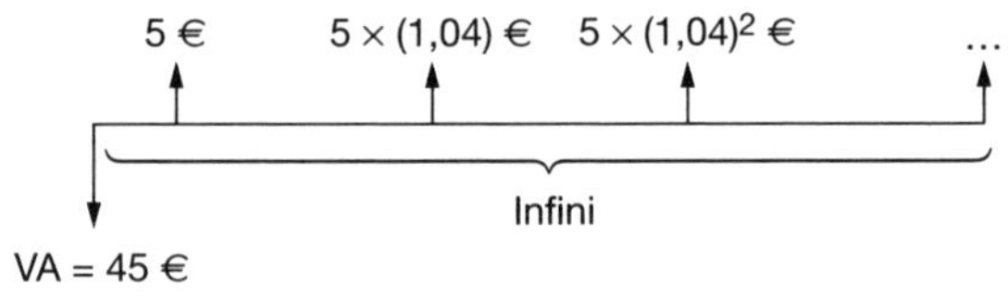

Pour connaître la rentabilité de l'action Domino, il faut utiliser la formule de la valeur actuelle d'une rente perpétuelle croissante de fin de période et exprimer i, le taux d'intérêt en fonction des autres paramètres de l'équation.

$$VA = \frac{CF}{i-g} \Leftrightarrow i-g = \frac{CF}{VA} \Leftrightarrow i = \frac{CF}{VA} + g = \frac{5}{45} + 4\ \% = 15{,}11\ \%$$

Le rendement de ce titre est donc de 15,11 %.

c) Dans ce cas, l'action Domino versera l'an prochain un dividende de 5 € à ses actionnaires, de 5,2 € (5 € × 1,04) dans deux ans, de 5,41 € ($5 \times 1{,}04^2$) dans trois ans, et de 5,62 € ($5 \times 1{,}04^3$) dans quatre ans. Ensuite, puisque la croissance du dividende n'est plus que de 2 % par an, on sait que le dividende sera de 5,73 € (5,62 × 1,02) dans cinq ans, de 5,85 € ($5{,}62 \times 1{,}02^2$) dans six ans, etc. Les flux générés par cette action sont représentés sur le schéma 7.

Schéma 7 — *La représentation graphique des flux générés par l'action Domino*

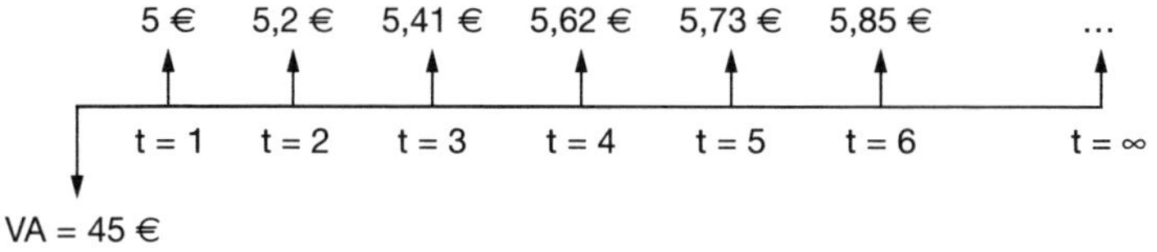

La valeur de l'action est donnée par la valeur actuelle des flux de dividendes versés par l'action. Il faut donc calculer la valeur actuelle des quatre premiers dividendes plus la valeur actuelle d'une rente perpétuelle croissante de fin de période débutant en t = 4 :

$$P_0 = \frac{\text{Div1}}{1+i} + \frac{\text{Div2}}{(1+i)^2} + \frac{\text{Div3}}{(1+i)^3} + \frac{\text{Div4}}{(1+i)^4} + \frac{\frac{\text{Div5}}{i-g}}{(1+i)^4}$$

$$45 = \frac{5}{1+i} + \frac{5,2}{(1+i)^2} + \frac{5,41}{(1+i)^3} + \frac{5,62}{(1+i)^4} + \frac{\frac{5,73}{i-2\ \%}}{(1+i)^4}$$

$$\Leftrightarrow \frac{5}{1+i} + \frac{5,2}{(1+i)^2} + \frac{5,41}{(1+i)^3} + \frac{5,62}{(1+i)^4} + \frac{\frac{5,73}{i-2\ \%}}{(1+i)^4} - 45 = 0$$

Ainsi, pour connaître la rentabilité de l'action Domino, il faut trouver i, le taux d'intérêt, tel que cette équation soit vérifiée. Nous n'allons pas essayer de résoudre cette équation mais plutôt estimer une solution à l'aide de la méthode de l'interpolation linéaire.

Avec $i_1 = 13\ \%$, on obtient une valeur résiduelle $V_0(i_1)$ de 2,64 et avec $i_2 = 14\ \%$, on obtient une valeur résiduelle $V_0(i_2)$ de 1,36

$$\text{Rentabilité} = i_1 + (i_2 - i_1) \times \frac{|V_0(i_1)|}{|V_0(i_1)| + |V_0(i_2)|}$$

$$= 13\ \% + (14\ \% - 13\ \%) \times \frac{2,64}{2,64 + 1,36}$$

$$\text{Rentabilité} = 13,66\ \%$$

La rentabilité de ce titre est donc proche de 13,66 %.

Exercice 9

a) Le PER d'une action est donné par :

$$\text{PER} = \frac{\text{Cours}}{\text{Bénéfice par action}} \Leftrightarrow \text{Cours} = \text{PER} \times \text{Bénéfice par action}$$

Si l'action Micky était correctement évaluée par le marché, son cours devrait être égal au produit du PER et de son bénéfice par action. Le cours théorique de cette action devrait donc être de 50 € (10 × 5).

b) Puisque le cours de Micky est actuellement de 40 €, cette action semble sous-évaluée. Sa valeur étant en ce moment inférieure à sa valeur théorique, il paraît intéressant de l'acheter [1].

Exercice 10

a) Le PER d'une entreprise correspond au rapport cours sur bénéfice par action. Puisque les bénéfices de Myszka sont de 20 000 000 € et qu'il y a 1 200 000 actions en circulation, le bénéfice par action (BPA) de cette société ressort à :

$$\text{BPA} = \frac{20\ 000\ 000}{1\ 200\ 000} = 16{,}67\ €$$

On obtient donc pour cette société un PER de :

$$\text{PER} = \frac{100}{16{,}67} = 6$$

Puisque le PER de Myszka est inférieur au PER du secteur, le titre semble sous-évalué. Il conviendrait donc d'acheter ce titre.

b) La valeur des actions de la société Lecouvey peut être déterminée à l'aide de la formule de Gordon-Shapiro dans la mesure où les dividendes sont supposés croître indéfiniment.

$$P_0 = \frac{DIV_1}{k - g} = \frac{6}{5\ \% - 2\ \%} = 200\ €$$

Selon la formule de Gordon-Shapiro, la valeur de cette action est donc de 200 €.

c) Le Modèle d'Équilibre Des Actifs Financiers (MEDAF) permet d'estimer la rentabilité attendue du titre à partir du taux sans risque R_f, du risque systématique du titre, β_i et de la rentabilité attendue du marché $E(R_m)$:

$$E(R_i) = R_f + \beta_i \times \left(E(R_m) - R_f\right) = 4{,}5\ \% + 1{,}2 \times \left(6{,}5\ \% - 4{,}5\ \%\right) = 6{,}9\ \%$$

La rentabilité attendue pour l'action Gohaud est donc de 6,9 %.

1. Attention, un PER plus faible que le marché peut également indiquer que les perspectives de l'entreprise sont plus faibles que celles du marché. Néanmoins, dans un souci de simplicité, mais tout en gardant à l'esprit cette remarque, nous conserverons, dans la suite de cet ouvrage, comme principe de décision d'investissement qu'il convient d'investir dans les actions dont le PER est inférieur au marché.

Exercice 11

a) Nous allons comparer le PER de chaque banque au PER du secteur et décider d'investir dans les actions ayant un PER inférieur au PER sectoriel. Le PER correspond au rapport cours sur bénéfice par action. Nous pouvons calculer le bénéfice par action en divisant le bénéfice estimé par le nombre d'actions. Le détail du calcul des PER des cinq banques est donné dans le tableau 1.

Tableau 1 — *Détail des calculs du PER des cinq banques*

	Cours	Nombre d'actions	Bénéfice estimé	Bénéfice par action	PER
Banque Populiste	15	25 000 000	50 000 000	2	7,5
Banque Nationale de Poitiers	80	30 000 000	270 000 000	9	8,89
Société Géniale	60	16 000 000	120 000 000	7,5	8
Le Crédit Marseillais	35	20 000 000	100 000 000	5	7
Le Crédit Viticole	42	20 000 000	90 000 000	4,5	9,33

Il apparaît que seuls la Banque Populiste et le Crédit Marseillais ont un PER inférieur à 8, le PER sectoriel. Ces titres semblent donc sous-évalués par le marché et, selon ce critère, il serait intéressant de les acheter. À l'inverse, la Banque Nationale de Poitiers et le Crédit Viticole possèdent un PER supérieur au secteur. Ces titres semblent surévalués par le marché.

Enfin, la Société Géniale ayant un PER égal au PER du secteur, ce titre semble correctement évalué par le marché.

b) Le modèle de Gordon-Shapiro permet de déterminer la valeur d'une action à partir du dividende prévu l'année suivante, DIV_1, de l'exigence de rentabilité des investisseurs, k, et du taux de croissance des dividendes, g.

$$P_0 = \frac{DIV_1}{k - g}$$

Le dividende prévu s'obtient en multipliant le taux de distribution par le bénéfice par action. Le détail du calcul de la valeur des cinq banques à l'aide de la formule de Gordon-Shapiro est donné dans le tableau 2.

Il apparaît que, pour la Banque Nationale de Poitiers et le Crédit Viticole, le cours théorique selon Gordon-Shapiro est supérieur au cours actuel de l'action. Selon ce modèle, ses actions sont donc sous-évaluées. À l'inverse, pour la Banque Populiste et le Crédit Marseillais, le cours théorique est inférieur au cours actuel. Ainsi, selon le modèle de Gordon-Shapiro, ces deux actions sont sur-évaluées.

Enfin, pour la Société Géniale, on observe que le cours théorique selon Gordon-Shapiro est égal au cours actuel. Cette action est donc à l'équilibre.

Tableau 2 — *Détail des calculs de la valeur des actions des cinq banques à l'aide de la formule de Gordon-Shapiro*

	Cours	Bénéfice par action	Taux de distribution	Dividende prévu	Taux de croissance des dividendes	Cours théorique selon Gordon-Shapiro
Banque Populiste	15	2	50 %	1	4 %	12,5
Banque Nationale de Poitiers	80	9	80 %	7,2	5 %	102,86
Société Géniale	60	7,5	80 %	6	2 %	60
Le Crédit Marseillais	35	5	50 %	2,5	3 %	27,78
Le Crédit Viticole	42	4,5	90 %	4,05	3 %	45

c) L'utilisation du PER incite à investir dans la Banque Populiste et dans le Crédit Marseillais. À l'inverse, l'utilisation du modèle de Gordon-Shapiro incite à investir dans la Banque Nationale de Poitiers et dans le Crédit Viticole. Les résultats sont donc contradictoires.

Il est important de noter que ces deux outils sont des modèles reposant sur des hypothèses assez fortes (est-il légitime de faire l'hypothèse d'une croissance régulière des dividendes à l'infini pour ces banques dans le cadre du modèle de Gordon-Shapiro ?). Ils permettent d'aider la prise de décision pour les investisseurs mais ne garantissent pas avec certitude de réaliser des plus-values.

Exercice 12

a) L'espérance de rentabilité du marché est donnée par la somme du taux sans risque, Rf, et de la prime de risque du marché :

$$E\left(R_m\right) = R_f + \text{prime de risque du marché} = 4,5\ \% + 5,5\ \% = 10\ \%$$

L'espérance de rentabilité du marché est donc de 10 %.

b) Le MEDAF permet d'estimer la rentabilité attendue du titre à partir du taux sans risque R_f, du risque systématique du titre β_i et de la prime de risque $(E(R_m) - R_f)$:

$$E(R_i) = R_f + \beta_i \times (E(R_m) - R_f) = 4,5\ \% + 1,3 \times (10\ \% - 4,5\ \%) = 11,65\ \%$$

La rentabilité attendue de Netix est donc de 11,65 %.

La prime de risque exigée par les investisseurs est donnée par :

$$\text{prime de risque des investisseurs} = E(R_i) - R_f = 11,65\ \% - 4,5\ \% = 7,15\ \%.$$

Exercice 13

Le MEDAF permet d'estimer la rentabilité attendue du titre à partir du taux sans risque R_f, du risque systématique du titre β_i et de la rentabilité attendue du marché, $E(R_m)$:

$$E(R_i) = R_f + \beta_i \times (E(R_m) - R_f)$$

La rentabilité des actions à long terme étant de 11,5 % et la rentabilité des bons du Trésor étant de 6 %, l'équation du MEDAF est donnée par :

$$E(R_i) = 6\ \% + \beta_i \times (11,5\ \% - 6\ \%) = 6\ \% + \beta_i \times 5,5\ \%$$

Afin de calculer la rentabilité attendue de chacune de ces cinq actions, il convient de prendre en compte le risque systématique de chaque titre dans le calcul. On obtient alors les résultats présentés dans le tableau 3.

Tableau 3 — *La valeur des actions à l'aide de la formule du MEDAF*

	Rentabilité anticipée par les analystes	**Risque systématique (β)**	**Rentabilité selon le MEDAF**
Sodaphone	16 %	1,6	14,8 %
Decomod	12 %	0,8	10,4 %
Rebier	9,3 %	0,6	9,3 %
Goubany	10 %	1,2	12,6 %
Grizzly Corp.	5 %	0,2	7,1 %

Il apparaît que les actions Sodaphone et Decomod sont sous-évaluées par le marché car leur rentabilité anticipée est supérieure à la rentabilité théorique selon le MEDAF.

À l'inverse, il apparaît que les actions Goubany et Grizzly Corp. sont surévaluées par le marché car leur rentabilité anticipée est inférieure à la rentabilité théorique selon le MEDAF.

Enfin, l'action Rebier est à l'équilibre car la rentabilité anticipée est égale à la rentabilité théorique.

Exercice 14

a) Le PER d'une entreprise correspond au rapport cours sur bénéfice par action. Puisque les bénéfices de Sebana sont de 7 500 000 € et qu'il y a 750 000 actions en circulation, le bénéfice par action (BPA) de cette société ressort à :

$$BPA = \frac{7\,500\,000}{750\,000} = 10 \text{ €}$$

On obtient donc pour cette société un PER de :

$$PER = \frac{80}{10} = 8$$

De même pour Hauspie on obtient un BPA de :

$$BPA = \frac{12\,000\,000}{1\,000\,000} = 12 \text{ €}$$

On obtient donc pour cette société un PER de :

$$PER = \frac{120}{12} = 10$$

Le PER du marché étant de 9, il est plus intéressant d'investir dans Sebena que dans Hauspie selon ce critère car le titre Sebena est sous-évalué alors que le titre Hauspie est surévalué.

b) Le modèle de Gordon-Shapiro permet de déterminer la valeur d'une action à partir du dividende prévu l'année suivante, DIV_1, de l'exigence de rentabilité des investisseurs, k, et du taux de croissance des dividendes, g.

$$P_0 = \frac{DIV_1}{k - g}$$

Le prix théorique de l'action Sebena est donc de :

$$P_0 = \frac{DIV_1}{k - g} = \frac{2}{6\ \% - 4\ \%} = 100 \text{ €}$$

Le cours de Sebena étant actuellement de 80 €, il paraît intéressant d'acheter ce titre car le cours actuel est inférieur au cours théorique. L'action est donc actuellement sous-évaluée.

Le prix théorique de l'action Hauspie est donc de :

$$P_0 = \frac{DIV_1}{k - g} = \frac{3}{6\ \% - 3\%} = 100 \text{ €}$$

Le cours d'Hauspie étant actuellement de 120 €, il ne faut pas acheter ce titre car son cours actuel est supérieur au cours théorique. L'action est donc actuellement surévaluée.

c) Le MEDAF permet d'estimer la rentabilité attendue du titre à partir du taux sans risque R_f, du risque systématique du titre β_i et de la rentabilité attendue du marché, $E(R_m)$:

$$E(R_i) = R_f + \beta_i \times (E(R_m) - R_f)$$

La rentabilité attendue pour l'action Sebena est donc :

$$E(R_i) = 4{,}5\ \% + 1{,}3 \times (8\ \% - 4{,}5\ \%) = 9{,}05\ \%$$

Selon le MEDAF, l'action Sebena est donc surévaluée car la rentabilité estimée par le modèle est supérieure à celle qui est prévue par les analystes.

Par un raisonnement similaire, il est possible de montrer que l'action Hauspie est sous-évaluée car la rentabilité estimée par le modèle (7,3 %) est inférieure à celle qui est prévue par les analystes.

d) Le *market to book ratio* est le rapport de la valeur de marché des fonds propres sur leur valeur comptable. Il est intéressant d'investir dans une action qui a un *market to book ratio* supérieur à 1.

$$\text{market to book ratio} = \frac{\text{capitalisation boursière}}{\text{valeur comptable des fonds propres}}$$

On obtient la capitalisation boursière d'une entreprise en multipliant la valeur de marché d'une action par le nombre d'actions. Pour Sebena, la capitalisation boursière est de 60 000 000 € (750 000 × 80).

Le *market to book ratio* de Sebena est donc de :

$$\text{market to book ratio} = \frac{60\ 000\ 000}{75\ 000\ 000} = 0{,}8$$

Puisque le *market to book ratio* de Sebena est inférieur à 1, il convient de ne pas acquérir ce titre.

La capitalisation boursière d'Hauspie est de 120 000 000 € (1 000 000 × 120).

Le *market to book ratio* d'Hauspie est donc de :

$$\text{market to book ratio} = \frac{120\ 000\ 000}{100\ 000\ 000} = 1{,}2$$

Puisque le *market to book ratio* d'Hauspie est supérieur à 1, il convient d'acquérir ce titre.

e) Hauspie a prévu d'émettre 200 000 actions nouvelles dans le cadre de son augmentation de capital. Avant cette opération, il y avait 1 000 000 d'actions en circulation. Le ratio d'émission, n, de cette opération est donc de :

$$n = \frac{\text{nombre d'actions avant l'opération}}{\text{nombre d'actions émises}} = \frac{1\ 000\ 000}{200\ 000} = 5$$

Ainsi il faut détenir 5 actions avant l'augmentation de capital afin de pouvoir acquérir une action émise dans le cadre de l'opération.

Il est possible de déterminer le cours théorique d'une action après une augmentation de capital, P_1, à partir de son ratio d'émission, n, du cours de l'action avant l'augmentation de capital, P_0, et du prix d'émission, P_e.

$$P_1 = \frac{n \times P_0 + P_e}{n+1} = \frac{5 \times 120 + 110}{6} = 118{,}33\ €$$

Le cours de l'action Hauspie après l'augmentation de capital devrait se situer vers 118,33 €.

Exercice 15

a) TPLT a besoin d'obtenir 7 500 000 € dans le cadre de son augmentation de capital afin de financer l'acquisition de Festi+. Puisque les actions seraient émises à 25 €, TPLT doit émettre 300 000 actions nouvelles (7 500 000/25).

b) Puisque les actionnaires actuels ne participent pas à l'offre, de nouveaux actionnaires rentrent dans le capital de la société. Le nombre total d'actions TPLT en circulation passerait à 900 000 (400 000 + 200 000 + 300 000) de telle sorte que monsieur Charroin détiendrait 44,44 % du capital (400 000/900 000), les divers actionnaires non identifiés se partageraient 22,22 % du capital (200 000/900 000), et les nouveaux actionnaires 33,33 % (300 000/900 000) du capital.

c) Cette opération se traduirait pour monsieur Charroin par une dilution de ses droits de vote. Il verrait en effet sa participation diluée car elle passerait de 66,67 % du capital (400 000/600 000) à 44,44 %. Cette dilution est particulièrement problématique pour monsieur Charroin, car il perdrait le contrôle effectif de sa société (il ne détiendrait plus 50 % du capital). Il ne pourrait donc plus prendre seul les principales décisions de gestion de l'entreprise. Il serait par ailleurs soumis à un risque d'offre hostile sur le capital de la société et pourrait donc potentiellement être remplacé à la tête de l'entreprise.

Cette opération se traduit également par une dilution des droits de vote des anciens actionnaires non identifiés de la société. Leur participation passe de 33,33 % (200 000/600 000) à 22,22 %. Leur pouvoir au sein de la société a diminué du fait de l'entrée dans le capital des nouveaux actionnaires. L'impact de cette augmentation de capital sur la structure de propriété est représenté au schéma 8.

d) L'avantage d'un financement par dette est qu'il n'a pas d'impact sur la structure de propriété. En effet, par définition, un financement par dette implique l'absence de création d'actions nouvelles et donc l'absence de phénomène de dilution. Ainsi, monsieur Charroin pourrait réaliser l'acquisition sans perdre le contrôle effectif de sa société

Schéma 8 — *L'impact de l'augmentation de capital sur la structure de propriété de TPLT*

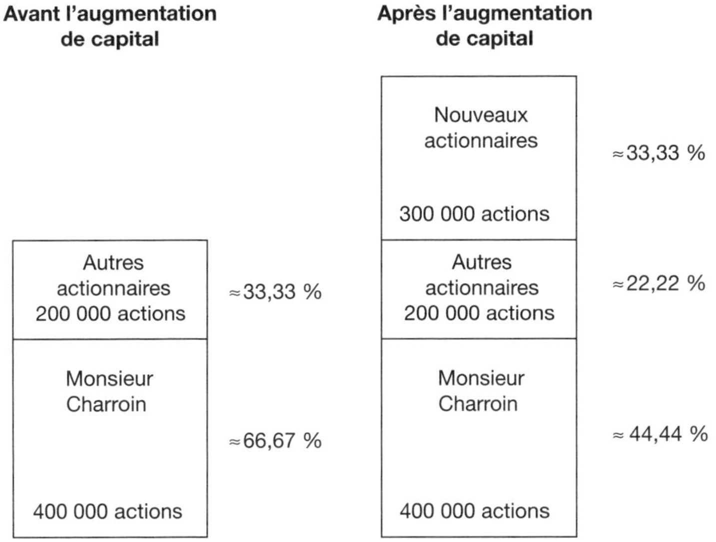

s'il avait recours à l'endettement plutôt qu'à une augmentation de capital. Un financement par dette serait également bénéfique pour les divers actionnaires non identifiés car cette opération leur permettrait de conserver leur pouvoir au sein de la société fusionnée.

Il est important de noter qu'une augmentation de capital ne se traduit pas nécessairement par une dilution de la propriété des actionnaires existants. En effet, si ces derniers participent à l'augmentation de capital à hauteur de leur participation dans la société, ils ne sont pas dilués. Dans le cadre d'une augmentation de capital, les actionnaires actuels doivent ainsi choisir entre la dilution de leur participation et l'augmentation de leur investissement dans l'entreprise.

Le financement par dette comporte malgré tout des inconvénients. En particulier, il va occasionner une dégradation des ratios d'endettement et donc une hausse du risque de la société.

Exercice 16

Puisque le ratio d'émission est d'une action nouvelle pour 11 actions anciennes et que l'opération se traduit par l'émission de 6 000 000 d'actions, le capital de Quinson, avant l'augmentation de capital, est composé de 66 000 000 d'actions (6 000 000 × 11). En effet le ratio d'émission est donné par la formule suivante :

$$n = \frac{\text{nombre d'actions anciennes}}{\text{nombre d'actions nouvelles}}$$

Étant donné que le bénéfice de la société s'élève à 200 000 000 €, le bénéfice par action avant l'augmentation de capital est de 3,03 € (200 000 000/66 000 000).

Après l'augmentation de capital, il y a 72 000 000 (66 000 000 + 6 000 000) actions Quinson en circulation.

Étant donné que le bénéfice de la société s'élève à 200 000 000 €, le bénéfice par action après l'augmentation de capital est de 2,78 € (200 000 000/72 000 000).

Ainsi, du fait de l'augmentation de capital et de l'émission d'actions nouvelles, le bénéfice par action de la société est passé de 3,03 € à 2,78 € soit une diminution de 8,25 %.

$$\text{Dilution} = \frac{2,78 - 3,03}{3,03} = -\ 8,25\ \%$$

Exercice 17

a) On détermine le bénéfice par action en divisant le bénéfice de l'entreprise par le nombre d'actions composant le capital de la société. Le bénéfice par action de Lorient Express est donc de 5 € (250 000 000/50 000 000).

b) Si l'entreprise réalise une augmentation de capital, le nombre d'actions en circulation va augmenter et faire diminuer le bénéfice par action de la société. Le nombre d'actions en circulation va ainsi passer à 54 000 000 (50 000 000 + 4 000 000). Le bénéfice par action ressort alors 4,63 € (250 000 000/54 000 000). L'augmentation de capital se traduit donc par une dilution du bénéfice par action de 7,4 % :

$$\text{Dilution} = \frac{4,63 - 5}{5} = -\ 7,4\ \%$$

c) Si le bénéfice augmente de 10 %, il sera alors de 275 000 000 (250 000 000 × 1,1). Le bénéfice par action de Lorient Express ressort dans ce cas à 5,09 € (275 000 000/54 000 000). L'augmentation de capital se traduit donc par une relution du bénéfice par action de 1,8 % :

$$\text{Relution} = \frac{5,09 - 5}{5} = 1,8\ \%$$

Exercice 18

a) Puisqu'une action nouvelle est émise pour cinq actions détenues et qu'il y avait avant l'augmentation de capital 15 000 000 d'actions en circulation, Jawadi a prévu d'émettre 3 000 000 d'actions (15 000 000/5). Le prix d'émission des actions étant de 12 €, Jawadi va recevoir dans le cadre de cette augmentation de capital 36 000 000 € (3 000 000 × 12).

b) La valeur théorique d'un droit préférentiel de souscription peut notamment être déterminée à partir du cours avant l'augmentation de capital, P_0, du prix d'émission P_e et du ratio d'émission n.

$$P_{DPS} = \frac{P_0 - P_e}{n+1} = \frac{15-12}{5+1} = 0,5 \text{ €}$$

La valeur théorique d'un droit préférentiel de souscription est donc de 0,5 €.

c) Il est possible de déterminer le cours théorique d'une action après une augmentation de capital, P_1, à partir de son ratio d'émission, n, du cours de l'action avant l'augmentation de capital, P_0, et du prix d'émission, P_e.

$$P_1 = \frac{n \times P_0 + P_e}{n+1} = \frac{5 \times 15 + 12}{6} = 14,5 \text{ €}$$

Le cours de l'action Jawadi après l'augmentation de capital devrait être proche de 14,5 €.

Conformément à ce qui était anticipé, le cours de l'action Jawadi a diminué du fait de l'augmentation de capital. Il est en effet passé de 15 € à 14,5 €, ce qui représente une diminution de 3,33 %.

$$\text{Diminution du cours} = \frac{14,5-15}{15} = -\ 3,33\ \%$$

d) Avant l'augmentation de capital, chaque actionnaire possédait une action qui valait 15 €. Après l'augmentation de capital, chaque actionnaire possède une action qui ne vaut plus que 14,5 € et un droit de souscription dont la valeur est de 0,5 €. La richesse de chaque actionnaire après l'augmentation de capital est donc de 15 € (14,5 + 0,5) et reste inchangée par rapport à ce qu'elle était avant l'opération.

e) Dans ce cas, le prix d'émission serait de 10 €. Puisque les dirigeants de Jawadi souhaitent obtenir 36 000 000 € dans le cadre de cette opération, ils doivent émettre 3 600 000 actions (36 000 000/10).

f) Le nombre d'actions émises ayant augmenté, le ratio d'émission va diminuer. On détermine le ratio d'émission à partir du nombre d'actions en circulation et du nombre d'actions émises dans le cadre de l'opération.

$$n = \frac{\text{nombre d'actions avant l'opération}}{\text{nombre d'actions émises}} = \frac{15\ 000\ 000}{3\ 600\ 000} = 4,17$$

Il faut détenir 4,17 actions avant l'opération pour pouvoir participer à l'augmentation de capital.

g) Nous allons dissocier les deux cas et montrer que l'augmentation de capital n'a pas d'impact sur la richesse des actionnaires quel que soit le prix d'émission.

Premier cas : les actions sont émises à 12 €

Si les actions sont émises à 12 €, il faut détenir 5 actions avant l'augmentation de capital pour pouvoir participer à l'offre. Dans ce cas, l'actionnaire va recevoir 5 droits préférentiels de souscriptions, ce qui va lui permettre de participer à l'augmentation de capital et d'acheter un titre supplémentaire au prix d'émission soit 12 €. Pour pouvoir participer à l'augmentation de capital, l'actionnaire doit disposer au moment de l'offre de 5 droits préférentiels de souscription ainsi que de 12 € en numéraire. Chacune de ces actions ayant un cours de 15 € avant l'opération, sa richesse totale avant l'opération est donc de 87 € (15 × 5 + 12).

Suite à l'augmentation de capital, l'actionnaire a transformé ses droits de souscription moyennant 12 € en une sixième action. Sa richesse est donc composée d'un portefeuille de six actions Jawadi. Suite à l'augmentation de capital, chaque action ne vaut plus que 14,5 €. Sa richesse totale est donc de 87 € (14,5 × 6).

La richesse d'un actionnaire n'est pas impactée par l'augmentation de capital si le prix d'émission est de 12 €.

Schéma 9 — *L'impact de l'augmentation de capital à 12 € pour un actionnaire qui participe à l'offre*

Avant l'augmentation de capital		**Après l'augmentation de capital**
5 actions à 15 € + 12 €	⟶	6 actions à 14,5 €

Second cas : les actions sont émises à 10 €

Dans ce cas, il faut détenir 4,17 actions avant l'augmentation de capital afin de pouvoir participer à l'opération. Si c'est le cas, l'actionnaire pourra acquérir un titre supplémentaire de Jawadi pour 10 €. Pour pouvoir participer à l'augmentation de capital, l'actionnaire doit disposer au moment de l'offre de 4,17 droits préférentiels de souscription ainsi que de 10 € en numéraire. Chacune de ces actions ayant un cours de 15 € avant l'augmentation de capital, sa richesse totale avant l'opération est de 72,55 € (15 × 4,17 + 10).

Suite à l'augmentation de capital, l'actionnaire a transformé ses droits de souscription moyennant 10 € en une action supplémentaire. Il détient donc, à la suite de l'augmentation de capital, 5,17 actions.

Il est possible de calculer P_1, la valeur théorique des actions de Jawadi après l'augmentation de capital à partir de son ratio d'émission, n, du cours de l'action avant l'augmentation de capital, P_0, et du prix d'émission, P_e.

$$P_1 = \frac{n \times P_0 + P_e}{n+1} = \frac{4,17 \times 15 + 10}{5,17} = 14,03\ €$$

La richesse de l'actionnaire après l'augmentation de capital est donc de 72,55 € (14,03 × 5,17) et n'a donc pas été impactée par l'augmentation de capital si le prix d'émission est de 10 €.

Schéma 10 — *L'impact de l'augmentation de capital à 10 € pour un actionnaire qui participe à l'offre*

Avant l'augmentation de capital		Après l'augmentation de capital
4,17 actions à 15 € + 10 €	⟶	5,17 actions à 14,03 €

Ainsi, quel que soit le prix d'émission (10 ou 12 €), la richesse des actionnaires est identique avant et après une augmentation de capital. Le prix d'émission n'a donc aucun impact sur la richesse des actionnaires s'ils participent à l'opération.

h) Si les actions sont émises à 12 €, l'investisseur doit acquérir 5 droits de souscription pour pouvoir participer à l'augmentation de capital. Puisque le prix théorique des droits de souscription est de 0,5 €, il devra débourser 2,5 € (5 × 0,5). Dans ce cas il pourra participer à l'opération et donc acquérir une action pour 12 €. Au total, il aura donc déboursé 14,5 € (12+2,5).

Ce montant correspond exactement au cours théorique de l'action Jawadi après l'augmentation de capital. L'investisseur n'a donc aucun intérêt particulier à acquérir des droits de souscription afin de participer à cette opération.

Exercice 19

Il est possible de déterminer la valeur théorique d'un droit d'attribution à partir de P_0, le cours actuel de la société et de n, son ratio d'émission.

$$P_{DA} = \frac{P_0}{n+1} = \frac{75}{5} = 15\ €$$

La valeur théorique du droit d'attribution de la société Millat est de 15 €.

Exercice 20

a) Puisqu'il s'agit d'une augmentation de capital par incorporation des réserves, cette opération se traduit par la distribution gratuite d'actions de la part de la BMI. Le montant obtenu dans le cadre de cette augmentation de capital est donc nul.

b) Il est possible de déterminer la valeur théorique d'un droit d'attribution à partir de P_0, le cours des actions avant l'augmentation de capital et de n, le ratio d'émission.

$$P_{DA} = \frac{P_0}{n+1} = \frac{10}{5} = 2\ €$$

La valeur théorique d'un droit d'attribution est donc de 2 €.

c) Il est possible de calculer P_1, la valeur théorique des actions de BMI après l'augmentation de capital à partir de son ratio d'émission, n, et du cours de l'action avant l'augmentation de capital, P_0.

$$P_1 = \frac{n \times P_0}{n+1} = \frac{4 \times 10}{5} = 8 \text{ €}$$

Le prix théorique des actions de BMI après l'augmentation de capital est de 8 €.

Conformément à ce qui était anticipé, le prix théorique de l'action a diminué du fait de l'augmentation de capital. Il est en effet passé de 10 € à 8 €, ce qui représente une diminution de 20 %.

$$\text{Diminution du cours} = \frac{8-10}{10} = -\,20\ \%$$

d) Avant l'augmentation de capital, chaque actionnaire possédait une action qui valait 10 €. Après l'augmentation de capital, chaque actionnaire possède une action qui ne vaut plus que 8 € et un droit d'attribution dont la valeur est de 2 €. La richesse de chaque actionnaire après l'augmentation de capital est donc de 10 € (8 + 2) et reste inchangée par rapport à ce qu'elle était avant l'opération.

e) Pour participer à l'augmentation de capital, il faut détenir avant l'opération 4 actions BMI. Dans ce cas, l'actionnaire va recevoir 4 droits d'attribution, ce qui va lui permettre de participer à l'augmentation de capital et de recevoir gratuitement une action. Chacune de ces actions ayant un cours de 10 € avant l'opération, sa richesse totale avant l'opération est de 40 € (10 × 4).

Suite à l'augmentation de capital, l'actionnaire a transformé ses droits d'attribution en une cinquième action. Sa richesse est donc composée d'un portefeuille de cinq actions BMI. Suite à l'augmentation de capital, chaque action ne vaut plus que 8 €. Sa richesse totale est donc de 40 € (8 × 5).

La richesse d'un actionnaire n'est pas impactée par l'augmentation de capital par incorporation de réserves.

Schéma 11 — *L'impact de l'augmentation de capital pour un actionnaire qui participe à l'offre*

Avant l'augmentation de capital		**Après l'augmentation de capital**
4 actions à 10 €	→	5 actions à 8 €

f) L'investisseur doit acquérir 4 droits d'attribution pour pouvoir participer à l'augmentation de capital. Puisque le prix théorique des droits de souscription est de 2 €, il devra débourser 8 € (2 × 4). Dans ce cas, il pourra participer à l'opération et recevra gratuitement une action dont la valeur après l'augmentation de capital est de 8 €.

L'investisseur n'a donc aucun intérêt particulier à acquérir des droits de souscription afin de participer à cette opération.

Exercice 21

a) Avant l'augmentation de capital, la valeur comptable des fonds propres sont de 90 000 000 € (900 000×100). L'opération porte sur des réserves de 10 000 000 €. On va donc émettre 100 000 actions de valeur nominale 100 €. Le ratio d'émission, n, de cette opération est donc de :

$$n = \frac{\text{nombre d'actions avant l'opération}}{\text{nombre d'actions émises}} = \frac{900\ 000}{100\ 000} = 9$$

Puisque vous possédez 544 actions, vous avez donc droit à :

544/9 = 60,44

Vous recevrez donc 60 actions gratuites.

b) Pour recevoir 61 actions gratuites, il faut détenir 549 actions (61 × 9). Vous détenez 544 actions, vous allez donc recevoir 544 droits d'attributions. Pour en avoir 549, il vous suffit donc d'acheter 5 droits d'attribution sur les marchés, ce qui vous permettra de recevoir 61 actions.

c) Crets a réalisé une augmentation de capital en février. Son cours en avril a donc subi la diminution mécanique associée aux opérations en capital. Afin de calculer le pourcentage de baisse réelle de l'action, il est nécessaire de calculer le cours ajusté de cette action à l'aide du coefficient d'ajustement. Ce coefficient, noté, se calcule pour les augmentations de capital par incorporation de réserves à partir du ratio d'émission.

$$\alpha = \frac{n}{n+1} = \frac{9}{10} = 0{,}9$$

Le cours ajusté s'obtient en multipliant le coefficient d'ajustement par le cours observé.

$$\text{Cours ajusté} = 155 \times 0{,}9 = 139{,}50\ €$$

On en déduit alors la variation réelle du cours :

$$\text{Variation réelle du cours} = \frac{120 - 139{,}50}{139{,}50} = -13{,}98\ \%$$

L'action Crets a donc connu une diminution de son cours de 13,98 %.

Exercice 22

Puisque la société a réalisé des opérations sur son capital, afin de calculer le pourcentage de baisse réelle de l'action, il est nécessaire de calculer le cours ajusté de cette action à l'aide du coefficient d'ajustement. Le cours au 31 décembre 2010 est le cours de référence ($\alpha = 1$) car aucune opération ultérieure sur son capital n'a eu lieu. Les cours au 31 décembre 2009 et au 31 décembre 2008 doivent être corrigés de l'impact de l'augmentation de capital en numéraire et le cours au 31 décembre 2007 doit être corrigé de l'impact cumulé de l'augmentation de capital en numéraire et de l'augmentation de capital par incorporation de réserves.

Schéma 12 — *L'impact des opérations d'augmentation de capital sur le cours de Delphino*

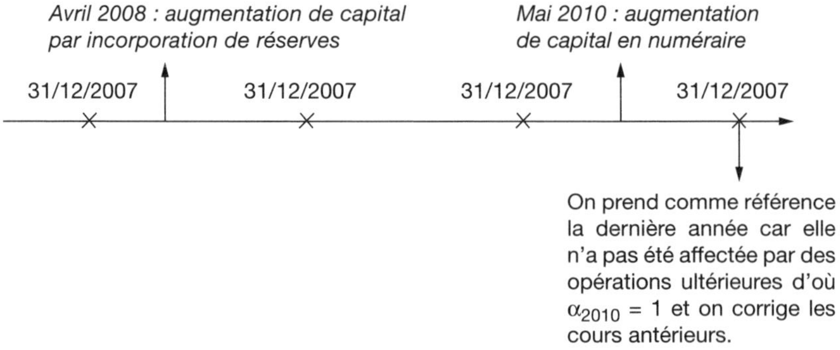

Le coefficient d'ajustement α_1 se calcule, pour les augmentations de capital par incorporation de réserves, à partir du ratio d'émission, n. Le ratio d'émission pour cette opération est donné par :

$$n = \frac{\text{nombre d'actions avant l'opération}}{\text{nombre d'actions émises}} = \frac{4\ 000\ 000}{1\ 000\ 000} = 4$$

On en déduit que le coefficient d'ajustement α_1 associé à cette opération est donné par :

$$\alpha_1 = \frac{n}{n+1} = \frac{4}{5} = 0,80$$

Le coefficient d'ajustement α_2 se calcule, pour les augmentations de capital en numéraire, à partir du ratio d'émission, n, du prix d'émission P_e et du cours avant l'augmentation de capital P_0. On en déduit que le coefficient d'ajustement α_2 associé à l'augmentation de capital en numéraire de mai 2010 est :

$$\alpha_2 = \frac{n + \frac{P_e}{P_0}}{n+1} = \frac{4 + \frac{39}{50}}{5} = 0,956$$

Il faut donc corriger les cours au 31 décembre 2009 et 2008 d'un coefficient d'ajustement de 0,956 et le cours au 31 décembre 2007 d'un coefficient d'ajustement de 0,7648 ($0,80 \times 0,956$).

On obtient alors les cours présentés dans le tableau 4 :

Tableau 4 — *Le calcul des cours ajustés de Delphino*

	Cours	α	**Cours ajusté**
31 décembre 2007	47,20 €	0,7648	36,10 €
31 décembre 2008	35,40 €	0,956	33,84 €
31 décembre 2009	52,40 €	0,956	50,09 €
31 décembre 2010	55,70 €	1	55,7 €

L'évolution apparente du cours sur la période 2007-2010 est donnée par :

$$\text{évolution apparente} = \frac{55,7-47,2}{47,2} = 18,01\ \%$$

Le cours a progressé en valeur apparente de 18,01 %.

Néanmoins l'évolution apparente du cours a tendance à minorer la performance du titre. Afin de calculer la performance réelle du titre, il convient de calculer l'évolution du cours à partir du cours ajusté :

$$\text{évolution réelle} = \frac{55,7-36,1}{36,1} = 54,29\ \%$$

L'évolution réelle de l'action Delphino a été meilleure que ce que laisse présager l'évolution apparente de son cours. En effet, la performance réelle de cette action est de 54,29 % sur la période 2007-2010.

Annexes

Table 1 — *Valeur acquise par un capital de un euro après n périodes de placement à intérêts composés : C = (1 + i)*^{n}

	1	2	3	4	5	6	7	8	9	10	11	12	13	14	15
1	1,010 000	1,020 000	1,030 000	1,040 000	1,050 000	1,060 000	1,070 000	1,080 000	1,090 000	1,100 000	1,110 000	1,120 000	1,130 000	1,140 000	1,150 000
2	1,020 100	1,040 400	1,060 900	1,081 600	1,102 500	1,123 600	1,144 900	1,166 400	1,188 100	1,210 000	1,232 100	1,254 400	1,276 900	1,299 600	1,322 500
3	1,030 301	1,061 208	1,092 727	1,124 864	1,157 625	1,191 016	1,225 043	1,259 712	1,295 029	1,331 000	1,367 631	1,404 928	1,442 897	1,481 544	1,520 875
4	1,040 604	1,082 432	1,125 508	1,169 859	1,215 506	1,292 477	1,310 796	1,360 489	1,411 582	1,464 100	1,518 070	1,573 519	1,630 474	1,688 960	1,749 006
5	1,051 010	1,104 081	1,159 274	1,216 653	1,276 282	1,338 226	1,402 552	1,469 328	1,538 624	1,610 510	1,685 058	1,762 342	1,842 435	1,925 415	2,011 357
6	1,061 520	1,126 162	1,194 052	1,265 319	1,340 096	1,418 519	1,500 730	1,586 874	1,677 100	1,771 561	1,870 415	1,973 823	2,081 952	2,194 973	2,313 061
7	1,072 135	1,148 686	1,229 873	1,315 932	1,407 100	1,503 630	1,605 781	1,713 624	1,828 039	1,948 717	2,076 160	2,210 681	2,352 605	2,502 269	2,660 020
8	1,082 857	1,171 659	1,266 770	1,368 569	1,477 455	1,593 848	1,718 186	1,850 930	1,992 563	2,143 589	2,304 538	2,475 963	2,658 444	2,852 586	3,059 023
9	1,093 685	1,195 093	1,304 773	1,423 312	1,551 328	1,68947 9	1,838 459	1,999 005	2,171 893	2,357 948	2,558 037	2,773 079	3,004 042	3,251 949	3,517 876
10	1,104 622	1,218 994	1,343 916	1,480 244	1,628 895	1,790 848	1,967 151	2,158 925	2,367 364	2,593 742	2,839 421	3,105 848	3,394 567	3,707 221	4,045 558

Table 1 — *Valeur acquise par un capital de un euro après n périodes de placement à intérêts composés : $C = (1 + i)^n$* (suite)

	1	**2**	**3**	**4**	**5**	**6**	**7**	**8**	**9**	**10**	**11**	**12**	**13**	**14**	**15**
11	1,115 668	1,243 374	1,384 233	1,539 454	1,710 339	1,898 299	2,104 852	2,331 639	2,580 426	2,853 742	3,151 757	3,478 550	3,835 861	4,226 232	4,652 391
12	1,126 825	1,268 242	1,425 760	1,601 032	1,795 856	2,012 196	2,252 534	2,518 170	2,812 665	3,138 428	3,498 451	3,895 976	4,334 523	4,817 905	5,350 250
13	1,138 093	1,293 607	1,468 533	1,665 074	1,885 649	2,132 928	2,409 845	2,719 624	3,065 805	3,452 271	3,883 280	4,363 493	4,898 011	5,492 411	6,152 788
14	1,149 474	1,319 479	1,512 589	1,731 676	1,979 932	2,260 904	2,578 534	2,937 194	3,341 727	3,797 498	4,310 441	4,887 112	5,534 753	6,261 349	7,075 706
15	1,160 969	1,345 868	1,557 967	1,800 944	2,078 928	2,396 558	2,759 032	3,172 169	3,642 482	4,177 248	4,784 589	5,473 566	6,254 270	7,137 938	8,137 062
16	1,172 579	1,372 786	1,604 706	1,872 981	2,182 875	2,540 352	2,952 164	3,425 943	3,970 306	4,594 973	5,310 894	6,130 394	7,067 326	8,137 249	9,357 621
17	1,184 304	1,400 241	1,652 847	1,947 900	2,292 018	2,692 773	3,158 815	3,700 018	4,327 633	5,054 470	5,895 093	6,866 041	7,986 078	9,276 464	10,761 264
18	1,196 147	1,428 246	1,702 433	2,025 817	2,406 619	2,854 339	3,379 932	3,996 019	4,717 120	5,559 917	6,543 553	7,689 966	9,024 268	10,575 169	12,375 454
19	1,208 109	1,456 811	1,753 506	2,106 849	2,526 950	3,025 600	3,616 528	4,315 701	5,141 661	6,115 909	7,263 344	8,612 762	10,197 423	12,055 693	14,231 772
20	1,220 190	1,485 947	1,806 111	2,191 123	2,653 298	3,207 135	3,869 684	4,660 957	5,604 411	6,727 500	8,062 312	9,646 293	11,523 088	13,743 490	16,366 537

Table 1 — *Valeur acquise par un capital de un euro après n périodes de placement à intérêts composés :* $C = (1 + i)^n$ (suite)

	1	**2**	**3**	**4**	**5**	**6**	**7**	**8**	**9**	**10**	**11**	**12**	**13**	**14**	**15**
21	1,232 392	1,515 666	1,860 294	2,278 768	2,785 963	3,399 564	4,140 562	5,033 833	6,108 808	7,400 250	8,949 166	10,803 848	13,021 089	15,667 578	18,821 518
22	1,244 716	1,545 980	1,916 103	2,369 919	2,925 261	3,603 537	4,430 402	5,436 540	6,658 600	8,140 275	9,933 574	12,100 310	14,713 831	17,861 039	21,644 746
23	1,257 163	1,576 899	1,973 586	2,464 716	3,071 524	3,819 750	4,740 530	5,871 463	7,257 874	8,954 302	11,026 267	13,552 347	16,626 629	20,361 585	24,891 458
24	1,269 735	1,608 437	2,032 794	2,563 304	3,225 100	4,048 935	5,072 367	6,341 181	7,911 083	9,849 733	12,239 157	15,178 629	18,788 091	23,212 207	28, 625 176
25	1,282 432	1,640 606	2,093 777	2,665 836	3,386 355	4,291 871	5,427 433	6,848 475	8,623 080	10,834 706	13,585 464	17,000 064	21,230 542	26,461 916	32,918 953

Table 2 — *Valeur actuelle d'un capital de un euro payable dans n périodes : $C = (1 + i)^{-n}$*

	1	2	3	4	5	6	7	8	9	10	11	12	13	14	15
1	0,990 099	0,980 392	0,970 874	0,961 538	0,952 381	0,943 396	0,934 579	0,925 926	0,917 431	0,909 091	0,900 901	0,892 857	0,884 956	0,877 193	0,869 565
2	0,980 296	0,961 169	0,942 586	0,924 556	0,907 029	0,889 996	0,873 439	0,857 339	0,841 680	0,826 446	0,811 622	0,797 194	0,783 147	0,769 468	0,756 144
3	0,970 590	0,942 322	0,915 142	0,888 996	0,863 838	0,839 619	0,816 298	0,793 932	0,772 183	0,751 315	0,731 191	0,711 780	0,693 050	0,674 972	0,657 516
4	0,960 980	0,923 845	0,888 487	0,854 804	0,822 702	0,792 094	0,762 895	0,735 030	0,708 425	0,683 013	0,658 731	0,635 518	0,613 319	0,592 080	0,571 753
5	0,951 466	0,905 731	0,862 609	0,821 927	0,783 526	0,747 258	0,712 986	0,680 583	0,649 931	0,620 921	0,593 451	0,567 427	0,542 760	0,519 369	0,497 177
6	0,942 045	0,887 971	0,837 484	0,790 315	0,746 215	0,704 960	0,666 342	0,630 170	0,596 267	0,564 474	0,534 641	0,506 631	0,480 319	0,455 587	0,432 328
7	0,932 718	0,870 560	0,813 092	0,759 918	0,710 681	0,665 057	0,622 750	0,583 490	0,547 034	0,513 158	0,481 658	0,452 349	0,425 061	0,399 637	0,375 937
8	0,923 483	0,853 490	0,789 409	0,730 690	0,676 839	0,627 412	0,582 009	0,540 269	0,501 866	0,466 507	0,433 926	0,403 883	0,376 160	0,350 560	0,326 902
9	0,914 340	0,836 755	0,766 417	0,702 587	0,644 609	0,591 898	0,543 934	0,500 249	0,460 428	0,424 098	0,390 925	0,360 610	0,332 885	0,307 508	0 ?284 262
10	0,905 287	0,820 348	0,744 094	0,675 564	0,613 913	0,558 395	0,508 349	0,463 193	0,422 411	0,385 543	0,352 184	0,321 973	0,294 588	0,269 744	0,247 185

Table 2 — *Valeur actuelle d'un capital de un euro payable dans n périodes : $C = (1 + i)^{-n}$* (suite)

	1	**2**	**3**	**4**	**5**	**6**	**7**	**8**	**9**	**10**	**11**	**12**	**13**	**14**	**15**
11	0,896 324	0,804 263	0,722 421	0,649 581	0,584 679	0,526 788	0,475 093	0,428 883	0,387 533	0,350 494	0,317 283	0,287 476	0,260 598	0,236 617	0,214 943
12	0,887 449	0,788 493	0,701 380	0,624 597	0,556 837	0,496 969	0,444 012	0,397 114	0,355 535	0,318 631	0,285 841	0,256 675	0,230 706	0,207 559	0,186 907
13	0,878 663	0,773 033	0,680 951	0,600 574	0,530 321	0,468 839	0,414 964	0,367 698	0,326 179	0,289 664	0,257 514	0,229 174	0,204 165	0,182 069	0,162 528
14	0,869 963	0,757 875	0,661 118	0,577 475	0,505 068	0,442 301	0,387 817	0,340 461	0,299 246	0,263 331	0,231 995	0,204 620	0,180 677	0,159 710	0,141 329
15	0,861 349	0,743 015	0,641 862	0,555 264	0,481 017	0,417 295	0,362 446	0,315 242	0,274 538	0,239 392	0,209 004	0,182 696	0,159 891	0,140 096	0,122 894
16	0,852 821	0,728 446	0,623 167	0,533 908	0,458 112	0,393 649	0,338 735	0,291 890	0,251 870	0,217 629	0,188 292	0,163 122	0,141 496	0,122 892	0,106 865
17	0,844 377	0,714 163	0,605 016	0,513 373	0,436 297	0,371 634	0,316 574	0,270 269	0,231 073	0,197 845	0,169 633	0,145 644	0,125 218	0,107 800	0,092 926
18	0,836 017	0,700 159	0,587 395	0,493 628	0,415 521	0,350 344	0,295 864	0,250 249	0,211 994	0,179 859	0,152 822	0,130 040	0,110 812	0,094 561	0,080 805
19	0,827 740	0,686 431	0,570 286	0,474 642	0,395 734	0,330 513	0,276 508	0,231 712	0,194 490	0,163 508	0,137 678	0,116 107	0,098 064	0,082 948	0,070 265
20	0,819 544	0,672 971	0,553 676	0,456 387	0,376 889	0,311 805	0,258 419	0,214 548	0,178 431	0,148 643	0,124 034	0,103 667	0,086 782	0,072 761	0,061 100

Table 2 — *Valeur actuelle d'un capital de un euro payable dans n périodes* : $C = (1 + i)^{-n}$ (suite)

	1	**2**	**3**	**4**	**5**	**6**	**7**	**8**	**9**	**10**	**11**	**12**	**13**	**14**	**15**
21	0,811 430	0,959 776	0,537 549	0,438 834	0,358 942	0,294 155	0,241 513	0,198 656	0,163 698	0,135 131	0,111 742	0,092 560	0,076 798	0,063 826	0,053 131
22	0,803 396	0,646 839	0,521 893	0,421 955	0,341 850	0,277 505	0,225 713	0,183 941	0,150 182	0,122 846	0,100 669	0,082 643	0,067 963	0,055 988	0,046 201
23	0,795 442	0,634 156	0,506 692	0,405 726	0,325 571	0,261 797	0,210 947	0,170 315	0,137 781	0,111 678	0,090 693	0,073 788	0,060 144	0,049 112	0,040 174
24	0,787 566	0,621 721	0,491 934	0,390 121	0,310 068	0,246 979	0,197 146	0,157 699	0,126 405	0,101 526	0,081 705	0,065 882	0,053 225	0,043 081	0,034 934
25	0,779 768	0,609 531	0,477 606	0,375 117	0,295 303	0,232 999	0,184 249	0,146 018	0,115 968	0,092 296	0,073 608	0,058 823	0,047 102	0,037 790	0,030 378

Table 3 — *Valeur acquise, après n périodes, par une suite d'annuités de un euro placées à la fin de chaque période :* $C = \frac{(1+i)^n - 1}{i}$

	1	**2**	**3**	**4**	**5**	**6**	**7**	**8**	**9**	**10**	**11**	**12**	**13**	**14**	**15**
1	1,000 000	1,000 000	1,000 000	1,000 000	1,000 000	1,000 000	1,000 000	1,000 000	1,000 000	1,000 000	1,000 000	1,000 000	1,000 000	1,000 000	1,000 000
2	2,010 000	2,020 000	2,030 000	2,040 000	2,050 000	2,060 000	2,070 000	2,080 000	2,090 000	2,100 000	2,110 000	2,120 000	2,130 000	2,140 000	2,150 000
3	3,030 100	3,060 400	3,090 900	3,121 600	3,152 500	3,183 600	3,214 900	3,246 400	3,278 100	3,310 000	3,342 100	3,374 400	3,406 900	3,439 600	3,472 500
4	4,060 401	4,121 608	4,183 627	4,246 464	4,310 125	4,374 616	4,439 943	4,506 112	4,573 130	4,641 000	4,709 731	4,779 328	4 ?849 797	4,921 144	4,993 375
5	5,101 005	5,204 040	5,309 136	5,416 323	5,525 631	5,637 093	5,750 739	5,866 601	5,984 711	6,105 100	6,227 801	6,352 847	6,480 271	6,610 104	6,742 381
6	6,152 015	6,308 121	6,468 410	6,632 975	6,801 913	6,975 319	7,153 291	7,335 929	7,523 334	7,715 610	7,912 860	8,115 189	8,322 706	8,535 519	8,753 738
7	7,213 535	7,434 283	7,662 462	7,898 294	8,142 008	8,393 838	8,654 021	8,922 803	9,200 434	9,487 171	9,783 274	10,089 012	10,404 658	10,730 491	11,066 799
8	8,285 671	8,582 969	8,892 336	9,214 226	9,549 109	9,897 468	10,259 803	10,636 628	11,028 473	11,435 888	11,859 434	12,412 439	12,757 263	13,232 760	13,726 819
9	9,368 527	9,754 628	10,159 106	10,582 795	11,026 564	11,491 316	11,977 989	12,487 558	13,021 036	13,579 477	14,163 972	14,932 963	15,415 707	16,085 347	16,785 842

Table 3 — *Valeur acquise, après n périodes, par une suite d'annuités de un euro placées à la fin de chaque période :* $C = \frac{(1+i)^n - 1}{i}$ (suite)

	1	**2**	**3**	**4**	**5**	**6**	**7**	**8**	**9**	**10**	**11**	**12**	**13**	**14**	**15**
10	10,462 213	10,949 721	11,463 879	12,006 107	12,577 893	13,180 795	13,816 448	14,486 562	15,192 929	15,937 425	16,722 009	17,548 735	18,419 749	19,337 295	20,303 718
11	11,566 835	12,168 715	12,807 796	13,486 351	14,206 787	14,971 643	15,783 599	16,645 487	17,560 293	18,531 167	19,561 430	20,654 583	21,814 317	23,044 516	24,349 276
12	12,682 503	13,412 090	14,192 030	15,025 805	15,917 127	16,869 941	17,888 451	18,977 126	20,140 719	21,384 284	22,713 187	24,133 133	25,650 178	27,270 749	29,001 667
13	13,809 328	14,680 331	15,617 790	16,626 838	17,712 983	18,882 138	20,140 643	21,495 297	22,953 384	24,522 712	26,211 638	28,029 109	29,984 701	32,088 654	34,351 917
14	14,947 421	15,973 938	17,086 324	18,291 911	19,598 632	21,015 066	22,550 488	24,214 920	26,019 188	27,974 983	30,094 918	32,392 602	34,882 712	37,581 065	40,504 705
15	16,096 896	17,293 417	18,598 914	20,023 588	21,578 564	23,275 970	25,129 022	27,152 114	29,360 915	31,772 481	34,405 359	37,279 715	40,417 464	43,842 414	47,580 411
16	17,257 864	18,639 285	20,156 881	21,824 531	23,657 492	25,672 528	27,888 054	30,324 283	33,003 397	35,949 729	39,189 948	42,753 280	46,671 735	50,980 352	55,717 472
17	18,430 443	20,012 071	21,761 588	23,697 512	25,840 367	28,212 880	30,840 217	33,750 226	36,973 703	40,544 702	44,500 843	48,883 674	53,739 060	59,117 601	65,075 093
18	19,614 748	21,412 312	23,414 435	25,645 413	28,132 385	30,905 653	33,999 033	37,450 244	41,301 336	45,599 172	50,395 936	55,749 715	61,725 133	68,394 066	75,836 357

Table 3 — *Valeur acquise, après n périodes, par une suite d'annuités de un euro placées à la fin de chaque période :* $C = \frac{(1+i)^n - 1}{i}$ (suite)

	1	**2**	**3**	**4**	**5**	**6**	**7**	**8**	**9**	**10**	**11**	**12**	**13**	**14**	**15**
19	20,810 895	22,840 559	25,728 081	27,671 229	30,539 004	33,759 992	37,378 965	41,446 263	46,018 457	51,159 090	56,939 488	63,439 681	70,749 406	78,969 235	88,211 811
20	22,019 004	24,297 370	27,564 244	29,778 079	33,065 954	36,785 591	40,995 492	45,761 964	51,160 118	57,274 998	64,202 832	72,052 442	80,946 829	91,024 928	102,44 3 583
21	23,239 194	25,783 317	29,460 082	31,969 202	35,719 252	39,992 727	44,665 177	50,422 921	56,764 528	64,002 498	72,265 144	81,698 736	92,469 917	104,76 8 418	118,81 0 120
22	24,471 586	27,298 983	31,417 534	34,247 970	38,505 214	43,392 290	49,005 739	55,456 755	62,873 336	71,402 748	81,214 309	92,502 584	105,49 1 006	120,43 5 996	137,63 1 638
23	25,716 302	28,844 963	33,438 604	36,617 889	41,430 475	46,995 828	53,436 141	60,893 296	69,531 936	79,543 023	91,147 883	104,60 2 894	120,20 4 837	138,29 7 035	159,27 6 384
24	26,973 465	30,421 862	35,525 359	39,082 604	44,501 999	50,815 578	58,176 671	66,764 759	76,789 810	88,497 325	102,17 4 151	118,15 5 241	136,83 1 465	158,65 8 620	184,16 7 841
25	28,243 200	32,030 300	37,679 933	41,645 908	47,727 099	54,864 512	63,249 038	73,105 940	84,700 893	98,347 058	114,41 3 307	133,33 3 870	155,61 9 556	181,87 0 827	212,79 3 018

Table 4 — *Valeur actuelle d'une suite d'annuités de un euro versées en fin de période, pendant n périodes :* $C = \frac{1-(1+i)^{-n}}{i}$

	1	**2**	**3**	**4**	**5**	**6**	**7**	**8**	**9**	**10**	**11**	**12**	**13**	**14**	**15**
1	0,990 099	0,980 392	0,970 873	0,961 538	0,952 381	0,943 396	0,934 580	0,925 926	0,917 431	0,909 091	0,900 900 9	0,892 857 1	0,884 955 8	0,877 193 0	0,869 565 2
2	1,970 395	1,941 561	1,913 469	1,886 095	1,859 411	1,833 393	1,808 018	1,783 265	1,759 111	1,735 537	1,712 523 3	1,690 051 0	1,668 102 4	1,646 660 5	1,625 708 9
3	2,940 985	2,883 883	2,828 611	2,775 091	2,723 248	2,673 012	2,624 316	2,577 097	2,531 295	2,486 852	2,443 714 7	2,401 831 3	2,361 152 6	2,321 632 0	2,283 225 1
4	3,901 965	3,807 728	3,717 098	3,629 895	3,545 951	3,465 106	3,387 211	3,312 127	3,239 720	3,169 866	3,102 445 7	3,037 349 3	2,974 471 3	2,913 712 3	2,854 978 4
5	4,853 431	4,713 459	4,579 707	4,451 822	4,329 477	4,212 364	4,100 198	3,992 710	3,889 651	3,790 787	3,695 897 0	3,604 776 2	3,517 231 3	3,433 081 0	3,352 155 1
6	5,795 476	5,601 431	5,417 191	5,242 137	5,075 692	4,917 324	4,766 540	4,622 880	4,485 919	4,355 261	4,230 537 9	4,111 407 3	3,997 549 8	3,888 667 5	3,784 482 7
7	6,728 194	6,471 991	6,230 283	6,002 055	5,786 373	5,582 381	5,389 289	5,206 370	5,032 953	4,868 419	4,712 196 3	4,563 756 5	4,422 610 4	4,288 304 8	4,160 419 7
8	7,651 677	7,325 481	7,019 692	6,732 745	6,463 213	6,209 794	5,971 299	5,746 639	5,534 819	5,334 926	5,146 122 8	4,967 639 8	4,798 770 3	4,638 863 9	4,487 321 5
9	8,566 017	8,162 236	7,786 109	7,435 332	7,107 822	6,801 692	6,515 232	6,246 888	5,995 247	5,759 024	5,537 047 5	5,328 249 8	5,131 655 1	4,946 371 8	4,771 583 9

Table 4 — *Valeur actuelle d'une suite d'annuités de un euro versées en fin de période, pendant n périodes :* $C = \frac{1-(1+i)^{-n}}{i}$ (suite)

	1	2	3	4	5	6	7	8	9	10	11	12	13	14	15
10	9,471 304	8,982 585	8,530 202	8,110 896	7,721 735	7,360 087	7,023 582	6,710 081	6,417 658	6,144 567	5,889 232 0	5,650 223 0	5,426 243 5	5,216 115 6	5,018 768 6
11	10,367 628	9,786 848	9,252 624	8,760 477	8,306 414	7,886 875	7,498 674	7,138 964	6,805 191	6,495 061	6,206 515 3	5,937 699 1	5,686 941 1	5,452 733 0	5,233 711 8
12	11,255 077	10,575 341	9 ?954 004	9,385 074	8,863 252	8,383 844	7,942 686	7,536 078	7,160 725	6,813 692	6,492 356 1	6,194 374 2	5,917 647 0	5,660 292 1	5,420 619 0
13	12,133 740	11,348 373	10,634 955	9,985 648	9,393 573	8,852 683	8,357 651	7,903 776	7,486 904	7,103 356	6,749 870 4	6,423 548 4	6,121 811 5	5,842 361 5	5,583 147 0
14	13,003 703	12,106 248	11,296 073	10,563 123	9,898 641	9,294 984	8,745 468	8,244 237	7,786 150	7,366 688	6,981 865 2	6,628 168 2	6,302 488 1	6,002 071 5	5,724 475 6
15	13,865 052	12,849 263	11,937 935	11,118 387	10,379 658	9,712 249	9,107 914	8,559 479	8,060 688	7,606 080	7,190 869 6	6,810 864 5	6,462 378 8	6,142 168 0	5,847 370 1
16	14,717 873	13,577 709	12,561 102	11,652 296	10,837 769	10,105 895	9,446 649	8,851 369	8,312 558	7,823 709	7,379 161 8	6,973 986 2	6,603 875 1	6,265 059 6	5,954 234 9
17	15,562 251	14,291 872	13,166 118	12,165 669	11,274 066	10,477 260	9,763 223	9,121 638	8,543 631	8,021 553	7,548 794 4	7,119 630 5	6,729 093 0	6,372 859 3	6,047 160 8
18	16,398 268	14,992 031	13,635 513	12,659 297	11,689 587	10,827 603	10,059 087	9,371 887	8,755 625	8,201 412	7,701 616 6	7,249 670 1	6,839 905 3	6,467 420 5	6,127 965 9

Table 4 — *Valeur actuelle d'une suite d'annuités de un euro versées en fin de période, pendant n périodes :* $C = \frac{1-(1+i)^{-n}}{i}$ (suite)

	1	**2**	**3**	**4**	**5**	**6**	**7**	**8**	**9**	**10**	**11**	**12**	**13**	**14**	**15**
19	17,226 008	15,678 462	14,323 799	13,133 939	12,085 321	11,158 116	10,335 595	9,603 599	8,950 115	8,364 920	7,839 294 2	7,365 776 9	6,937 969 3	6,550 368 8	6,198 231 2
20	18,045 553	16,351 433	14,877 475	13,590 326	12,462 210	11,469 921	10,594 014	9,818 147	9,128 546	8,513 564	7,963 328 1	7,469 443 6	7,024 751 6	6,623 130 6	6,259 331 5
21	18,856 983	17,011 209	15,415 024	14,029 160	12,821 153	11,764 077	10,835 527	10,016 803	9,292 244	8,648 694	8,075 070 4	7,562 003 2	7,101 550 1	6,686 956 6	6,312 462 2
22	19,660 379	17,658 048	15,936 916	14,451 115	13,163 002	12,041 482	11,061 240	10,200 744	9,442 425	8,771 540	8,175 739 1	7,644 645 7	7,169 513 3	6,742 944 4	6,358 662 7
23	20,455 821	18,292 204	16,443 608	14,856 842	13,488 574	12,303 379	11,272 187	10,371 059	9 ?580 207	8,883 219	8,266 431 6	7,718 433 7	7,229 657 8	6,792 056 5	6,398 837 2
24	21,243 387	18,913 925	16,935 542	15,246 963	13,798 642	12,550 358	11,469 334	10,528 758	9,706 612	8,984 744	8,348 136 6	7,784 315 8	7,282 883 0	6,835 137 3	6,433 771 4
25	22,023 155	19,523 456	17,413 147	15,622 080	14,093 944	12,783 356	11,653 583	10,674 776	9,822 580	9,077 040	8,421 744 7	7,843 139 1	7,329 985 0	6,872 927 4	6,464 149 0

Dans la même collection

ALBOUY Michel, *Finance – Investissement, financement, acquisitions*, 3e éd.

ALBOUY Michel, *Décisions financières et création de valeur – Exercices corrigés.*

BERNIER Bernard, FERRANDIER Robert, SIMON Yves, *Macroéconomie – Exercices et corrigés*, 2e éd.

BOUQUIN Henri, THIÉRY-DUBUISSON Stéphanie, *Comptabilité de gestion – Exercices et études de cas.*

CAUCAL Robert, JOFFRE Patrick, TIRARD Didier, *Stratégies de développement international.*

CHANTIRI Rouba, COLASSE Bernard, *Comptabilité générale – Questions et applications*, 2e éd.

COHEN Elie, SAUREL André, *Analyse financière – Outils et applications.*

CUSSY P., FAVARDIN P., LE PAPE N., LEPELLEY D., *Macroéconomie dynamique – Exercices corrigés.*

DESLANDES Michel, GALAS Hélène, LAFOURCADE Jean, *Fiscalité – Etudes empiriques.*

DUPUY Michel, *Commerce international.*

FRANCK-CADIER Christiane, *Démographie.*

GASTINEAU Alain, *500 exercices corrigés de mathématiques pour l'économie et la gestion*, 2e éd.

GERVAIS Michel, *Contrôle de gestion – Cas et applications*, 2e éd.

GRASSI Olivier, LEMERCIER Alain (sous la direction de Jean MONTIER), *Comptabilité des sociétés et fiscalité.*

LABENNE Christian, *Introduction à la statistique descriptive et probabiliste.*

LEROUX François, *Micro-économie – Exercices et corrigés.*

LEUTENEGGER Marie-Agnès, *Gestion de portefeuille et théorie des marchés financiers*, 2e éd.

MASSAL Marguerite, *Mathématiques financières – Questions et exercices corrigés.*

MATHÉ Jean-Charles et BARB-BRANDOUY Olivier, *Analyses stratégiques – Problèmes, méthodes, solutions.*

MONTIER Jean, SCOGNAMIGLIO Gilles, *Techniques de consolidation – Exercices et applications.*

MOUCHOT Claude, *Exercices pédagogiques de statistique et économétrie*, 2e éd.

PARIENTÉ Simon, *Finance – Exercices et cas.*

ROUSSEAU Patrick, *Théorie financière et décision d'investissement.*

SIMON Yves, LAUTIER Delphine, *Finance internationale et gestion des risques – Questions et exercices corrigés*, 5e éd.

SULZER Jean-Richard, ADÉLÉKÉ Sèmiyou, *Finance à long terme – Théories, calculs et exercices corrigés*, 3e éd.

THIEL Daniel, *Recherche opérationnelle et management des entreprises.*

TOPSACALIAN Patrick, *Acquisition de sociétés – Concepts, cas, corrigés.*

VALLIN P., *Problématiques de la logistique – Questions et réponses.*

VATÉ Michel, *Statistique chronologique et prévision.*

Cet ouvrage a été achevé d'imprimer en septembre 2010
dans les ateliers de Normandie Roto Impression s.a.s.
61250 Lonrai (Orne)
N° d'impression : 10-3307
Dépôt légal : septembre 2010

Imprimé en France